Die mediale Natur der Produkte

Peter Bendixen

Die mediale Natur
der Produkte

 Springer VS

Peter Bendixen
Studienzentrum Hohe Warte
Wien, Österreich

ISBN 978-3-658-06301-6   ISBN 978-3-658-06302-3 (eBook)
DOI 10.1007/978-3-658-06302-3

Die Deutsche Nationalbibliothek verzeichnet diese Publikation in der Deutschen Natio-
nalbibliografie; detaillierte bibliografische Daten sind im Internet über http://dnb.d-nb.de
abrufbar.

Springer VS

Lektorat: Cori Antonia Mackrodt, Monika Kabas

Gedruckt auf säurefreiem und chlorfrei gebleichtem Papier

Springer VS ist eine Marke von Springer DE. Springer DE ist Teil der Fachverlagsgruppe
Springer Science+Business Media.
www.springer-vs.de

Inhalt

Vorwort

Es gibt Themen und Fragestellungen, die so verzweigt in verschiedene wissenschaftliche Disziplinen hineinragen, dass niemand präzise sagen kann, in welcher von ihnen sie ihre Wurzeln schlagen können. Davon betroffen sind die meisten Schriften über Wirtschaftsangelegenheiten, denn kaum eine Wissenschaft kann sich darauf versteifen, die Hauptlinie der Thematik allein und vorherrschend zu vertreten und im Bewusstsein dieser Einbildung alle Verzweigungen nach Möglichkeit zu kappen. Die nüchterne Frage, was ein Produkt ist, wie es entsteht und sich als etwas Nützliches zu erkennen gibt, ist ein Kandidat für diese Problematik.

Man sollte meinen, dass Produkte in herstellenden Betrieben erstellt und zum Verkauf angeboten werden, dass sie sich als wertvoll oder nützlich dem Erwerber andienen müssen für einen Preis, der einen annehmbaren Gewinn für den Hersteller enthält. Das Produkt ist, so gesehen, ein charakteristisches betriebswirtschaftliches Objekt und gehört wissenschaftlich in dieses ökonomische Fach. So oder so ähnlich wird die übliche Antwort sein, von Laien ebenso wie von betriebswirtschaftlichen Experten.

Wir werden eine andere Version kennen lernen. Sie wird zeigen, dass Produkte sich in Köpfen bilden, dass dabei komplizierte Verständigungsprozesse unter Beteiligten ablaufen, bis ein Produkt eine wahrnehmbare, erwartungskonforme, aufwandsfreundliche Gestalt annimmt, die als Schablone von verschiedenen Herstellern in unzähligen Varianten materiell hergestellt werden kann. Ein Produkt ist ein öffentlich zirkulierendes Kulturgut, das in oft generationenlangen Auffrischungen und leichten bis manchmal durchschlagenden Innovationen so etwas wie eine historisch variable Gestalt unter Wahrung seiner Identität erlangt. Der Kaffee ist so eine öffentliche Produktgestalt, ein weltweit verbreitetes Kultur- und Zivilisationsgut. Die Erfindung des wasserlöslichen Pulverkaffees hat daran nichts geändert.

Auch das Automobil, das Telefon, die Krawatte oder die Gartenhacke sind als Kulturgüter langlebige Produkte, die niemandem gehören und doch vielen Herstellern als Vorlage zur meisterlichen (zuweilen auch laienhaften, nachlässigen) Ausführung für den Markt zur Verfügung stehen. Sie sind öffentliche Kulturgüter. Diese Produkte zirkulieren als Bildgestalten, gebunden an Sprachvehikel, in der Geistessphäre der Gesellschaft, als wären sie die Vokabeln einer (Kultur-) Sprache.

Nur wenige Produkte sind vorbildlose Erfindungen, und sie brauchen oft sehr lange Perioden öffentlicher Kommunikation, bis sie in die kulturellen Sedimente des allgemeinen Nutzens niedersinken (indem sie gleichzeitig ihren ursprünglichen Reiz als großartige Neuerungen allmählich einbüßen), wo sie das nutzbringende Schicksal aller anderen Kulturgüter teilen. So war es mit dem Computer, der anfänglich ein Wunderwerk war und nun zur alltäglichen Ausstattung in jeden Haushalt gehört. So war es mit allen anderen längst zu Kulturgütern gewordenen Produkten aus den Werkstätten tätiger Menschen.

Nicht das einzelne Exemplar, das irgendwo in einem Regal auf Abnehmer wartet, ist das Produkt. Diese ausgelegten Objekte sind nur physisch realisierte Exemplare jeweils einer abstrakten, die Geistesregion der Öffentlichkeit bevölkernden Kulturgestalt. Die einzelnen Exemplare verweisen auf das geistige (mental repräsentierte) Erzeugnis, das in lebenden Köpfen (und in Archiven) nistet und – ebenfalls in den Köpfen – nach einer Phase der Kommunikation in engem Kreis oder in der Anonymität der Öffentlichkeit eine kommunizierbare öffentliche (Markt-) Existenz erhält.

Mit diesem Einstieg in die Kulturdimension des menschlichen Geistes als organisch gebundene Ausstülpung seines animalischen Körpers betreten wir eine Zone der Wirklichkeit, die mit dem Begriffsvorrat der Wirtschaftswissenschaften nicht zu greifen und zu begreifen ist. Der Mensch als Kulturwesen hat seine animalischen Bindungen zur organischen Welt der Biosphäre nicht gekappt, sondern zu gestalten gelernt. Der Mensch erhebt sich nicht über die Tierwelt, sondern ragt mit seinem Denkvermögen heraus und bleibt in vielen anderen Dimensionen der sinnlichen Weltwahrnehmung gegenüber raffiniert ausgestatteten Tieren hoffnungslos zurück. Der Mensch ist selbst einem Schmetterling, der Botenstoffe eines Geschlechtspartners über Kilometer wahrnimmt, unterlegen. Ihm ist die Schärfe der Augen eines Adlers versagt, der in den Lüften schwebend noch kleinste Beutetiere wie eine Feldmaus auszumachen versteht.

Würden wir die Besonderheiten des Menschen als denkfähiges, sich selbst wahrnehmendes und formendes Wesen mit seinen Fähigkeiten des Entwerfens von Gestalten im Denken und des gekonnten Eingriffs in die Dingwelt seiner Lebensumgebung nicht ernst nehmen, könnten wir die gewaltigen Systeme des Wirtschaftens, die sich zu globalen Netzen versponnen haben, nicht verstehen und wären der Gewalt der Zufälle und instabilen Lagen ausgesetzt, ohne sie bewältigen zu können. In der Fähigkeit zur Gestaltung der Lebensumgebung liegt der Nukleus des Kulturwesens *Mensch*. Aber das ist kein Grund zur Überheblichkeit, keine Aufforderung, sich die Erde untertan zu machen. Die Weisheit praktischen Handelns hat mit Bescheidenheit zu tun, mit dem Staunen über die Schönheit und die zerstörerische Übermacht der Natur. Wenig weise, und das ist die Kehrseite, ist überzogenes Selbstbewusstsein als Herrscher über die animalische und mineralische Welt der Dinge unter dem Kriterium der Nützlichkeit. Diese Haltung führt zu räuberischem Umgang mit den Gaben der Natur und den Potenzialen, die in Lebewesen stecken. Sie hat Jahrhunderte lang sogar zur Knechtung von Sklaven geführt, denen man den Status des Kulturwesens verweigerte, um sich ihres Könnens zu bemächtigen. Menschen haben sich nicht nur zu Herren über die Natur, sondern in vielen historischen Kulturen auch zu Herren über ihresgleichen gemacht.

Mehr als nur ein Hauch dieser herrischen Haltung durchzieht manche Wissenschaften, die mit vermeintlichen Vernunftargumenten zur hemmungslosen Ausbeutung von Ressourcen aufrufen, um den zivilisatorischen Wohlstand zu vermehren. Der Zugriff in die Schatzkammern der Natur gilt in diesen Kreisen als gerechtfertigt mit der Begründung der Nützlichkeit für den Status des Menschen als Gipfel der Evolution und findet sich im Alten Testament bestätigt in dem göttlichen (allerdings oft missverstandenen) Aufruf: Macht Euch die Erde untertan.

Die Wirtschaftswissenschaften, historisch geboren in einer Periode aufklärerischen Erwachens aus den Befangenheiten der feudalistischen Epochen, so müssen wir die Leistungen eines Adam Smith (1723 – 1790) heute verstehen, konnten noch kein Bewusstsein von den Limitationen der Erde als Stofflieferant für Produkte aller Art entwickeln. Der Globus war noch voller weißer Flecken, die auf Entdeckung warteten. Wie sollte da ein Grenzbewusstsein entstehen? Die Euphorie der Industrialisierung, die im 19. Jahrhundert einsetzte und – vor allem im deutschsprachigen Raum – die Betriebswirtschaftslehre ins Leben rief, dachte in Kategorien des technischen Fortschritts und des Wachstums, für das kein Ende abzusehen war (und für manche Ignoranten bis heute nicht abzusehen ist).

In dieser historischen Phase gegen Ende des 19. und in der ersten Hälfte des 20. Jahrhunderts haben die Materialschlachten zweier Weltkriege und die hemmungslose Aufrüstung in den Jahrzehnten davor der Öffentlichkeit weißmachen können, dass industrielle Produktion besser nicht den Eroberungsgelüsten von Politikern und Regierungen dient, sondern ein unerschöpfliches Potenzial für den allgemeinen Wohlstand bieten kann. Das Augenmerk betriebswirtschaftlicher Forschung und Lehre war, und das ist bemerkenswert, vor diesem historischen Bühnenbild und ganz im Einklang mit der dinglichen (stofflichen, materialen) Ausrichtung ökonomischen Denkens in der Volkswirtschaftslehre in der nach-smithschen Ära auf die Optimierung der Produktionsfaktoren gerichtet.

Die mediale Natur der Produkte, das Thema dieser Abhandlung, hat, wie sich zeigen wird, in der physischen Welt der materiellen Machbarkeiten, wie man sie in der Betriebswirtschaftslehre vor Augen geführt bekommt, logischerweise keinen Platz. Der Kontrast zwischen Physis und Gestalt ist hart, aber nicht unüberbrückbar. Die kulturgeschichtliche und damit auch die wirtschaftsgeschichtliche Entwicklung in der zweiten Hälfte des 20. Jahrhunderts haben einen mächtigen Wandel gebracht. Eine rein materialistisch ausgerichtete Betriebswirtschaftslehre, wie sie teilweise immer noch gelehrt wird, begibt sich in die akademische Zone der Auslaufmodelle, die aus musealen Gründen weiterhin gepflegt werden.

Die Idee zu dieser Schrift kam weder aus dem Dunst philosophischer Spinn-stuben noch aus übersteigerter Lust am kritischen Fabulieren oder den gepflegten Geistesgärten der Wissenschaften, sondern ergab sich einfach aus einer jahrelangen Serie seminaristischer Treffen mit jüngeren Führungskräften der Wirtschaft. Aus-gerechnet diese doch oft als trostlos nüchterne Gewinnmaximierer gescholtenen Menschen haben darauf gedrungen, dieser Frage nach dem Woher und Wohin der Produkte akribischer und tiefgründiger nachzugehen, als dies gewöhnlich in den betriebswirtschaftlichen Lehrbüchern geschieht. Es waren Marketingexperten unter ihnen, aber auch Steuerberater, Produktingenieure und Logistiker aus den unterschiedlichsten Branchen der Wirtschaftspraxis.

Herausgekommen ist ein diskussionsbedürftiges Dokument, das auf seine kritischen Durchleuchter wartet. Gelingt es nicht, einen akademischen Diskurs über die These von der medialen Natur der Produkte zu beginnen, hätte diese Ab-handlung ihren Zweck nicht erfüllt. Sie hätte einen Mangel an Überzeugungskraft offenbart. Aber das grundlegende Problem der Gegenwart, das für die Zivilisation gefährliche Überschäumen industriell-materialistischer Hemmungslosigkeit, wäre damit nicht vom Tisch.

Wien, Mai 2014
Peter Bendixen

Die Produkte und ihre Erzeuger

1.1 Vorbemerkungen

Die Vorstellung, dass Produkte aus einer herstellenden Werkstatt hervorgehen, sei diese ein Hinterhof irgendwo in einer Stadt oder sei sie das mächtige Werksgelände eines Industriegiganten im offenen Feld vor der Stadt, ist naiv. Naivität ist die der schöpferischen Kreativität vorgelagerte Wahrnehmungsstufe der unvoreingenommenen Anschaulichkeit. Anschaulichkeit ist eine neuronale Konstruktionsleistung des Gehirns, das über die Antennen der Sinnesorgane ein möglichst treffendes (konturisomorphes) Bild von einer realen Erscheinung konstruiert, das für die gestaltenden Handlungen des Menschen die Rolle einer im Herstellen mitwandernden Blaupause spielt. Die ursprüngliche Gestaltidee, die den Herstellvorgang auslöst, erlebt stufenweise im Prozess des Herstellens Form- und Substanzanpassungen, die von physischen Widerständen (z. B. des eingesetzten Metalls) oder von Lernvorgängen (z. B. zunehmende Routine bei bestimmten Hantierungen) ausgelöst werden.

Die naive Vorstellung von Produkten als Ergebnissen aus gestaltgeleiteter Herstellung ist eine notwendige Vorstufe für die gedankliche Durchdringung der kulturellen, im geistigen Vermögen des Menschen ruhenden schöpferischen Kräfte der auf Zivilisierung gerichteten Gestaltarbeit und für das Verstehen der Gesetzmäßigkeiten, die den Prozess der Zivilisation leitplankenartig begleiten.

Ein Produkt hat, das sei hier vorweggenommen, eine geistige (mentale, virtuelle) und eine körperliche (physische) Existenz. Etwas genauer formuliert: Ein Produkt ist eine Gestaltidee, die in endlosen Realisierungen physische Gestalt annehmen kann. Die im Erzeugnis wahrnehmbare Einheit von Idee und Ding oder von Geist und Körper entspricht der Einheit des Menschen in der Natur, die ihm die Körperlichkeit gibt und ihn im Zuge der Evolution mit dem Denkvermögen ausgestattet hat. Der Mensch werkt im Denken und denkt im Werken.

Zur Klärung der Begrifflichkeit sei angemerkt, dass das Gegenstück zur physischen Realität eines Objektes dessen virtuelle Realität darstellt, also die von stofflichen und die räumlich-zeitlichen Dimensionen entkleidete Vorstellung von diesem Objekt, das als offene Figur oder Gestalt dennoch höchst real ist, denn es bewirkt und steuert Verhalten und Taten. Der Bewusstseinszustand, der ein virtuelles Objekt aufscheinen lässt, kennt keine eindeutigen, das Objekt lokalisierbaren Grenzen. Ein Wort (oft auch ein Bild, ein Ton oder ein Duft) zündet im Gehirn einen Vorgang an, den man vielleicht als ein Gewusel zufällig zugeordneter Szenen bezeichnen kann, die in Sekundenschnelle vorbeirauschen.

Das Wort *Tee* beispielsweise kann im Geiste ein bräunliches, transparentes Getränk in einer dünnwandigen Tasse auf einem gedeckten Tisch erscheinen lassen. Es kann aber ebenso gut einen Sekundenfilm ablaufen lassen, in dem eine tropische Teeplantage mit erntenden Frauen Gestalt annimmt oder die Beladung eines Frachters mit Holzkisten voller Tee im Geiste abläuft oder sich die Abfüllstation bei einem Teehändler aufdrängt, der Teesorten mischt, oder schließlich in einem Supermarkt die lange Zeile mit abgepackten Teesorten verschiedener Hersteller. Zu alledem gesellt sich leicht eine Fülle an Erinnerungen, in denen Tee eine Rolle spielte. Tee ist ein virtuelles Produkt und hat zugleich physische Entsprechungen, an denen man nicht vorbeikommt, wenn man den Genuss erleben will. Seine Virtualität erscheint stets vor seinem physischen Auftritt. Anderenfalls könnten wir Tee nicht als Tee identifizieren.

Begrifflich wäre die Bezeichnung *virtuelles Produkt* die naheliegende, um das zu kennzeichnen, worum es in dieser Abhandlung geht. Um die Rolle des denkenden Bewusstseins zu betonen, könnten wir auch von einem *mentalen Produkt* sprechen. Für unsere Überlegungen kommt jedoch ein weiterer Aspekt hinzu, der auf die Form des Zustandekommens virtueller Realitäten in der Gestalt von Produkten Bezug nimmt. Die Anreicherung des individuellen Gedächtnisses mit virtuellen Produkten ist ein Lernvorgang, der in überwiegendem Umfang in interpersonale, soziale Kommunikation eingebunden ist.

Die soziale Existenz des Individuums ist, vermittelt über Kommunikation, die Quelle der Hervorbringung von Individualität. Das bedeutet, dass die virtuellen Gestalten des individuellen Gedächtnisses sich vorwiegend der sozialen Kommunikation und nur zum Teil dem individuellen Lernen aus physischem Handeln verdankt. Das Medium dieser Kommunikation kann im Grenzfall das Gespräch unter Anwesenden sein; es kann die Belehrung in einem Schulungsprozess sein; es kann das berufliche und lebensweltliche Umfeld mit seinen sich vielfach durchkreuzenden Verständigungsformen sein: Es kann sein und ist seit jüngerer Zeit die spezifische Form der öffentlichen Präsenz technischer Medien.

In diesem erweiterten Sinne sprechen wir von der medialen Natur der Produkte, um damit zu betonen, dass ihr Zustandekommen und die schier unbegrenzte Fülle an virtuellen Gestalten, die auf mediale Weise erzeugt werden, ein spezifisches Kennzeichen von hohem ökonomischem Rang darstellen, auf das in einem wissenschaftlichen Fachgebiet wie der Marketinglehre im Rahmen der Betriebswirtschaftslehre einzugehen ist. Die meisten heute die Märkte beherrschenden Produkte haben keinen identifizierbaren Erfinder oder großartigen Innovator. Sie sind einfach da, haben irgendwann als Selbstverständlichkeiten historisch die Bühne der Wirklichkeit erreicht und werden mit (ästhetischer und technischer) Phantasie aufgegriffen und auf physische Gestalten übertragen, die schließlich das Warensortiment auf den Märkten bilden.

Das werkende Interesse an der Hervorbringung von Erzeugnissen kann ein spielerisches, ein künstlerisches oder – was für uns zum Thema wird – ein erwerbswirtschaftliches sein. Die materiellen Ausführungen werden jeweils andere sein, doch das Produkt bleibt in seiner mentalen Existenz als Einheit von Idee und Ding davon unangetastet. Ein den Zeitumständen angemessener Hut kann einer verspielten Mode entsprungen sein, er kann zu einem Kunstobjekt werden und schließlich in Massen in einer Fabrik gefertigt werden. Doch stets bleibt der Hut ein Hut, ein medial in der Öffentlichkeit zirkulierendes Produkt mit einer weit reichenden kulturellen Konnotation.

Was sich wortlos im Regal eines Supermarktes anpreist, ist die materielle, auf nützlich und dennoch profitabel gestaltete Vergegenständlichung eines virtuellen oder medialen Produktes. Diese Vergegenständlichung kann in einer den Hersteller kennzeichnenden Gestalt als Marke rechtlich geschützt sein. Es ist dann eine Spezifikation des mentalen Produktes. Diese Spezifikation ändert aber nichts am medialen Produkt als Kulturgut der Allgemeinheit. Die Marke ihrerseits kann zu einem Bildvehikel in der Öffentlichkeit werden und damit eine mediale Präsenz erlangen, als ob es ein allgemeines Kulturgut wäre.

So wie sich die mentalen Bildgestalten in der öffentlichen Kommunikation in Gegenständen wiederfinden, die im Geiste des Kommerz ihren Weg machen, so können umgekehrt aus den kreativen Energien kommerziell motivierter Gegenstände Bildgestalten eigener Art werden und sozusagen in die Kopfregion der Öffentlichkeit aufsteigen. Beispiele wie Coca Cola oder Nescafe mögen genügen, diesen Vorgang zu demonstrieren.

Der Physis der Produkte, ihrem Herkommen aus natürlichen Ressourcen, den herstellenden Hantierungen bis hin zu dem ihre Einbaufähigkeit in das soziale Leben (der privaten oder öffentlichen Haushalte) ermöglichenden Absatz, gilt das Hauptaugenmerk wirtschaftswissenschaftlicher Erklärungs- und Theoriearbeit. Das Handfeste der physischen Seite der Produkte vermittelt eine Art bodenständiger Sicherheit, sich in der wahrnehmbaren und empirisch nachweisbaren Wirklichkeit des Wirtschaftsgeschehens zu bewegen. Doch täuscht man sich allzu leicht über die dominierende Rolle der mentalen Produktfiguren hinweg, und zwar sowohl bei der

Herstellung einzelner Produkte als auch bei der kulturellen Integrationsleistung, die eine Produkterfindung auf der Geistesebene der mentalen Akzeptanz zustande bringen muss, um einen glatten Verlauf der Wirtschaftsprozesse annähernd zu sichern. Es reicht nicht, etwas Neues herzustellen; das Neue muss auch in die Köpfe implantiert werden.

Ein Produkt ragt stets und untrennbar in die physische (materielle) Wirklichkeit und in die geistige (kulturelle) Welt zugleich hinein. Da mag in manchen Fällen die Physis wichtiger sein als die geistige Komponente, beispielsweise bei der Beachtung der geschmacklichen oder gesundheitlich relevanten Zusammensetzung von Nahrungsmitteln. In anderen Fällen rückt die Physis einer Gestalt fast in den Hintergrund, beispielsweise bei der Sinndeutung eines künstlerischen Objektes. In keinem Fall aber sind beide Sphären trennbar, auch wenn ein kommerzieller Produzent seinen Gewinn aus der gekonnten Bewältigung der materiellen Gestaltungsvorgänge zu ziehen glaubt. Die Kostenkalkulation mag ihm das suggerieren. Doch der Erfolg tritt nur ein, wenn das physische Erzeugnis in der sozialen Sphäre der kursierenden mentalen Produktgestalten auf medialem Wege ankommt und akzeptiert wird. Die Kalkulation ist unzulänglich, sie ist eine Erfolgstäuschung.

In diesem ersten Kapitel geht es vornehmlich um die Komplettierung des betriebswirtschaftlichen Gesetzes der Einheit von mentaler Figur und materiellem Ding, die das Wesen eines Produktes ausmacht. Die postulierte Einheit von Geist und Materie, von Kopf und Körper, von Denken und Handeln hat – wie kann es anders sein? – einen viel weiter reichenden Horizont als das nahe Umfeld des Fertigens in einer Werkstatt. Sie berührt unterschwellig und zum Teil auch ganz bewusst die Fragen der betriebswirtschaftlichen Unternehmensführung. Damit wird sich diese Abhandlung nicht im Detail beschäftigen. Manche Zusammenhänge ergeben sich allerdings von selbst bei der Klärung des mentalen Charakters der Produkte, denn diese stehen so oder so im Zentrum der Unternehmensführung. Das nicht so sehr bezogen auf einzelne Erzeugnisse, sondern auf das Unternehmen als Ganzes, das sich als Hervorbringung von schöpferischem Potenzial der Öffentlichkeit kommunikativ und damit medial präsentiert.

Die physische Seite der Produkte ist hinlänglich in der Fachliteratur beschrieben und hochkomplex detailliert ausgebreitet, vielfach mit mathematischen Formeln und Modellen überzogen und in den kalkulatorischen Rahmen der Entscheidungstheorie eingefügt worden. Auch damit befassen wir uns hier nur am Rande, falls es aus dem Zusammenhang heraus einen besonderen Erklärungsbedarf gibt. Das thematische Gewicht in dieser Abhandlung liegt eindeutig auf der mentalen Seite der Produkte, auf ihrer Verankerung im Geistig-Schöpferischen herstellender Menschen und ihren Lebensbedürfnissen. Sie steht in deutlichem Kontrast zu den Traditionen des ökonomischen Denkens (Söllner 2001), dessen methodologische

Basis die ökonomische Rationalität im Umgang mit knappen Mitteln darstellt und das seinen wissenschaftlichen Fokus entschieden auf das materielle Geschehen in der Wirtschaft richtet. Die physische Seite der Produkte wird indessen lediglich thematisch ausgelassen. Sachlich bleibt sie untrennbar mit der mentalen Seite verbunden.

In seiner „History of Economic Thought" lässt Alessandro Roncaglia (Roncaglia 2009) in einer programmatischen Beschreibung auf der ersten Innenseite des Buches und auf der Rückseite des Covers seine Leser wissen: "Economic thought is seen as developing between two opposite poles: a subjective one, based on the ideas of scarcity and utility, and an objective one based on the notions of physical costs and surplus". Das traditionelle ökonomische Denken, wie Roncaglia es beschreibt, ist, wie wir noch genauer herausarbeiten wollen, kopflos, denn die Knappheit an Mitteln ist ein physisches Phänomen, auch wenn die Bewertung aus der subjektiven Perspektive der Nützlichkeit scheinbar auf Kopfarbeit verweist.

Mit Kopfarbeit ist eben nicht das oberflächliche neuronale Schalten aus dem Inneren des limbischen Systems (welches die animalischen Antriebe steuert) im Augenblick der sinnlichen Wahrnehmung eines Aufmerksamkeit erzeugenden Gegenstandes. Kopfarbeit in unserem Verständnis ist Kulturarbeit im Bewusstsein der zivilisatorischen Lage, in der ein Mensch oder eine Gruppe von Menschen leben und handeln, und (kollektive) Kulturarbeit ist der soziale Kopf der Gesellschaft, der über das Medium Kommunikation schaltet, um seinen Bestand wahren und seine Entwicklung zu betreiben. Die reine Physis eines Produktes ist bedeutungslos, wenn es nicht eine korrespondierende Existenz in den Kopfregionen von Menschen und ihren Sozialverbänden erlangt. Das gehört zur Grundlage dieser Abhandlung.

Ökonomisches Denken auf der Grundlage von Kopfarbeit im soeben geschilderten Verständnis ist in der akademischen Tradition der Ökonomie beider Versionen, der Volkswirtschaftslehre und der Betriebswirtschaftslehre, eine Seitenperspektive ganz am Rande des methodologischen Zentrums dieser Wissenschaften. Wer gedanklich diese Seitenposition einnimmt, gerät unweigerlich in eine skeptische, wenn nicht kritische Distanz zur Tradition ökonomischen Denkens.

Diese Abhandlung positioniert sich auf einer Nebenplattform. Das ist weder ein Fehler noch ein irrationales Abweichlertum, sondern ein dialektisches Muss, um die Verhärtungen aufzubrechen, die das traditionelle ökonomische Denken in einen selbst verschuldeten Kokon gesperrt hat. Es geht im Sinne wissenschaftlicher Aufklärung darum, die existenziellen Folgen sichtbar zu machen, die das Hineinwirken dieser ökonomischen Denktraditionen in das Leben der Menschen überall auf dem Globus verursacht hat. Die bevorzugt dingliche Orientierung im Blick auf das Wirtschaftsgeschehen konnte historisch nicht anders, als auf die physischen und damit indirekt auf die mentalen Zustände der Wirtschaft in globalem Maßstab abzufärben.

1.2   Die ökonomische Funktion der Produkte

1.2.1   Schöpferische Potenziale im ökonomischen Denken

Ein Produkt ist das Ergebnis eines Herstellungsprozesses. Mit dieser lapidaren, inhaltsleeren Tautologie wird die Fülle und Komplexität eines Themas geöffnet, das auch nach generationenlangen wirtschaftswissenschaftlichen Erkundungen und Bemühungen um gefestigte Theorien eine beachtliche Reihe ungeklärter Sachverhalte hinterlassen hat. Davon soll in den folgenden Abschnitten dieser Abhandlung zunächst die Rede sein. Das Thema ist, wie sich gleich zeigen wird, umfassender als der rein ökonomische Gedankenhorizont. Es hat nämlich einen alten kulturgeschichtlichen Bezug, der bei naiver Betrachtung nicht erkennbar wird und doch fundamental die Wirtschaftsrealität berührt.

Der Satz, ein Produkt sei das Ergebnis eines Herstellungsprozesses, hat einen semantischen Akzent sehr weitreichender Art: Er drückt das Interesse am Ergebnis aus und weist dem Herstellungsprozesses die Position des Mittels zu, genauer: die Position eines Erzeugungsweges, der mit optimierten Mitteln gepflastert ist. Die Akzentuierung des Ergebnisses ist keine Selbstverständlichkeit, sondern ist vielmehr zutiefst verankert in einer Form von Strebigkeit, die dem schaffenden Menschen eigen ist und ihn vom erlebenden Menschen unterscheidet. Es hätte auch heißen können: Ein Produkt ist ein sich im Herstellen langsam formierender Gegenstand, dessen Eigenschaften am Ende den gestaltenden Geist und Willen des Herstellenden in sich trägt. Es hat an der Kultur des Herstellers teil.

Der erlebende Mensch vertieft sich mental und emotional in einen Herstellungs-prozess und empfängt daraus für sein leibliches und seelisches Heil vitalisierende Kraft. Ein Künstler hebt in der Arbeit an seinem Werk den Dualismus des agieren-den Subjektes und des schrittweise Gestalt annehmendem Objektes partiell auf. Das oft weit in der Zukunft liegende Ergebnis, das fertige Kunstwerk, hat während des Herstellprozesses noch keinen Platz in den öffentlichen Arrangements (wo es vielleicht als Monument in einem öffentlichen Raum erscheinen wird oder als Partitur für eine Orchestereinstudierung gedruckt wird) und es löst noch keine kommerziellen Erwartungen aus, ob es mit angemessenem Entgelt vermarktet werden wird. Die Lust am Erleben kennt ernstere, kontemplative Formen: Die mit-telalterliche Buchmalerei der Mönche wie überhaupt das schreibende Übertragen religiöser Texte konnte den Charakter eines stillen Gebetes annehmen, wie das in der unfigürlichen Ornamentik der islamische Kunst die Regel war.

Das Streben des schaffenden Menschen folgt den gegen Ende des Mittelalters aufkommenden, kulturell aufblühenden Vorstellungen über die Gestaltbarkeit der menschlichen Lebensverhältnisse durch das schöpferische, seines Könnens bewusste Individuum. Der Mensch beginnt, ein auf Gegenstände und auf dingliche Konstellationen in seiner Lebenswelt bezogenes, lebensdienliches Gestalten und damit auf Ergebnisse hinwirkendes Werken zu inszenieren. Die Kriterien für die Beurteilung des fertigen Produktes ergeben sich nicht (nur) aus dem Herstellprozess und seiner meisterlichen Beherrschung, sondern aus den Gegebenheiten seiner Einfügung in ein soziales Lebensumfeld. Ein Gebäude, ein Mobiliar, ein Nahrungsmittel erhalten quasi eine funktionale und ästhetische Passform.

Mit der Ergebnisorientierung kommt der kulturelle Umgebungsbezug zur Geltung. Das bedeutet nicht weniger, als dass die kulturelle Umgebung nicht fixiert ist, sondern für Wandel durch die Herstellung von Werken geöffnet wird. Der kulturgeschichtliche Umbruch, der sich darin andeutet, war tiefgreifend, denn an die Stelle autoritärer Vorgaben von oben (meist religiöser, teils auch profaner Herkunft), die die Kultur einer menschlichen Gemeinschaft erstarren ließ, trat die gestaltende Energie sich langsam befreiender Menschen als kulturelles Wachstumselixier auf den Plan.

Die (gewerblich) produzierende Wirtschaft, nicht die Handel treibende, ist untrennbar in die kulturelle Umgebung eingebunden, sei diese lokal (wie noch vorwiegend im mittelalterlichen Handwerk) oder überregional bis letztlich global. Im Herstellen einer Sache hat die gedachte oder in einem Konstruktionsplan festgehaltene Figur die Funktion der Vorwegnahme der Einfügung des fertigen Produktes in das zivilisatorische Gefüge einer bestimmten Gegenwart (einer Zeit oder Epoche) und damit zugleich eine Steuerungsfunktion, die den Herstellungsprozess ordnet und einen Maßstab für den Grad der Zielerreichung (die Effektivität) setzt.

Aus dieser Grundstruktur der Herstellung von Produkten ergibt sich zwanglos, dass zum Wirtschaften hergerichtete Herstellungsprozesse historisch den schaffenden und nicht den erlebenden (z. B. betenden) Menschen voraussetzen. Das Erleben im Herstellen kann nur beiläufig, nicht intentional geschehen. Die Basiskultur der heute dominierenden, auf entfalteten Wirtschaftstechniken beruhenden Zivilisation (vermutlich auf dem Weg zu einer vielfältigen Weltzivilisation) zielt auf Ergebnisse, die teilweise das Lebensniveau (im alltäglichen Konsum) steigern und teilweise den kulturellen Ressourcenbestand (beispielsweise die Infrastruktur einer Siedlung) aufbauen.

Die Schwäche des traditionellen ökonomischen Denkens zeigt sich unter anderem darin, dass das Grundgesetz des zivilisatorischen Aufstiegs als Bewertungsgefüge für wirtschaftliche Produktion so gut wie keine Rolle spielt. Die verbreitete Erklärung, es ginge in der Wirtschaft prinzipiell um die Kunst des sparsamen Umgangs mit knappen Mitteln (Ressourcen), ist einseitig und macht die Theorie instabil. Für die Bewertung eines auf den Markt gebrachten Produktes bedarf es der Beitragsleistung für die zivilisatorische Entwicklung. Dabei geht es nicht immer um grandiose Erzeugnisse, sondern um den Alltag der vielen kleinen, unscheinbaren Erzeugnisse und ihrer Nützlichkeit. Der Markt mit seinen Preismechanismen ist dafür nur bedingt geeignet.

Die Traditionen des ökonomischen Denkens sind kein Zufalls- oder Willkürergebnis, sondern wurzeln im jeweiligen Zeitgeist der Epoche, in der Ökonomen ihre Gegenwart erlebten und zu deuten versuchten. In diesem Verständnis für die Spiegelung des Zeitgeschehens im Wandel der Theorieentwicklung liegt die Chance, dem Terror einer dogmatisierten Lehre zu entgehen und den Atem einer Epoche einschließlich der Ahnungen für die Zukunft aufzunehmen. Keine Theorie ist jemals fertig. Das würde ihren Sinn als vorauseilende Wegbeschreibung der wissenschaftlichen Forschung zerstören. Gravierende Unklarheiten indessen erzeugen Schlaglöcher und können den Weg der Erkenntnis zu beschwerlicher Vergeblichkeit aufweichen.

Die Wirtschaftswissenschaften beider Hauptversionen, Volkswirtschaftslehre und Betriebswirtschaftslehre, haben sich einige solcher unklaren Sachverhalte geleistet, über die sie mit erstaunlicher Eleganz haben hinwegargumentieren können, bis die Diskrepanzen zwischen (traditioneller) ökonomischer Theorie und wirtschaftlicher Realität an harte Bruchkanten gerieten. Die tiefe Klamm zwischen dem althergebrachten, letztlich auf die Philosophie von Descartes und seinen Nachfolgern zurückgehenden Rationalismus auf der einen Seite und den Erkenntnissen der Neurologic und dem heutigen Wissenstand insbesondere der Physik auf der anderen Seite hat verhindert, die praktizierende Wirtschaft als eine dingliche Objekte erzeugende gesellschaftliche Aktivität zu erkennen, die von kulturellen Werten her und nicht vom blutleeren Verstand gesteuert wird.

Wirtschaft ragt vom Bodenständigen der dinglichen Welt hinauf bis in die Regionen geistig-schöpferischer Kräfte. Dort und nicht in der Bodenhaftung muss sich erweisen, ob ein Erzeugnis die Anlagen zu einem Beitrag zur zivilisatorischen Entwicklung aufweist und nicht einfach blinder Konsumgier dient. Die Lust am Konsumieren ist andererseits natürlich kein Frevel an der Zivilisation, wenn sie im hedonistischen Sinne die Lebensfreude entflammt, denn Lebensfreude kann sehr wohl zu einer wohlverstandenen Zivilisation der Menschheit gehören.

Von alledem bleibt der Rationalist kühl unberührt, denn er glaubt ungebrochen daran, dass profitable Innovationen berechnet und geplant werden können, ohne auf die Geistesdimensionen der menschlichen Zivilisation zurückgreifen zu müssen. Die Macht der Intuition, die weit über das Bewusstsein hinausreicht und eine unschätzbare Quelle der Kreativität bietet (Gigerenzer 2008), wird vom Rationalisten konsequenterweise als irrational ausgeblendet, wenn nicht gänzlich verleugnet. Nur der abgeklärte Verstand, so der Rationalist, ist imstande, in die metaphysische Welt der Gesetze vorzudringen. Alles Emotionale, Sinnliche und Phantastische würde ihn behindern.

In den gängigen Lehrbüchern der Wirtschaftswissenschaften (z. B. Stiglitz 1999, Berthold 1995, Behrens und Kirspel 2003, Mankiw 2004, Krabbe 1998, Schierenbeck 2000, Thommen und Achleitner 2003, Lechner, Egger und Schauer 2013, Wöhe und Döring 2013) sucht man vergeblich nach einer klärenden Beschreibung geschweige denn Definition, was ein Produkt charakterisiert. Offenbar wird die Bedeutung dieses Begriffs für so selbstverständlich gehalten, dass es darüber keiner weiteren Erklärungen oder gar Definitionen bedarf. Allenfalls indirekt lässt sich aus der Fachliteratur ableiten, dass es sich um physische Gegenstände (Güter genannt) handelt, die unter der kostenoptimierenden Anordnung von technischen Fertigungsprozessen erzeugt und mit ausgefeilten Methoden des Marketings auf den Markt gebracht werden.

Häufig wird, wohl aus Gründen der sprachlichen Vereinfachung, auch Dienstleistungen die Eigenschaft „Produkt" zugewiesen. Verständlich, denn auch Dienstleistungen müssen erzeugt und bereitgehalten werden. So gelten beispielsweise Kreditderivate als Produkte einer Bank, bei denen die Art der Herstellung wegen ihrer Immaterialität problemlos unkenntlich gemacht werden kann, so dass ihr innerer, im Marktpreis aufscheinender Wert so gut wie nicht ermessen werden kann.

Richtig daran ist, dass auch der Marktpreis von „wirklichen" Gütern sich nur wenig um die Produktionskosten kümmert, sondern im endlosen Spiel wertender Argumente und Signale einen zuweilen heftig ausschlagenden Tanz aufführt, bevor er sich für eine Weile niederlässt. Das hat mit den Kosten der Herstellung wenig zu tun, wohl aber mit dem mentalen Charakter von Produkten. Ein Erzeugnis, das in der Öffentlichkeit (über den Markt) einen Nutzen stiftet, hat seine Bewährungsprobe außerhalb des Betriebes zu bestehen gehabt. Die Herstellkosten sind lediglich eine Neben- oder Vorbedingung auf der Herstellerseite. Doch die reicht allein nicht aus. Der kommunikative oder mediale Charakter aber betrifft die Dienstleistungen (deren Besonderheiten wir hier keine Beachtung schenken) ebenso wie die materiellen Güter, die manchmal „Sachleistungen" genannt (natürlich ohne die Dienstleistungen als „unsachlich" diskreditieren zu wollen).

Produkte sind, so die schlichte Sicht der betriebswirtschaftlichen Fachwelt, materielle Güter, die für menschliche Zwecke hergerichtet werden, wobei das Hauptaugenmerk auf die profitable Fertigung unter Minimierung der Kosten und auf eine marktkonforme Gestaltung (Design) für reibungslosen Absatz gelegt wird. Diese

Basisstruktur ist der Ausgangspunkt für die Fülle an bedingenden, ergänzenden, begleitenden und leitenden Funktionen, die allesamt in der Unternehmensleitung zusammenlaufen und von dort aus koordiniert werden (Macharzina und Wolf 2008, 9 ff; Dillerup und Stoi 2008, 51 ff). Um das nochmals zu betonen: Es ist eine ebenso theoretische wie pragmatische Notwendigkeit, sich intensiv um die bestmögliche physische Gestaltung der Fertigung von Produkten und der professionellen Wegbereitung für ihren Absatz zu sorgen.

Die starke Betonung der physischen Seite von Produktionsprozessen und Produkten ist darauf zurückzuführen, dass die monetären Entsprechungen, d. h. Kosten, Umsätze und Gewinne, an dinglichen Vorgängen hängen, und zwar von der Mittelbeschaffung bis zur Marktverwertung. Auch das Geld selbst, das über die Eigenkapitalhaltung und die Kreditbewirtschaftung die monetären Ströme am Fließen hält, ist eine dingliche Kategorie mit der spezifischen Eignung als Tauschmittel (Brodbeck 2009, Zarlenga 2008). Es kann kein Zweifel daran bestehen, dass unternehmerische Gewinne aus der Sphäre der materiellen Dispositionen entstehen. Aber dies zum einzigen Kriterium zu machen und die Sinnzusammenhänge des Wirtschaftens aus den Augen zu verlieren, verursacht in der Theorie eben jene Schlaglöcher, von denen oben die Rede war.

Ein Blick in die Fachliteratur zum Marketing zeigt, dass die Gestaltung von Produkten mitsamt den sie umfangenden akquisitorischen Begleitfunktionen (Werbung, Preispolitik, Vertriebsformen usw.) auf die Anschlussfähigkeit im konsumtiven Gebrauch, also in den privaten und öffentlichen Haushalten, ausgerichtet sind. Die Gestaltungskomponenten der Produkte sind jedoch nur Mittel zum Zweck, den Verkauf gleitfähig zu machen, nicht selbst der Zweck der profitablen Produktgestaltung. Dass die Wirtschaft im Ganzen und zweifellos auch ihre Elemente, nämlich die einzelnen Unternehmen, am konstruktiven Aufstieg der Zivilisationen an vorderster Position mitwirken und dass darin das allgemeine Zugeständnis an freie Dispositionsspielräume und das Streben nach Gewinn gekoppelt ist, spielt als Thema in den Wirtschaftswissenschaften keine hervortretende Rolle. Das ist als Faktum wohl zu selbstverständlich.

Hat man als praktizierender Unternehmer den Schritt in die Gefilde der Märkte gesetzt und entschlossen, sich im Rahmen der Gesetze frei zu disponieren und nach profitablem Erfolg zu streben, löst einige systembedingte Folgen aus. Dazu gehört die Verknüpfung von privatem Kapitaleinsatz mit dem Motiv der Gewinnerzielung. Das ist das monetäre Grundgerüst jeder privatwirtschaftlich geführten Unternehmung. Wie dieses Grundgerüst allerdings substanziell ausgefüllt wird, bedarf einer gestalterischen Entscheidung im Rahmen der Unternehmensführung in der Praxis.

Viele Theoretiker der Betriebswirtschaftslehre bringen eine wissenschaftlich eingekleidete Norm zur Geltung, die auf einer stillschweigend akzeptierten Gültigkeit der allgemeinen Lebenssteuerung durch den aufgeklärten Verstand (in diesem Sinne also der Rationalität) beruht, wie sie von René Descartes und seinen philosophischen Nachfolgern in die Diskussion gebracht wurde. Das Problem dabei ist nur, dass die Rationalität wissenschaftlicher Wahrheitsbegründung (durch empirische Fakten und durch das Ausfiltern irrationaler Urteilskräfte) eine wissenschaftsethische Frage darstellt (Bendixen 2014), während das von Theoretikern verkündete Verlangen nach reinem Verstandeskalkül im praktischen Wirtschaften in eine normative Vorschrift einmündet.

Die Feststellung, dass das Streben nach Gewinn zwingend mit der Betätigung in einer Marktwirtschaft gekoppelt ist, lässt sich historisch-faktisch ebenso wie theoretisch-logisch gut begründen. Dass aber dieses Streben den Charakter der Maximierung des Gewinns annehmen und dass der Unternehmer nach dem rationalistischen Kalkül des Homo oeconimicus operieren soll, ist normativ und nicht besonders überzeugend. Diese theoretische Position neigt dazu, Einflüsse abzuwehren, die das Maximieren beeinträchtigen, insbesondere solche aus der Position der Verhaltenswissenschaften, die mit ethischen oder moralischen Argumenten operieren.

Die argumentativen Angriffe auf ohnehin meist eher zaghafte Relativierungen der radikalen Gewinnmaximierung fallen zuweilen heftig aus und geraten selbst in eine Unlogik. „Den Gewinn der Erweiterung ihrer Untersuchungsperspektiven bezahlt die verhaltenswissenschaftlich fundierte Betriebswirtschaftslehre (die angeblich für eine Gewinnzielrelativierung zugunsten ethischer Rücksichten, P. B.) mit der Einhandlung wissenschaftlich unlösbarer Zielkonflikte, also letzten Endes mit abnehmender Stringenz wissenschaftlicher Erkenntnisaussagen." (Wöhe und Döring, 2013, S. 9). Soll man dies als Aufforderung verstehen, um der wissenschaftlichen Stringenz willen die Realität, welche sich nur allzu oft mit Zielkonflikten herumschlagen muss, auf pure Gewinnrationalität zu verkürzen?

Mit dieser kritischen Anmerkung wird jedoch nur ein einziger, wenn auch essenzieller Aspekt von Belang für die Charakterisierung der heute vorherrschenden wirtschaftswissenschaftlichen Grundpositionen angedeutet. Er wird noch ausführlicher auszubreiten und zu diskutieren sein. Der zweite, nicht weniger bedeutende Aspekt, nämlich die überbetonte Ausrichtung auf die physische Seite der Erzeugung von Gütern (Produktion von Produkten), hängt mit der systematischen Ausblendung der Tatsache zusammen, dass das gestaltende Wirken des Menschen in seiner Lebensumgebung, damit also auch das Erzeugen von Produkten, ein vom schöpferischen Denken her geleiteter Prozess ist.

Alles Wirtschaften und damit alle Produkte gehen aus Kopfgeburten hervor, die die physischen Eingriffe in die Dingwelten vorbereiten und leiten. Und da diese Kopfgeburten entweder direkt zu physischem Gestalten führen, so beispielsweise bei einem in seiner Werkstatt am entstehenden Objekt arbeitenden Bildhauer, oder im arbeitsteiligen Kontext einer Lebensgemeinschaft zustande kommen, so beispielsweise in einem Waren herstellenden Betrieb, trägt jedes Erzeugnis den Stempel der kulturellen Muster, die in den beteiligten Köpfen gewirkt haben. Anders als die in der Natur vorgefundenen Objekte, denen manchmal eine mystische Bedeutung angedichtet wird, z. B. die religiöse Verehrung einer Berghöhle oder eines Flusses, tragen Objekte aus Menschenhand stets die kulturelle Bedeutung, die ihnen im Herstellen mitgegeben wird.

Da es die Kopfgeburten sind, die ein Produkt hervorbringen, kann die physische Herstellung nur von sekundärer Bedeutung sein, auch wenn diese für die Kapitalrendite aus Unternehmersicht vorrangig sein muss. Wer mit welchen Mitteln und Methoden auch immer ein Produkt herstellt, ob kundige Menschen oder die Natur aus eigener Gesetzlichkeit, kann nur in zweiter Linie maßgeblich sein für eine umfassende, in das zivilisatorische Streben eingebettete ökonomische Theorie. Die Theorie muss beides zeigen: dass und warum für die dingliche Ausführung von Produkten Handlungsspielräume sowohl geistiger als auch physischer Art notwendig sind und dass sowohl das schöpferische Engagement als auch die handwerklichen oder technisch-industriellen Investitionen entgolten werden müssen.

Wie weit die kulturellen Vorprägungen des tätigen Menschen in alle seine Lebensäußerungen hineinreichen, wird im Folgenden thematisch näher ausgeleuchtet und hinsichtlich ihrer Relevanz für wirtschaftswissenschaftliche Positionen diskutiert werden. Im Raum steht die These, dass die physische Seite eines Produktes eine keineswegs zu vernachlässigende Gestaltkategorie darstellt – in vielen Fällen hat dies sogar ethischen Vorrang, wenn man an die Bekömmlichkeit von Lebensmitteln denkt –, dass aber die ihnen vorgelagerten Objekte der Marktzirkulation, von seltenen Ausnahmen abgesehen, durchwegs medialer Natur, also abstrakte, geistige Geschöpfe, eben Kopfgeburten sind.

Auf keinem gängigen Markt zirkulieren physische Dinge, sondern nur deren mediale Entsprechungen. Die Werbespots im Fernsehen sind Teile eines sprechenden Marktes und sie richten sich an Empfänger vor der Mattscheibe, in deren Gehirn sich etwas ganz Bestimmtes formieren soll, nämlich eine ahnungsreiche Vorstellung von dem sich ins Spiel bringenden Produkt. Die lautstarke, meist von Klangteppichen untermalte Ansprache trifft aber nur dann auf offene Augen und Ohren, wenn die Gehirne der Angesprochenen entsprechende mediale Vorprägungen aufgenommen haben. Diese Vorprägungen lassen sich nicht mit einem einzigen Spot erzeugen, ein deutlicher Hinweis darauf, dass der Markt eine universal wirkende Zone öffentlicher Kommunikation darstellt, die von manchen Anbietern raffiniert genutzt wird, und dass die Einbringung eines mentalen Produktes in die Öffentlichkeit mit Arbeit verbunden ist.

Das Eigenartige dieser abstrakten Kommunikation zeigt sich in den erstaunlichen Wirkungen, die eine Vorführung auf dem Bildschirm emotional hervorrufen kann, obwohl es keinen direkten physischen Kontakt zum beobachtenden Menschen auf der Empfängerseite gibt. Die Wirkungsüberbrückung, die die technische Anordnung eines Fernsehgerätes leistet, führt zu der seltsamen Erscheinung und Erfahrung, dass ein Mensch vor dem Bildschirm zu lachen beginnt, wenn ihm eine lächerliche Szene vorgeführt wird, und das auch noch in flacher, zweidimensionaler Form. Das gelingt bekanntlich selbst mit einem Zeichentrickfilm.

Das limbische System im Gehirn, das für diese Art emotionaler Anstiftungen zuständig ist, wird nicht nur durch originäre sinnliche Kontakte angeregt, sondern kann auch durch sinnliche Surrogate, also etwa den bloßen Anblick eines aufregenden Gebildes auf dem Bildschirm, in Schwingungen versetzt werden. Die Erklärung dafür ergibt sich aus der Erkenntnis, dass das für Emotionen und Triebsteuerung zuständige Gehirnareal nicht als ein isoliertes System fungiert, sondern auf vielfältige Weise mit den übrigen Arealen verbunden ist und angeregt werden kann. Die Erregbarkeit neuronaler Vorgänge durch medial erzeugte Sinneseindrücke ist der Neurologie seit langem unter dem Terminus *Spiegelneuronen* ein Begriff (Rizzolatti und Sinigaglia 2008, Franckh 2008, Keysers 2013). Für die kommunikativen Prozesse der mentalen Erzeugung und medialen Ausbreitung von Produkten (vornehmlich) als Bildgestalten hat diese Erkenntnis eine fundamentale Bedeutung, die weit in die Theoriearbeit der Betriebswirtschaftslehre hineinreicht oder hineinreichen sollte.

Die ursprüngliche Idee der Vermehrung des materiellen Wohlstands, die zugleich die ethische Basis allen Wirtschaftens in einer freien Marktwirtschaft bildet, wie sie sich Adam Smith (1723 – 1790) noch vorstellen konnte, hat sich durch die moderne, medial hochgradig aufgerüstete Kommerzwelt längst verlagert von physischen Genüssen (die natürlich niemals verschwinden) hin zu emotionalen, ästhetisch wirkenden Sinnesgenüssen. Dabei spielt die „Kopfregion" der Produkte, ihr durchaus wahrnehmbarer kultureller Saum um die physische Gestalt eine zentrale Rolle. Ein Produkt muss nicht zwingend physisch präsent sein, um seinen kulturellen Saum ins Spiel der Marktkräfte zu bringen. Der Geist einer Gestalt löst sich von dessen Physis, ohne diese ganz aufgeben zu können. Ein neuer Typus und Topos von Spannung tut sich auf, der zu einem handfesten Marketingproblem werden kann: Es geht um die im Kopf erzeugte Erwartung und die realen Eigenschaften eines Produktkörpers.

Es geht ein Riss durch die kommerziell globalisierte Welt, der auf der einen Seite eine Konsumwelt der medial vermittelten, längst nicht mehr mit physischen Mangelerscheinungen konfrontierten Bedürfnisse hervorgebracht hat, während auf der anderen Seite der Prozess der Gestaltung und Vermarktung kultivierender oder besser: zivilisierender Produkte in vielen Regionen der Erde noch in den Kinderschuhen steckt und das Elend der materiellen Unterversorgung sogar ein wachsendes Problem darstellt. Das betriebswirtschaftliche Grundgesetz der medialen Natur der Produkte greift eben nicht überall in gleicher Weise und Intensität.

Dabei geht es nicht nur um die individuellen Gefährdungen solcher Lebensweise (etwa gesundheitlicher oder psychischer Art) und nicht nur um einen teilweise unerträglichen Zynismus angesichts eines Milliardenheeres hungernder Menschen vor allem in der Dritten Welt, sondern auch um die irreversiblen Wirkungen auf Klima und Biosphäre auf unserem Planeten. Damit kommt ein weiteres Thema ins Spiel, nämlich die überragende Mitverantwortung der Wirtschaft für das weitere Schicksal der menschlichen Zivilisation. Wirtschaftsethik ist, das muss man bedauernd zur Kenntnis nehmen, nach wie vor kein zentrales Thema der Wirtschaftswissenschaften, weder der Volkswirtschaftslehre noch der Betriebswirtschaftslehre. Es läuft allenfalls am Rande mit und wird als Studienfach zurückgestoßen, wenn die Budget der Universitäten unter Druck gerät (Bendixen 2013).

1.2.2   Das Naturbild der Ökonomen

In der zentralen Position, die die Stoffe der Natur als Basis der Produktion bekleiden und die deshalb eine leitende Rolle im ökonomischen Denken spielen, haben sich die Ökonomen auch schon in den Epochen vor der Aufklärung und den besonderen Einsichten Adam Smiths an die herrschenden Auffassungen über das Naturgeschehen angelehnt. Das Naturbild der Ökonomen hat dennoch einige besondere Aspekte aufgenommen, die hier angesprochen werden sollen.

Die modernen Vorstellungen von der Natur als der ihren eigenen Gesetzen folgenden, vom Menschen gänzlich unabhängigen Macht der materiellen Dinge, Zustände und Bewegungen haben eine lange Vorgeschichte, die bis über Aristoteles hinaus in die frühe Philosophie des Altertums zurückreicht. In den Jahrhunderten des Mittelalters glaubte und vertrat man die Sicht, dass die Gaben der Natur (Ökonomen nennen sie heute Ressourcen) ebenso wie ihre zerstörerischen Energien Geschöpfe Gottes sind, denen gegenüber sich der neugierige Mensch auf demütige Distanz zu halten habe, ähnlich wie viele Naturreligionen die Ehrfurcht vor der Übermacht der Natur und ihrer Unübertrefflichkeit in die religiöse Mitte ihres Schamanismus genommen haben.

Erst mit dem Ausbruch aus der Dominanz der mittelalterlichen Philosophie und Theologie hat eine andere Auffassung an Raum und Bedeutung gewonnen. Sie stellt den göttlichen Gesetzen die Eigengesetzlichkeit der Natur entgegen oder zur Seite, hält den neugierigen Menschen aber nicht mehr auf verehrende Distanz, sondern ermuntert ihn zur Erkenntnis, was die Natur in ihrem Inneren zusammenhält und antreibt. Die Diskussion über das Verhältnis des Menschen zur Natur hat gegenwärtig neue Nahrung erhalten, die teils aus Einsichten von Naturwissenschaftlern und teils aus den Bedrohungen der Biosphäre als dem Lebensraum der Gattung *Mensch* stammen (Ropers und Arzt 2012).

Damit war die Vorlage geschaffen für die Entwicklung der Ingenieurwissenschaften und ihrer Pragmatik zugunsten des zivilisatorischen Aufstiegs der Menschheit. Das war keine offene Kampfansage gegen die abendländische christliche Religion, sondern ein Zurückdrängen der Interventionsmacht Gottes auf die metaphysische Geisteswelt hinter der Dingwelt. Gott regiert nicht mit Handgriffen in das Naturgeschehen hinein, sondern über die Geltung der hinter oder über diesem Geschehen herrschenden, von ihm allein dem Kosmos mitgegebenen Naturgesetze. Im geistigen Raum dieser Naturphilosophie und in enger Berührung mit den in der Neuzeit aufkommenden Naturwissenschaften hat sich auch das Naturbild der Ökonomen geformt.

Das Naturbild der Ökonomen hat seine bis heute nachwirkenden Impulse in den frühen Jahrzehnten der Aufklärung empfangen. Zwei maßgebliche Denker standen dabei im Mittelpunkt: René Descartes (1596 – 1650) und Isaac Newton (1643 – 1727). Vor allem Descartes vertrat die Auffassung des so genannten ontologischen Dualismus, wonach die Welt des Geistes von der Welt der Materie unterschieden ist, was nicht ausschließt, dass der Geist die Gesetze der Natur erkennen kann, die das Sein und Geschehen in der materiellen Dingwelt der Natur beherrschen. Der Naturbegriff ist bis in die Gegenwart auch unter Naturwissenschaftlern eine offene Frage (Dürr 2011) und trägt weiterhin an den kontroversen Positionen unter Philosophen (Heuer, Neuser und Stekeler-Weithofer 2013).

Mit der Zwei-Welten-Sicht war eine für die Philosophie der Aufklärung überaus wichtige Grundlage geschaffen, die unmittelbar auch in das Naturbild der Ökonomen hineinwirkte. Die in die Natur forschend eindringenden Wissenschaftler gerieten in strittigen bis feindlichen Kontakt vor allem zur Kirche in Rom und ihren dogmatischen Theologen. Das Schicksal Galileo Galileis ist vielleicht der dramatischste Fall der Geistesgeschichte Europas. Die Zwei-Welten-Sicht bewirkte die Trennung zwischen Geisteswissenschaften und Naturwissenschaften, wobei letztere sich auf die Erkenntnis der Dingwelt der Natur fokussieren konnte, wohin allerdings der Bann der Kirche lange Zeit reichte. Die Grundhaltung, sich auf das empirisch Nachweisliche und dinglich Offenkundige zu konzentrieren, ist den Ökonomen aus dieser Zeit gewissermaßen in die Wiege gelegt worden und hat sich bis heute gehalten.

Die materielle Natur ist die Mutter aller für die Wirtschaft wichtigen und mit Hilfe von fortschreitender Ingenieurtechnik erreichbaren Ressourcen. Sie kann genutzt, aber von Menschenhand nicht gemacht werden. Das geistige Rüstzeug des Menschen aber, das seinem Gehirn (als biologischem und damit physischem Organ) mitgegeben ist, kann aus den materiellen Naturgesetzen nicht erklärt werden. Daraus ist gefolgert worden, dass der Mensch auf Erden eine Sonderstellung innehat. Das menschliche Denkvermögen ist, so diese Version, ein Geschenk Gottes und beweist, dass der Mensch als einziges Lebewesen an der göttlichen metaphysischen Geisteswelt teilhat. Die Natur selbst aber folgt unbarmherzig ihren Gesetzen, die alles menschliche Können nicht hintergehen oder überschreiten kann. Sie funktioniert wie ein riesiges Uhrwerk (Newton), das der Mensch zwar enträtseln und nutzen kann, das er aber nicht eigenmächtig verstellen kann.

Der Vorrang der Natur als Kraftquelle des Wirtschaftens hat in der vorklassischen Zeit des Merkantilismus noch keine (wirtschaftspolitische) Bedeutung gehabt, denn der Reichtum des Staates (des absolutistischen Herrschers, wie Ludwig XIV ihn repräsentiere; von ihm stammt der Satz „L' État, c'est moi" = Der Staat bin ich) lag nach Auffassung des damaligen Finanzministers Colbert (1619 – 1683) in Handel und Gewerbe, die eine besondere Förderung durch den absolutistischen Staat erlebten (was sie freilich nicht von der immensen Steuerlast befreite). Der Durchbruch zu einer die Natur als Kraftquelle des staatlichen Wohlstands hervorkehrende Auffassung gelang (in Frankreich) den Physiokraten (Söllner 2001, 18 ff.), die im Gegensatz zu den Merkantilisten die Landwirtschaft (einschließlich Bergbau, Fischerei, Forstwirtschaft) zur einzigen und eigentlichen Ressource erklärten.

Das Naturbild der Ökonomen bekam weiterführende Impulse aus der physikalischen Lehre Isaac Newtons (1643 – 1727) in England, die zugleich die Auffassungen der schottischen Aufklärer unter David Hume und Adam Smith beeinflusste. Deren Naturbild als dem stofflichen Ursprung aller ökonomischen Ressourcen, ob Landwirtschaft oder Bergbau, ob Windkraft oder Flusskraft, setzte eine Sicht durch, die einem anderen Produktionsfaktor den eigentlichen Durchbruch des modernen ökonomischen Denkens ermöglichte: der menschlichen Arbeitskraft (Smith 1978, 3).

Der berühmte Satz bei Smith lautet: „Die jährliche Arbeit eines Volkes ist die Quelle, aus der es ursprünglich mit allen notwendigen und angenehmen Dingen des Lebens versorgt wird, die es im Jahr über verbraucht. Sie bestehen stets entweder aus dem Ertrag dieser Arbeit oder aus dem, was damit von anderen Ländern gekauft wird." Der Blick des Ökonomen wird seit Adam Smith ganz und gar auf die Arbeit des schaffenden Menschen gerichtet. Die Natur spielt nur noch die Rolle einer Kulisse, aus der unerschöpflich alles an materiellen Stoffen stammt, was durch den Fleiß der Arbeitenden in Produkte (notwendige und angenehme Dinge) verwandelt wird.

Von Adam Smith nahm ein Naturbild der Ökonomen seinen Ausgang, das die ökonomische Theorie bis heute prägt: Zwar wird heute kein Ökonom mehr die

Naivität aufbringen, dass die Ressourcen der Natur unerschöpflich oder beliebig regenerierbar sind, sondern des pfleglichen (kultivierten) Umgangs bedürfen. Doch findet man eine entsprechende Erweiterung des theoretischen Erfassungshorizonts der Welt der Wirtschaft weder in der neoklassischen Volkswirtschaftslehre noch in der nutzenmaximierenden Betriebswirtschaftslehre. Die Zwei-Welten-Auffassung, die in der dingliche Natur als eine Art Materialhaufen sieht, hat sich im Naturbild der klassischen Ökonomen festgefahren, und zwar so durchdringend, dass der Bezug zur Welt des Geistes gänzlich aus dem Blick geriet.

Neben Adam Smith und den ihm folgenden ökonomischen Klassikern hat sich, von Frankreich her kommend, ein anderes Naturbild in der Philosophie Jean-Jacques Rousseaus (1712 – 1778) behaupten können. Auch Rousseau baute seine Philosophie auf der Maßgeblichkeit der Natur auf, behauptete aber zugleich die Verderbtheit des Menschen, der, wenn er in eine falsche Vergesellschaftung gerät, seine Lebensmöglichkeiten verliert. Diese die Natur verherrlichende Grundhaltung lässt, wenn auch mit ganz anderen Akzenten, eine deutliche Distanz zur Kultur erkennen. Erklärlich ist diese Sicht, wenn man bedenkt, dass Rousseau in der spätbarocken Epoche des höfischen Rokoko lebte, die luxuriöse Pracht und Selbstverherrlichung auf der einen Seite und erbärmliche Lebensumstände auf der anderen Seite auf eine sich bald entladende Spannung zusteuern sah. Was man zu seiner Zeit unter Kultur verstand, hatte einen elitären, despotischen Beigeschmack.

In der Naturauffassung Rousseaus keimte eine Komponente von durchaus ökonomischer Relevanz auf, die jedoch zunächst nicht zum Tragen kam. Insbesondere in Deutschland erlangte eine vielblütige Romantik die Oberhand, die sich vom kargen Nützlichkeitsdenken der Kaufleute und Fabrikanten und den akademischen Vordenkern unter den Nationalökonomen fernhielt (Safranski 2009). Von dieser Geisteshaltung ging vorerst unterschwellig eine Entwicklung aus, die gegen Ende des 19. und zu Beginn des 20. Jahrhunderts mit ästhetischen Mitteln einen Kontrapunkt zur Nüchternheit des nun auch in Deutschland aufblühenden Industrialismus setzte: der Jugendstil oder Art nouveau.

Erst in der zweiten Hälfte des 20. Jahrhunderts kam es zu einem beachtlichen Wandel im ökonomischen Denken, der in Studiengängen und Lehrbüchern sowie einer mächtig anwachsenden Fach- und Sachliteratur zum Ausdruck kam: „Umweltökonomie" (Haas und Schlesinger 2007, Endres 2013). Ausgelöst wurde dieser Wandel durch die dramatischen Signale aus der sich abzeichnenden Erschöpfung einiger wichtiger Ressourcen, insbesondere Energieressourcen, und dem Wandel des Erdklimas mit noch unabsehbaren Spätfolgen.

Die Wahrnehmung der Natur als verletzliche Quelle der menschlichen Zivilisation hat Diskussionen in den Wissenschaften, in politischen Kreisen, in den Medien und vor allem auch in der Wirtschaft ausgelöst. Damit ist zumindest das

Problemverständnis gewachsen. Geblieben aber ist das Naturbild als eine Welt der dinglichen Zustände und Bewegungen, die losgelöst von der Geisteswelt des Menschen ihren eigenen Gesetzen folgt und über denkbare Wirkungsfäden zwischen Geist und Materie nicht weiter nachdenkt. Dass sich indessen auch der Charakter des Wirtschaftens verändert hat, und zwar sowohl auf der Produzentenseite wie auf der Konsumentenseite, und dass darin vielleicht ein Anlass für theoretische Revisionen im ökonomischen Denken liegen könnte, ist dabei auf der Strecke geblieben.

1.2.3   Das Produkt als stofflicher Wert- und Kulturträger

Aus der Sicht des einzelwirtschaftlichen Produzenten ist das Produkt als Ergebnis der Erzeugung ein Kostenträger, soweit geldwirksame Aufwendungen zur Produktion erforderlich sind, und ein Wertträger, bis es über den Markt verkauft worden ist und das investierte Geld wieder in die Kasse des Produzenten zurückfließt, um erneut investiert zu werden, etwa für die Nachbeschaffung von Rohstoffen. Die Wertsteigerung, die in der Erzeugung des Produktes erzielt wird, realisiert sich mitsamt einem Gewinnanteil erst im erfolgreichen Markttransfer gegen Geld. Die Wertsteigerung aber, das wird meist übersehen, zahlt sich zwar in Geld aus, hat aber ihren Ursprung in der gelungenen Einfügung des Produktes in die kulturellen Bedingungen seiner Nutzung. Der Gewinn ergibt sich nicht aus der Kalkulation, sondern bildet sich im medialen Kontext.

Es wird also ein materieller Kreislauf in Gang gehalten, in dem das dingliche Produkt eine zwingende Phase im Kreislauf der Produkterzeugung bildet, denn die Bedingungen für profitwirksame Wertsteigerungen liegen im Maß der Kongruenz zwischen mentalem Produkt, wie es sich in den Köpfen der Konsumenten gebildet hat, und den physischen Entsprechungen, die in der materiellen Fertigung von Erzeugnissen erreicht werden. In der materiellen Produktion hat der Hersteller die Möglichkeit, auf die Form-, Substanz- und Funktionseigenschaften eines Erzeugnisses in seiner dinglichen Ausführung Einfluss zu nehmen, damit es genügend Attraktivität am Markt erlangt (unterstützt durch ein lautstarkes Marketing, wovon noch die Rede sein muss).

Im Produktionsprozess muss der Fabrikant oder Produzent, folgt man dieser Logik, an mehreren Stellen und in Bezug auf mehrere Eigenschaften des Produktes Rücksicht nehmen auf die Erwartungen und Empfindungen möglicher Käufer. Das ist deshalb ein gewagtes Geschäft, weil die Einschätzung der Bedarfskomponenten möglicher Käufer fehlschlagen kann und statt leerverkaufter Warenlager ein kostenträchtiger Bestand an Ladenhütern entsteht.

Das Produkt ist ein wanderndes und sich wandelndes Objekt zwischen den Rohstoff- und Materialkomponenten und den Zwischenstufen der Fertigung bis zum verkaufsfähigen Endzustand. In allen diesen Phasen ist es ein Kosten- und Wertträger, dessen Eigenschaften notgedrungen Rücksicht nehmen müssen auf die nicht erzwingbaren Kaufneigungen der Nachfrageseite des Marktes. Es ist, um es mit anderen Worten auszudrücken, aus der Sicht des Kapitalgebers ein Mittel der Gewinnerzielung, aus der Sicht des Konsumenten ein Träger nützlicher Verwendungen und auch hier ein Mittel. Die Kunst des Marketings besteht darin, die Zwecke hinter dem Mitteln in Einklang zu bringen.

Soll, und davon wollen wir hier ausgehen, zwischen dem Produktbild, das sich der Verkäufer aus seinem Zweckhorizont heraus macht, und dem Produktbild, das sich ein Kaufinteressent aus einen Nutzenerwägungen heraus macht, keine Diskrepanz entstehen, dann bleibt offener Zwischenraum entlang einer Linie, an welchem Punkt diese Einigkeit zustande kommt. Es könnte sein, dass ein energischer Kaufinteressent seine Geldmacht – er könnte etwa mit Bargeld winken – so stark ausspielt, dass der Produzent entweder schon in der Produktion oder aber in der Kalkulation nachgibt. Umgekehrt könnte der Fall eintreten, dass ein Kaufinteressent oder überhaupt die möglichen Kaufinteressenten derart von der vorgespielten Überlegenheit des Produzenten und seiner Erzeugnisse überzeugt (oder überredet) werden, dass der Einigungspunkt sehr nahe am monetären Grenzpunkt des Produzenten, nämlich seinen gewinnmaximalen Preisvorstellungen zu liegen kommt.

Ein wichtiger Punkt ist damit zur Sprache gekommen, der im Folgenden noch eine wiederkehrende, zentrale Rolle spielt. Nicht das konkrete Produkt, wie es vielleicht im Regal zu sehen ist oder vom Verkäufer auf dem Ladentisch vorgeführt wird, ist das Entscheidende, sondern die bildwirksamen Wahrnehmungen, die sich der Verkäufer und der Verkäufer von diesem Objekt machen. Daran ändern zwar Vorführungen, Probeläufe, Geruchsproben und viele weitere Einladungen zur Prüfung eines Produktes eine Menge. Doch auch die Wahrnehmungen dieser Eigenschaften sind nicht objektiv, sondern werden von den Gedächtniskomponenten jedes Einzelnen gesteuert, und zwar diskontinuierlich, also auch situationsabhängig.

Diese Zusammenhänge sind Ökonomen natürlich nicht unbekannt. Insbesondere Marketingexperten wissen, was sie tun müssen, um für ihre Erzeugnisse eine elegante Form der Kommunikation am Markt zu finden, die den Absatz erleichtert. Dass aber das Kommunizieren am Markt eine Einwirkung auf die Produktbilder und damit auf die geistigen Operationen beider Seiten bedeutet und dass damit die physische Seite der Produkte gewissermaßen überspielt werden kann, ist kein Geheimnis.

Argwohn ist dennoch vonnöten, denn es geht nicht nur um einzelne Operationen und deren Täuschungspotenziale, sondern um eine ziemlich handfeste, historisch langsame Verlagerung von Marktvorgängen von der physischen Präsenz (der Marktteilnehmer und der Erzeugnisse) zur medialen Präsenz (unter Abwesenheit der Marktteilnehmer und der Erzeugnisse, die allesamt durch Surrogate vertreten werden). Der Markt spielt sich heute kaum noch auf einem erlebbaren Marktplatz ab, sondern auf der imaginären Bühne der medialen Austragungen. Die Kommunikation beherrscht die physische Produktion.

1.3   Die mentale und physische Formung des Produktes

1.3.1   Die Formung des Produktes im Naturverhältnis

Von einem Naturverhältnis sprechen wir dann, wenn der Erzeugungsprozess, aus dem ein Produkt hervorgeht, nicht in der Hand des Menschen liegt, sondern auf das Zusammenwirken natürlicher Kräfte und Ablaufordnungen zurückzuführen ist. Der Mensch stellt nicht her, sondern erntet nur. Die Pilze im Wald, die Fische im Fluss oder das Erz im Berg sind Hervorbringungen der Natur. Was macht einen Waldpilz, der ja nicht durch menschliches Zutun wächst, oder die Forelle, die im Bach jagt, zu Produkten und was macht sie beide womöglich sogar zur Ware? Ihre natürliche Bestimmung ist dies jedenfalls nicht. Sie sind Hervorbringungen der Natur, aber erst der Mensch macht sie zu (Natur-) Produkten, indem er ihnen einen Nutzen zuschreibt oder ihnen einen emotionalen, kulturellen Sinn gibt.

Um den Warencharakter vorwegzunehmen: Ein Produkt wird zur Ware, wenn es zum Verkauf angeboten wird, also eine Marktform annimmt, wobei es nicht gewiss ist, ob die angebotenen dinglichen Objekte den Zusicherungen standhalten, die der Verkäufer, laut reklamierend oder freundlich lächelnd den Kaufinteressierten andient. Ein Korb frisch gesammelter Steinpilze aus einem nahegelegenen Wald mag durch den bloßen Anblick Vertrauen erwecken. Man kennt diesen Pilz eben und weiß, dass er, solange er seinen Schirm nicht spreizt und in diesem jungen Stadium einem Stein ähnlich sieht, folglich frisch ist. Ein Produkt ist der Waldpilz aber auch dann, wenn er nicht für den Markt eingesammelt wird, sondern dem eigenen Verzehr dient. Die Marktform eines Produktes ist in dessen Materialität nicht automatisch angelegt, und es ist nicht zwingend, dass ein marktgängiges Produkt von Menschen hergestellt sein muss.

Der Pilz ist, so wie er da im Wald steht, ein Naturgegenstand, denn kein Mensch hat ihn dort gepflanzt oder seine Samen auf dem Waldboden ausgebreitet. Ohne das verlässliche Wissen über die Physiognomie des Pilzes, die Bedingungen seines Vorkommens, seine Genießbarkeit und die Jahreszeiten, in denen er sich oberirdisch durch seine Fruchtkörper zeigt, wird ein Wildgewächs nicht zu einem Produkt für menschlichen Gebrauch. Der Pilz als (mögliches) Produkt und Exemplar am Waldboden hat seine Existenz bereits mit der intellektuellen Aneignung von Wissen über Pilze begonnen und die nötige Aufmerksamkeit auf bestimmte Charaktermerkmale von solchen Naturobjekten gerichtet. Es ist also immer zuerst das – im Laufe eines Lebens angewachsene, auf Erfahrungen und Belehrungen beruhende – Wissen präsent, ohne das der Naturgegenstand nicht wahrgenommen und ihm keine Bedeutung zugemessen werden kann.

Der Waldbesucher und Pilzsammler hat eine greifbare und begreifbare Vorstellung von der Gestalt, der Substanz und dem Habitat des Naturobjektes im Kopf, die ihm die Suche und die Zugriffsentscheidung erleichtert. Ohne dieses bei Pilzen sogar geschärfte Spezialwissen wäre er hilflos und liefe Gefahr, sich zu vergiften. Das bedeutet, dass das Objekt zuerst als oft nur vage, unvollständige, überprüfungsbedürftige Vorstellung im Kopf existiert, die aber zur Erzeugung von Aufmerksamkeit ausreicht. Bei der Begegnung mit einem Objekt kann sich in Sekundenschnelle im Kopf ein Produkt bilden, indem Nützlichkeiterwägungen eingeleitet werden, die einen Zugriff einleiten. Aus einem Naturgegenstand wird durch einen intellektuellen Prozess ein (Natur-) Produkt. Wir halten fest: Das Produkt entsteht im Kopf und mündet im Falle eines Naturobjektes nicht in einen Herstellprozess, sondern unmittelbar in ein Nutzungsverlangen.

Auch die Kartoffel ist ein Naturprodukt, allerdings mit der Einschränkung, dass der Mensch in den Erzeugungsvorgang eingreift, teils durch Selektion, teils durch Bodenverbesserung und spezielle Düngung und teils durch Techniken der Lagerung über lange Winterzeiten hinweg. Die Tradition der Züchtung von Kartoffelsorten, die den unterschiedlichen Gewohnheiten und Bedürfnissen von Konsumenten entsprechen oder die aus Kostengründen für längere Transporte selektiert wurden, hat dieses Produkt zwar nicht ganz, aber in entscheidendem Umfang in die Agrartechnologie eingeführt, so dass mit Gründen von einem Kulturprodukt gesprochen werden kann. Die einzelne Kartoffelknolle ist und bleibt ein Naturprodukt, auf dessen gedeihliche Bedingungen der agrarisch tätige Mensch allerdings Einfluss ausüben kann.

Die meisten landwirtschaftlichen Erzeugnisse befinden sich in einer breiten Zone des Übergangs von Naturprodukten zu Kulturprodukten, die sich durch Eingriffe des Menschen in die Wachstumsbedingungen nahe an der Natur bewegen oder durch massive Künstlichkeit zu einer der Natur entfremdeten Distanz haben entwickeln lassen. Naturnähe oder Naturferne ist aber nicht das hier entscheidende Kriterium, es ist schon gar nicht als Qualitätsmerkmal gemeint, sondern die kultivierenden Eingriffe des Menschen in Naturverläufe, denen diese Produkte so oder so unterworfen sind, haben sich durchsetzen können, weil der Mensch ein entsprechend überragendes Wissen im Kopf (oder in seinen Büchern, Archiven oder Festplatten) zusammengetragen hat, das ihm die konkrete, dingliche Umsetzung in Herstellungsprozessen ermöglicht. Es war, um das nochmals zu unterstreichen, zuerst das Produkt im Kopf, bevor es materiell durch Herstellung oder durch die Zuweisung von Nützlichkeit als physischer Gegenstand wirklich werden konnte.

1.3.2   Die Formung des Produktes im Kulturverhältnis

Der Übergang vom Naturprodukt zum Kulturprodukt ist gleitend, nicht kategorial. In allen organischen und mineralischen Prozessen bleiben die Naturbedingungen und –gesetze wirksam, auch wenn durch partielle Eingriffe der Verlauf der Produktionen in gewollte Richtungen gelenkt werden kann. Wo Substanz- und Gestaltvorstellungen des Menschen an den Erzeugungsergebnissen mit Erfolg eingetragen werden können, gewinnen die Muster der Produktgestaltung schrittweise die Oberhand über die organischen und anorganischen Naturgesetze und die natürlichen Bedingungen des Produktionsverlaufs (Wetterverlauf, Schädlingsbefall usw.).

Schrittweise heißt, dass die gärtnerische, landwirtschaftliche oder agrartechnische Beherrschung relevanter Komponenten des natürlichen Produktionsverlaufs einen langsam sich im Geflecht der Zivilisation den Weg bahnenden Vorgang nach dem Muster von Versuch und Irrtum darstellt. Nur selten finden spektakuläre Entdeckungen oder Erfindungen statt, die die Produktionstechniken mitsamt dem sozialen Umfeld radikal umkrempeln. Produkte sind als Bildgestalten im Kopf niemals nur die Gegenstände als isolierte Objekte, sondern das offene, sie umgebende natürliche und kulturelle Bedingungs- und Nutzungsgeflecht.

So hat die Erfindung der Dampfmaschine die industrielle Produktion innerhalb weniger Generationen grundlegend umgebaut, und zwar nicht nur die Herstellung der Dampfmaschinen selbst, sondern ihr gesamtes Verwendungsumfeld, vom Bedienungspersonal bis zu den damit erzeugten Produkten. So veränderte der Übergang von der älteren Handelsschifffahrt mit Großseglern zur neuen Dampfschifffahrt, symbolisch gesehen also der Wandel vom Holz zum Eisen als Konstruktionsmaterial, in der zweiten Hälfte des 19. Jahrhunderts nicht nur die Transportkapazitäten, sondern kreierte ganz neue Berufe: den des Maschinisten, des Heizers und des leitenden Ingenieurs (anstelle des vormaligen Bootsmanns).

Der zivilisatorische Fortschritt kann abgelesen werden an der Zunahme der technischen Interventionen des Menschen in naturgesetzlich bedingte Herstellungsverläufe bis hin zur konstruktiven Oberhand der mentalen und physischen Gestaltvorstellungen in der Produkterzeugung, die sich der Natur fast nur noch im Urzugriff auf Rohstoffe bedient. Die Kultivierung der Produkterzeugung ist sehr weit bis in passende Metalllegierungen und chemische Kunstsubstrate gegangen, die sich oft als leistungsfähiger erwiesen haben als viele althergebrachte Materialien. Der Prozess der Kultivierung der physischen Herstellung ist in den allgemeinen Prozess der Zivilisierung eingebunden (nach wie vor ergiebig dazu: Norbert Elias 2010 a und 2010 b sowie Polanyi 1973). Dabei hat der Sinn- und Kulturzusammenhang von der Herstellung und dem Gebrauch oder der Nutzung eine zentrale Rolle gespielt. Dies wiederum beruht, wie ausgeführt, auf der Akzentuierung der Ziel- oder Ergebnisstrebigkeit im Herstellen, nicht des miterlebenden Vollzugs eines Herstellungsprozesses. Der Kontrast zwischen beiden Herstellorientierungen ist krass: Ergebnisorientierung verlangt umweglose Zielstrebigkeit (nur hier kommt das Gesetz vom sparsamen Umgang mit knappen Mitteln, also auch mit menschlicher Arbeitszeit und den medizinischen Folgen von Stress, zur Anwendung). Erlebnisorientierung betont dagegen die Langsamkeit des Vollzugs, um die Sinne sich ausbreiten zu lassen.

Die archaische Einheit von Herstellen und Nutzen hatte aus der Natur der Sache heraus eine das Herstellen antreibende Zielstrebigkeit ad absurdum geführt, mit anderen Worten: Zielstrebigkeit, wie sie heute die Produktionsprozesse in der Wirtschaft kennzeichnen, setzen die Trennung von Herstellen und Nutzen (bis zum Genießen) voraus. Das Erlegen von Wild und der sich anschließende Verzehr am Lagerfeuer ist eine archaische, in der modernen Zivilisation überwundene Urform der Einheit von Herstellen und Nutzen, die allenfalls noch für romantische Momente belebt werden kann. Im ursprünglichen Erleben verschmelzen das Herstellen und das sinnliche oder physische Gebrauchen zu einem unteilbaren Ganzen.

Trennt sich das physische Herstellen von Produkten – es beginnt ja schon mit der Arbeitsteilung zwischen (männlichem) Jäger und (weiblicher) Beuteverarbeitung – von der physischen Sphäre des Nutzens oder des Konsums, bedeutet das keineswegs, dass auch die kulturelle Einheit, das kulturelle Wertedach über beidem, zerrissen wird. Nicht ganz ohne ironischen Unterton können wir sagen: Die Ökonomie als Wissenschaft hat sich die Perfektionierung oder Optimierung der physischen Herstellung vorgenommen und sieht in der Nutzensphäre (dem Konsum) eben nur den physischen Verzehr.

Der Verzehr aber soll möglichst nicht erschlaffen, sondern zugunsten fortgesetzter Herstellung gepuscht werden. Strebigkeit beim Verzehr, also die gesamte Fastfood-Ökonomie, ist widersinnig, wenn auch nur die Spur von Lebensfreude den Genuss begleiten soll. Die Ironie der Entwicklung im Konsumbereich hat es mit sich gebracht, dass die Beschleunigung von Vorgängen aus der Produktionssphäre der Herstellung auf die Konsumsphäre der zeitsparenden Nutzung übergriff. Man nennt das dann Fastfood. Das funktioniert aber nur, wenn die auf Genuss ausgefahrenen Sinnesorgane des konsumierenden Menschen ihren zeitraubenden Tiefgang aufgeben (Bendixen 2008).

Der nutzende Gebrauch von Produkten gleich welcher Herkunft, ob diese vorwiegend noch ein Naturprodukt oder schon dominierend ein Kulturprodukt sind, ist von Beginn an eingebunden gewesen in die Evolution der menschlichen Kulturverhältnisse, die ihrerseits in die biologische Evolution eingebettet ist (Pöppel und Wagner 2012, 147 ff.). Selbst in archaischer Einfachheit befindet sich der herstellende und gebrauchende Mensch in einem Kulturverhältnis, welches ihn über den Kopf wissen lässt, was er wie nutzen oder herstellen kann. Kultur ist deshalb kein Niveaubegriff, welcher ein spätes Stadium der Zivilisation auszeichnet, sondern ein in der Evolution angelegtes mentales und emotionales Entfaltungspotenzial des Gehirns.

Der interessegeleitete Eingriff in die bildnerische Gestalt von Produkten in den Gehirnen von Nutzern hat sich zu einem fundamentalen Systemmerkmal der jüngsten Phasen oder Epochen der von kommerziellen Medien vorangeschobenen Zivilisation entfaltet. In naturnahen Lebensverhältnissen der Archaik ebenso wie in manchen Regionen der Dritten Welt auch heute noch kommt ein Versuch der Überwindung des Physischen eines Produktes zugunsten von dessen geistig-sinnlichem und damit sozialem Sein und Status nicht zum Ziel, denn der physische Mangel (Hunger und ärmliche Lebensverhältnisse) greift zu hart zu, um dem gehobenen Leben in westlich-zivilisierten Lebensverhältnissen näher zu kommen.

Das Thema *Die mediale Natur der Produkte*, mit dem sich diese Abhandlung befasst, kann für naturnahe, wenig ausdifferenzierte Lebensverhältnisse nicht von durchgreifender Relevanz sein. Ob die westliche Zivilisation andererseits bereits den Zenit ihrer zur Dominanz neigenden Gipfelstürmerei der Umwandlung des Planeten *Erde* in ein menschliches Habitat überschritten hat, muss sich erweisen. Eine seriöse Antwort kann hier nicht gegeben werden.

Der Begriff *Kultur* gehört zu den umstrittensten Themen in weiten Kreisen der Philosophie und der Kulturwissenschaften. Deshalb ist ein knapper Exkurs zu diesem Begriff angesagt, um möglichen Missverständnissen vorzubeugen, die sich aus der Behauptung ergeben werden, dass die Wirtschaftswissenschaften geradezu klassische Kulturwissenschaften und dass die mediale und die physische Bildung oder Konstruktion von Produkten unausweichlich Kulturleistungen sind.

1.3.3   Exkurs: Über den Kulturbegriff

Die Zuordnung der Wirtschaft zur Kultur ist begrifflich heikel, denn die gängige Auffassung von Kultur neigt zu einer geisteswissenschaftlichen Deutung, die dem herkömmlichen ökonomischen Denken fremd ist. Dieses nämlich sieht in den Wirtschaftsprozessen grundsätzlich die kalkulierende Rationalität am Werk, für die der Verstandesgebrauch nicht in Frage steht. Wo dieser im Geschäftsalltag beeinträchtigt wird, sei es durch emotionale Aufheizung oder durch ideologische Durchdringung, kann für einen Ökonomen nichts anderes im Raum stehen als die Forderung, Rationalität walten zu lassen und im Zweifel radikal zu rationalisieren, im kalkulierenden Denken ebenso wie im praktischen Handeln.

Hinzu kommt die methodologische Fokussierung des ökonomischen Blicks auf das, was gegenständlich geschieht, was gezählt, gemessen und statistisch aufbereitet werden kann und auf diese Weise als sichere Plattform für programmatische wie Einzelentscheidungen dienen kann. Die ökonomische Theorie ist quantitativ ausgerichtet und neigt deshalb zur Mathematisierung, und sie ist nicht nur statistisch, sondern auch statisch: Sie zeigt Ergebnisse auf, nicht Prozesse. Das von Ungewissheiten getriebene Hin und Her der Suche nach praktikablen Lösungen, wie sie den Geschäftsalltag in Unternehmen ausmacht, ist der ökonomischen Theorie fremd.

Dem traditionell fixierten Ökonomen entgehen zwei wichtige Momente, die für diese Abhandlung von grundlegender Bedeutung sind: Erstens: Wirtschaftende Dispositionen, gleich welcher Art, haben ihren Ursprung im denkenden Suchen nach guten Gründen für eine sachlich (oft ausdrücklich auch ethisch) gerechtfertigte Entscheidung. Was real (materiell, physisch) dabei herauskommt, ist etwas Sekundäres. Das kann sich erst festigen, nachdem eine geklärte Disposition (Entscheidung, Planung, Konstruktionsanweisung usw.) vorliegt. Das Primäre ist folglich stets das auf eine Nutzenstiftung gerichtete Denken *vor* den ersten Realisierungsschritten.

Zweitens: Das Denken findet nicht in einem leeren Raum irgendwo im Gehirn statt, sondern zeigt sich im wachen Bewusstsein, das aus den Hintergründen des Gedächtnisses und den darin gefestigten Erfahrungsmustern heraus aufsteigt. Mit anderen Worten: Denken geschieht nicht unbeeinflusst durch das, was das Gedächtnis archiviert und sich normativ, d. h. Reaktionsmuster und Wertenergien (Emotionen) und damit Kultur bildend etabliert hat. Dieser individuell unterschiedliche Vorgang der subjektiven Formung von Mustern und Werten hat mit Kultur im umfassenden Sinne zu tun. Deshalb muss dem Kulturbegriff besondere Aufmerksamkeit geschenkt werden.

Wer sich auf eine Diskussion über den Kulturbegriff einlässt, begibt sich in das schwierige Gelände eines Sumpfes, in dem man nur mit Mühe sicheren Halt gewinnt. Dennoch können wir für das hier in Rede stehende Thema auf einen ausführlichen Erklärungszusammenhang nicht verzichten. An dessen Ende wird keine eindeutige Definition stehen können, wohl aber ein paar Wegweiser hin zu dem Ziel, den kulturellen Charakter und Hintergrund der Herstellung und des Nutzens von Produkten zu unterstreichen. Das Zielgebiet ist als ein wirtschaftliches ausgewiesen, und die Erklärungsanstrengungen sollen der Theoriearbeit dienen, damit sie dem medialen Charakter von Produkten auf die Spur kommen kann.

Der Kulturbegriff, mit dem in dieser Abhandlung gearbeitet wird, lehnt sich an eine Version an, die W. Müller-Funk als Kultur I bezeichnet: „Kultur als umfassendes Ganzes (alles ist Kultur, außer der Natur)" (Müller-Funk 2010, 8, insbesondere S. 67 ff.). Daraus ergibt sich zwanglos, und darauf kommt es hier an, dass sämtliche Wirtschaftshandlungen mitsamt ihren Praktiken, Regeln und Normen Teil der Kultur im allgemeinen Sinne sind, also Teil von etwas, das aus Menschenhand und mit Menschenverstand geschaffen wurde. Wichtig ist dabei zu erkennen, dass das Verständnis von Kultur als Lebensweise in der Natur (nicht gegen die Natur) als prägender Unterbau gesehen werden muss und dass die oft Jahrhunderte lang wirksamen Kulturmuster historisch eine ungeahnte Vielfalt von Gestalten hervorgebracht haben.

Die Vielfalt der Kulturmuster war und ist der Urgrund der kulturellen Kreativität, die sich in praktischen Lösungen ebenso wie in den Wissenschaften und den Künsten zeigen. Da sie allesamt Kultur, also im schöpferischen Sinne geistige Vorlagen für physische Werke aller Art sind (im kommerziellen Zusammenhang sind sie Produkte; auch sie sind im umfassenden Sinne Kulturobjekte), schaffen sie Lebenswelten oberhalb der Unmittelbarkeit der Natur, aber nicht ohne oder gar gegen sie.

Die mit Kulturwerken aufgefüllten Lebenswelten sind – dies allerdings nicht in allen Kulturkreisen – dynamisch, d. h. sie verändern sich ständig in eine aufbauende Richtung, die wir Zivilisation nennen können. Diese Veränderungsdynamik ist ein besonderes Merkmal der so genannten westlichen Kultur, wie sie ungefähr in der Renaissance aufbrach und die sie bis heute in erhebliche Konflikte mit allen stationären Kulturkreisen gebracht hat. Zivilisation betrachten wir als einen Prozess der fortschreitend sich differenzierenden Lebenswelten, die die Natur dort, wo das westlich-zivilisatorische Lebensambiente vorherrscht wie etwa in den Megastädten, fast nur noch als Erinnerungsposten pflegt, beispielsweise in großen Parkanlagen mitten in der Stadt.

Die menschlichen Kulturwerke eignen sich die Spielräume an, die die Natur und ihre Gesetze den menschlichen Gestaltungen gewähren, und sie zeichnen als Ensembles generationenlanger Kulturarbeit überdeutlich die Spuren menschlicher Eingriffe und Erfindungen. Bildlich ausgedrückt: die Zivilisation ragt wie der Gipfel eines Berges aus den Wolken heraus, doch ruhen alle ihre Werke am Fuße des Berges in der sie tragenden Natur. Insofern bedeutet jeder Fortschritt in der Zivilisation eine Vergrößerung der Distanz zur Bodenständigkeit der Natur (und zu den bodenständig gebliebenen, zivilisationsfernen Kulturen). Die technisch fortgeschrittenen Zivilisationen unserer Zeit erscheinen auf den ersten Blick als

eine Form der Überwindung der Natur zumindest in einigen elementaren Dimensionen. Bei genauerem Hinsehen ergibt sich jedoch, dass dies in Irrtum ist, der zu
gefährlicher Selbstüberschätzung neigt.

Der kulturelle Fortschritt – er ist ein zivilisatorisches Wachstum mit Mitteln
der Kultur –, bewegt sich, so sieht es aus, mit jedem Schritt weg von den materiellen
Bedingungen der Natur vor Ort hin zu einer standardisierenden Globalisierung
der Lebensformen, zu einer Weltzivilisation. Dieser Prozess hängt, wie wir sehen werden, aufs Engste mit dem medialen Charakter der unter kommerziellen
Bedingungen in die Welt gebrachten Produkte zusammen. Dazu müssen wir auf
einen Kulturbegriff aufbauen können, der sich von der physischen Existenz von
Produkten zwar nicht löst, wohl aber die in Gestalt, Funktion und Materialität sich
ausdrückende Kultur in den Vordergrund rückt.

Mit solch einem Kulturbegriff kommen die vielfältigen sozialen Beziehungsmuster
ins Spiel, die bereits im Konzipieren eines Produktes und in den Prozessen seiner
Herstellung wirksam werden und in der Gebrauchssphäre schließlich ausgelebt
werden. Ein Produkt, so können wir vorläufig sagen, ist ein physisches Objekt, das
exemplarisch die individuellen und zwischenmenschlichen Kulturmuster sinnlich
wahrnehmbar macht, also vitalisiert. Den meisten Herstellern von Alltagsprodukten
ist, da sie mehr an ihren Gewinn als an die individuellen und sozialen Wirkungen
der Produktnutzungen denken, nicht bewusst, dass sie mit ihren Produkten meist
unscheinbar in das geistige Klima der lebensweltlichen Kultur hineinwirken. Die
Hersteller halten, ob sie das so empfinden oder nicht, die Kultur in Bewegung.

Die Selbstwahrnehmung der Nutzer in den Momenten des Nutzens mag durch
äußere Umstände eingeengt sein auf den bloßen Verzehr oder funktionalen Gebrauch
eines Produktes. Ein einzelner Nutzenvorgang ist indessen nicht aussagefähig
hinsichtlich seiner Anstöße in der individuellen und sozialen Umgebungskultur.
Dagegen schafft eine sich ständig in gleichem Ritual wiederholende Nutzung des
Produktes (genau genommen: einer Kette von physischen Exemplaren ein und
desselben Produktes) etwas Ganzes, das Eigenschaften aufweist, die der elementare
Vorgang nicht ausweisen kann. Die aristotelische Weisheit, dass das Ganze mehr
ist als die Summe seiner Teile, erweist sich auch hier als erkenntnisfördernd. In der
Gewohnheit liegt die sich akkumulierende Kraft der Ausstrahlung eines Produktes
im Nutzenprozess auf einen weiten mentalen und emotionalen Bedeutungshorizont.

Wer sich sein Gemüse vom Biobauern holt, unterstreicht nicht nur seine persönlichen Vorstellungen von gesunder Ernährung, sondern empfindet sich zugleich
als Mitglied einer Bewegung, die sich von konventionellen Lebensformen verabschiedet hat. Wer seinen Kleidungsbedarf bei einem Discounter befriedigt, denkt
wahrscheinlich in erster Linie an die begrenzten Finanzmittel, könnte aber eine
Ahnung davon entwickeln, dass er sein Leben standardisiert und zugleich den

harten, wenn nicht inhumanen Arbeitsbedingungen in einem fernen Land der Baumwollproduktion Vorschub leistet.

Der umfassende Horizont des Kulturbegriffs darf, das sei hier nochmals betont, nicht nur die physische Seite gestalteter Lebensverhältnisse ins Visier nehmen, so wenig andererseits eine nur die geistige (auf Werte und Normen bezogene) Seite den Sinn und das Sein des Ganzen der Kultur verfehlt, wenn nicht zugleich die Physis der Kulturwerke erfasst und erklärt wird. Das gilt, wie sich noch zeigen wird, ausnahmelos auch für das Wirtschaften, das mit seinen Produkten beide Komponenten anspricht: die physische und die geistige, beide in einer Einheit aufeinander einwirkend.

Um auch dies nochmals zu unterstreichen: Gemeint ist nicht das einzelne Exemplar eines Produktes, sondern das virtuelle Objekt, das die Empfindungszone der in Kultur lebenden und Kultur schaffenden Menschen berührt und über die Medien in der Öffentlichkeit kursiert. Ein einzelnes Auto hat als Gegenstand für die Kultur- und Zivilisationsbildung so gut wie keine Bedeutung. Das Automobil als abstrakte Erfindung (und die Gemüter bewegende virtuelle Gestalt) hat eine zeitlich und räumlich umwälzende Bedeutung für die Strukturen und die Vitalität einer Gesellschaft.

Die Einheit von Geist und Körper und damit die Einheit von physischer und mentaler Kultur erfordert eine begriffliche Distanz zu all jenen Auffassungen über Kultur, die in ihr die Herausgehobenheit des Menschen und seine göttliche Gabe zur Naturbeherrschung erkennen und erklären wollen. Es gibt, wie es scheint, keinen anderen Weg, um den Spalt der Zwei-Welten-Philosophie, die das (dimensionslose) Geistige als vom (dreidimensionalen) Körperlichen vollständig trennt, aufzulösen, indem die Einheit von Geist und Körper postuliert wird und die komplexen Wechselwirkungen zwischen beiden sichtbar und diskutierbar gemacht werden.

Diese Vorbestimmung des Kulturbegriffs liegt im Kontext dieser Abhandlung und behauptet keine Allgemeingültigkeit. Nicht nur in verschiedenen Wissenschaften kommen unterschiedliche Kontexte zum Tragen (ausführlich Müller-Funk 2010), sondern auch in den Assoziationen des alltäglichen Wortgebrauchs. Das Wort *Kultur* kann in die Nähe von Kunst und kunstnaher Praxis geraten, wie das in der öffentlichen Diskussion gewöhnlich geschieht. Es kann mit einer wertenden Konnotation versehen sein, die eine erklärte oder assoziierte Vorstellung von zivilisatorischer Höherentwicklung im Gegensatz zum archaischen oder wilden Menschen und seinen Lebensformen andeutet.

Die heikelste und schwierigste terminologische Operation jedoch wird darin bestehen, die historisch sehr festgefügte, in religiösen Vorstellungen wurzelnde Idee zu überwinden, dass der Mensch von Gott dazu berufen sei, seine Lebensverhältnisse kraft seiner vom Allmächtigen verliehenen (und nicht etwa angeborenen) geistigen Potenziale selbst in die (gestaltende) Hand zu nehmen, indem er sich die Erde untertan macht (A. T., Genesis 2, 18).

Die von Gott geschaffene Natur kann und soll, so diese Sicht, mit der dem Menschen verliehenen Macht der geistigen Durchdringung erfasst und ihre Gesetze erkannt werden, so dass der Mensch seinen Nutzen daraus ziehen kann (so auch die Philosophie des Naturwissenschaftlers Isaac Newton). Kultur als subjektive Potenz tritt somit in einen krassen Gegensatz zum Objektstatus der Natur, und sie ist eingebettet in die Überlegenheit des Geistes über die äußere Dingwelt (wie René Descartes und viele nach ihm es sehen wollten und bis heute sehen). Dieses Kulturverständnis gehört auf den Prüfstand.

Die historischen Verschiebungen, die der Kulturbegriff und mit ihm das allgemeine Kulturverständnis erlebt haben, hängen zu einem großen Teil damit zusammen, dass über lange Entwicklungsphasen der Kulturgeschichte hinweg die Unmittelbarkeit der Natur mehr und mehr in eine Mittelbarkeit verwandelt wurde. Die Natur wird zur romantischen Kulisse der Komponisten, Dichter und Maler und sie wird mit ihren Ressourcen zur Vorratskammer nützlicher Stoffe, die im Anschluss an die kreative Vorarbeit der Erfinder und Entdecker für kommerzielle Zwecke zu Produkten gehoben und veredelt werden können. Die romantische Verniedlichung der Natur ist das zwangsläufige Komplement ihrer Erniedrigung zum Materialhaufen.

Die Vorstellung von der Einheit von Geist und Materie reicht jedoch allein für das Verständnis einer umfassend gedachten Kultur bei weitem nicht aus. Die geistig-schöpferische Kopfarbeit des Einzelnen, die eine kulturelle Gestalt erfindet und konstruiert, bleibt nicht in der Vereinzelung stehen, sondern drängt nach Aufmerksamkeit in der Öffentlichkeit. Die kulturellen Werke werden, wenn sie im Geiste der Gesellschaft hergestellt wurden, in soziale Räume eingebracht und durch soziale Kommunikation zu einem öffentlichen Kulturbestandteil. Hat ein Kulturwerk diese Position erlangt, bleibt es unumkehrbar ein Gestaltelement des sozialen Lebens, bis es eines Tages von einem Nachfolger überholt wird. So wurde der Zinkeimer vom Plastikeimer verdrängt, so wurde der mit Kohle beheizte Herd in der Küche vom Elektroherd ersetzt und so wurde die alte mechanische Schreibmaschine vom elektronischen Computer ins Museum geschickt.

Mit diesen einleitenden Überlegungen zum Kulturbegriff, denen noch weitere Facetten folgen werden, soll ein terminologisches Fundament gelegt werden für ein Kulturverständnis, das für ökonomisches Denken im Allgemeinen und für die Charakterisierung von im Zentrum der Ökonomie stehenden Produkten im Besonderen einen festen Grund und Boden aufweist. Die physische Gestalt eines als Produkt wahrgenommenen Gegenstandes, seine dreidimensionalen Außenlinien und die gesamte Stofflichkeit, die seine konstruktive Funktionalität ausmacht, sind präzise genug, um wohlüberlegte (rationale) wirtschaftliche Dispositionen zu ermöglichen.

Aber die Physis ist eben nicht das Ganze eines Produktes, und seine mentalen, nur ungenau beschreibbaren Assoziationen zum Geistesleben einer Person oder einer Gemeinschaft reiben sich an den Vorstellungen der Klassiker und Neoklassiker, die auf einem radikalen Begriff von ökonomischer Rationalität beharren und im Produkt nur das Ding sehen. In ihren Marktmodellen gehen sie von absolut gleichen Tauschobjekten aus, die in endloser Zahl erzeugt werden können, je nach dem Preis, den der Markt zulässt.

Die Reproduzierbarkeit eines Produktes liegt jedoch nicht in der technischen Wiederholung der Ausführung, sondern in der mentalen Prägnanz des Produktes als konkrete Idee oder Gestalt. Ist diese einmal erreicht, bedarf es keiner rationalen Anstrengung der besonderen Art, sondern nur der Monotonie der Wiederholung. Legt man dagegen den Akzent auf das kulturelle Ambiente eines Produktes, so kann sich vieles mit jedem neuen Stück ändern, wenn es in die Sphäre der Nutzung gelangt. Ein schnelles Auto ist frustrierend in einer Stadt mit holprigen Straßen. Es wird zum Sportvergnügen, wenn die Stadt geeignete Straßen baut.

Auf diese noch vorläufige Weise wird angedeutet, dass das traditionelle Paradigma ökonomischen Denkens in der klassischen und neoklassischen Ära, welches dem wirtschaftenden Menschen zumindest dem Können und in den meisten Fällen auch dem Wollen nach Rationalität in ihrer reinsten Form unterstellt, als unwiderruflich obsolet und pragmatisch unergiebig kritisiert werden wird.

Pure Rationalität ist eine die geistig-kulturellen Komponenten von Produkten verleugnende Einbildung, mit der sich allerdings trefflich theoretisieren lässt. Aber Rationalität kann sich als praktische Norm zu einer uneinlösbaren Überforderung der Wirklichkeit menschlicher Lebenskunst ausweiten (Bendixen 2014). Die Gründe liegen in der Missachtung der Funktion der sinnlich aufgeladenen Phantasie als Inspirationsquelle von Vorstellungskräften (Damasio 2004).

Das Verständnis von Kultur als Einheit von Geist und Materie (Dürr 2012) stößt, wie bereits angedeutet, hart an die Mauer einer kulturgeschichtlich tief verwurzelten Kulturauffassung, die seit Jahrhunderten den Charakter von unzerstörbarer Weisheit und Selbstverständlichkeit angenommen hat, so dass über ihre Schwächen kaum debattiert wird. Im Kern geht es um die Annahme, dass dem Menschen ein von Gott verliehenes, geistig-kreatives Potenzial geschenkt ist, kraft dessen er sich als Gattung über alle anderen Lebewesen erhebt bis in die Erhabenheit eines im Auftrage Gottes tätigen Herrschers über die leblose und die belebte Natur der Erde. Diese Auffassung ist allerdings dabei, sich zugunsten einer naturalistischen Philosophie (Kanitscheider 2007) und einer der natürlichen Evolution zugewandten Sicht (Dux 2005) aufzulösen.

In der Herrscherrolle liegt logischerweise der Vorrang des Geistes über die Dingwelt der Natur, zu der nicht nur die anorganische, sondern die gesamte organische
Welt der Pflanzen und Tiere gehört. Da der Mensch mit seiner Körperlichkeit in
dieser biologischen Dingwelt verwurzelt ist, konnte es kaum ausbleiben, dass Menschen, denen man keine Kultur und Zivilisation zuschreiben mochte, sondern die
man als Wilde klassifizierte, und seien sie noch so edel, zu Objekten der Herrschaft
abqualifiziert wurden. Sklaverei, die Ausrottung von Ethnien in überseeischen
Regionen, die Verdrängung von Völkern an die Ränder der Zivilisation, wie das
in Nordamerika mit den Indianern geschah, die Vernichtung angeblich unwerten
Lebens durch die deutschen Nationalsozialisten, sind allzu bekannte Auswüchse
dieses herrischen Kulturverständnisses.

Die religiöse Gottesbindung des Menschen hat ein historisch anhaltendes,
ungebrochenes Kulturverständnis von der Gestaltungsmacht des Menschen mit
sich gebracht, das für die Welt von heute – eigentlich schon für die Welt von ges-
tern – nicht mehr passt und die Erkenntnis der wahren Rolle des Menschen in der
irdischen Biosphäre behindert. Das alte Kulturverständnis muss durchbrochen
werden, gerade auch zur pragmatischen Beurteilung des heutigen Wirtschaftslebens,
seiner Entwicklungspotenziale und seiner Gefährdungen. Das biologische Sein des
Menschen ist das Fundament des menschlichen Geistes und seiner schöpferischen
Kräfte, nicht dessen zu überwindender Antipode. Um diese innere Bindung an das
Naturgeschehen im Kulturbegriff zur Geltung zu bringen, muss der überhebliche
Glaube an die Zweitrangigkeit alles Materiellen der Erde und der belebten Natur
der Biosphäre auf ihr als Verblendung aufgedeckt werden.

Kultur ist eine jener Erscheinungen unserer Wirklichkeit, die den Menschen
graduell von allen anderen Lebewesen unterscheidet. So jedenfalls sieht der Mensch
sich selbst. Das Herausragen einer Gestalt oder Erscheinung aus einer bunten Masse
vielfältiger Lebensformen bedeutet – das muss hier unterstrichen werden –, dass es
sich nicht um eine Polarität von getrennten Kategorien handelt, sondern um eine
Ausprägungsbesonderheit. Die Besonderheit beruht im Falle des Menschen auf der
Arbeitsweise und Leistungsfähigkeit des menschlichen Gehirns, welches das Handeln zwar von instinktiven Zwängen nicht völlig befreit, diese aber auf markante
Weise überformt, also kultiviert. Dank der Speicherfähigkeit von Erfahrungen
wird der Mensch zu Belehrungen über ein erfolgreiches oder missglücktes Leben
im Rahmen seiner natürlichen und sozialen Umgebungen befähigt.

In dieser neuronalen Fähigkeit, innere Gestalten (Bilder, Konfigurationen)
zu erzeugen, die das eingreifende Handeln in die äußere Dingwelt leiten, liegt
der Ursprung der Kultur. Die inneren Gestalten, die sich im Konstruieren des
Gedächtnisses bedienen, sind jedoch keine lexikalisch verewigten Bilder, sondern
sie wandern mit den Lebenserfahrungen mit und verändern sich laufend. Sie

unterliegen neuen individuellen Erlebnissen ebenso wie sie Belehrungen anderer durch Kommunikation aufnehmen können.

Kultur hat daher im individuellen Gedächtnis ihren gedanklichen Hafen, aber sie erreicht ihre handlungsleitende Wirklichkeit in erheblichem, wenn nicht überwiegendem Umfang durch soziale Kommunikation. Es ist ein Kennzeichen der Moderne, dass die kulturellen Muster des sozialen Lebens vorwiegend durch den alltäglichen Strom der Kommunikationen erzeugt werden und dass dies einen öffentlichen Raum schafft, der von den vielfältigen Instrumenten der medialen Kommunikation durchdrungen ist. Die soziale Existenz des zivilisierten Menschen ist ohne mediale Netze der Kommunikation unvorstellbar. Im einfachsten Fall setzt die Kommunikation beim technisch unvermittelten Gespräch unter Anwesenden an. Im Rahmen differenzierter Zivilisationen spielen die bis in anonyme Horizonte reichenden technischen Medien die Hauptrolle.

Der anthropologische Ursprung der Kultur liegt, wie bereits ausgeführt, im Individuum, seinem Lernvermögen und seiner von Bildgestalten geleiteten Handlungspraxis. Individualität zeichnet einen Menschen als Einzelwesen aus, aber das macht ihn nicht zum isolierten Einzelgänger, dessen Lebenswege und Stationen das soziale und natürliche Umfeld seiner Mitwelt als bloße Kampfzone für egoistische Absichten behandeln.

Als Einzelgänger kann der Mensch Leistungen erbringen, die seine Position im sozialen Umfeld stärken. Das soziale Umfeld seinerseits ist auf solche individuellen Leistungen angewiesen, denn die Gemeinschaft oder Gesellschaft besteht ja aus nichts anderem als aus Individuen, die sich mit ihre Haltungen und Rücksichten in das Ganze einfügen. Die Eigenschaften einer lebenden Kulturgemeinschaft sind ein Erzeugnis der individuellen Haltungen, die sie tragen und entwickeln.

Die individuellen Erfahrungen bei der Gestaltung seiner Lebensverhältnisse werden im Gedächtnis gespeichert und können als Muster oder Programme erfolgreichen Handelns abgerufen und mit der Zeit ständig verbessert werden. Die Leistungsfähigkeit des individuellen Gehirns hat einen phylogenetischen (die Entstehung der Gattung *Mensch* betreffenden) Bezug zur natürlichen Evolution und einen ontogenetischen (die Herausbildung des Einzelnen als Kulturwesen beschreibenden) Bezug.

Der hier bevorzugte allgemeine Kulturbegriff ist somit eingefügt in den Prozess der natürlichen Evolution als eine sich über sehr lange Zeiträume erstreckende Herausbildung eines komplexen neuronalen Organs, nämlich des Gehirns, das eine entwickelte Steuerung der angeborenen animalischen Triebe leistet (wenn es entsprechend trainiert wird) (Dux 2008).

Mit diesem Begriffsverständnis wird älteren Kulturbegriffen und Begriffstraditionen, wie man sie indirekt auch aus ökonomischen Publikationen herauslesen kann, radikal widersprochen. Nach dieser überholten Denktradition ist der Mensch dank einer göttlichen Geisteskraft in die Lage versetzt, sowohl die äußere Natur als auch seine eigene Animalität zu überwinden. Der Mensch ist jedoch – so dagegen die Begriffsversion in dieser Abhandlung – kein Gott ähnliches Wesen, welches sich „die Erde untertan machen" und in seinem Sinne beherrschen und gestalten soll, wie es das Alte Testament (Genesis 1, 28) will.

Der Mensch ist, auch daran besteht kein Zweifel, ein dominantes Wesen, ausgestattet mit Intelligenz und einem hohen Bewusstsein seiner selbst. Daraus folgt das ethische Postulat der Mitverantwortung für den weiteren Verlauf der natürlichen Evolution, die dem Menschen Freiheiten der Gestaltung in weit reichenden, wenn auch nicht unbegrenzten Spielräumen der Natur einräumt (Jonas 2003). Der Mensch (die Menschheit als Gattung im Ganzen) kann Fehler machen, sich in Irrtümern verrennen oder sich ohne Verantwortung in die Zufälligkeiten einer offenen Zukunft treiben lassen. Das macht ihn nicht schuldig und zur Sühne verpflichtet. Er ist nicht der geborene Sünder, sondern Fehler belehren ihn, dass auch er als Naturwesen im großen Strom der Evolution mit seiner Klugheit und Raffinesse wie andere Geschöpfe des Erdenlebens auch nur der Macht von Versuch und Irrtum unterliegt, die alle Vorgänge in der Natur beherrscht.

Der Mensch als Einzelwesen und die Menschheit als Gattung bleiben trotz ihrer Sonderstellung in der belebten Natur durch ihre Kulturfähigkeit der irdischen und kosmischen Natur verhaftet und teilen deren weiteres Schicksal im Universum. In der natürlichen Evolution ragt der Mensch, was die Denkfähigkeit anbelangt, aus den übrigen Lebewesen erkennbar hervor. Er ist auf eine andere, auffällige Weise als die übrigen Lebewesen für die Herrichtung der Erdoberfläche ausgerüstet und hat seit seinem Erscheinen bis heute davon mächtigen Gebrauch gemacht – vielleicht schon zu viel. Dennoch bleibt er der irdischen Natur verhaftet und kann sich auf keinerlei Göttlichkeit berufen. Noch der höchste Gipfel ruht mit seinem Fuß in der Erde, um das in einem Sinnbild festzuhalten, aber den Himmel erreicht er selbst mit den höchsten Gipfeln nicht.

Die untrennbare Verbindung zwischen den instinktiven, emotionalen (animalischen) Regungen und den Bewusstseinsgehalten im Denken ist fundamental und unumgänglich. Sie bildet bis in die heutigen Entfaltungsstufen des Kulturwesens *Mensch* den begrifflichen Kern von Kultur und Zivilisation. Jedes Begriffsverständnis, das den denkenden Menschen dank eines göttlichen Gnadenaktes zu einem Geisteswesen der überlegenen Art macht, welches zur Beherrschung der physischen, insbesondere der biologischen Natur angetreten ist, muss als Irrtum zurückgewiesen werden. Überlegenheit ist eine Geisteshaltung, die den Käfig nicht erkennt, in den sie sich selbst eingesperrt hat, und die die Welt außerhalb des Käfigs für minderwertig hält.

Nicht die Hervorhebung der Mentalität des Menschen als Träger eines göttlichen Funken und als Plattform für die Beherrschung der Dingwelt der Natur kann die Substanz von Kultur sein, sondern das balancierende Pendeln oder kreiseln zwischen emotionalen Antrieben und den deutenden, klärenden Wahrnehmungen der Außenwelt im bewussten Denken beschreibt die Besonderheit des Menschen. Wäre der Mensch vollständig von seinen emotionalen Antrieben beherrscht, wäre er ein Tier geblieben; wäre der Mensch vollständig von seinem bewussten Denken beherrscht in der Überzeugung der Höherwertigkeit des Geistes gegenüber den Verführungen der Sinneswelt, liefe er Gefahr, zu einem körperlosen Gespenst zu werden, das nicht einmal durch seine Gebrechlichkeit daran erinnert wird, dass er fleischlicher Herkunft ist.

Der Mensch ist zweifellos ein mit Geist ausgestattetes Wesen, welches sein Heil nicht ausschließlich in sich selbst sucht, sondern nach Übereinstimmung mit seinen Mitmenschen und, in Ausnahmefällen, der ganzen Welt strebt. Aber eben dies macht ihn nicht zu einem über das Biologische seines individuellen Lebens hervorgehobenem Wesen, welchem dazu ausersehen ist, sein Triebleben zu unterdrücken oder gar zu verleugnen.

Deshalb führen Kulturbegriffe, die den Vorrang des Geistigen in sich bergen, in die Irre. Das gilt für alle in diese Richtung neigenden philosophischen, soziologischen und psychologischen Definitionen der Kultur, die seit Jahrhunderten bis in die Gegenwart die akademische Suche nach der Wahrheit und dem Charakter der Kultur dominiert haben. Das gilt ganz besonders auch für den Freud'schen Kulturbegriff, der vom Gedanken der intellektuellen Kontrolle des Trieblebens getragen wird (Freud 2009). Seine Sicht hängt allerdings mit den elitären Konnotationen im Kulturbegriff des späten 19. Jahrhunderts zusammen.

Um auch dies klarzustellen: Nur wenige dieser Definitionen streiten den Zusammenhang zwischen der Gefühlswelt des Menschen und seiner geistigen Arbeit grundsätzlich ab, wodurch sich der Mensch von den übrigen Lebewesen abhebt. Was sie begrifflich eint, ist die Grundüberzeugung, dass es (theologisch, philosophisch, soziologisch, psychologisch, kulturwissenschaftlich gesehen) Aufgabe der Verstandesarbeit, also des denkenden Bewusstseins ist, den Menschen auf seinem Weg zur Disziplinierung seiner selbst und seiner animalischen Antriebe und damit auch der äußeren (biologischen) Natur zu leiten. Das Vorbildhafte der Rationalität steht hinter dieser Sicht, und das ist auch eines der methodologischen Probleme im ökonomischen Denken bis in unsere Tage.

Das auf reiner Geistigkeit beruhende traditionelle Begriffsverständnis von Kultur ist problematisch, wenn nicht unergiebig. Wir gehen deshalb, wie mehrfach erläutert, von einem Kulturbegriff aus, der sich auf die natürliche Evolution und damit auf den langen Weg der allmählich aus der Biologie der Gattung *Mensch* herauswachsenden kognitiven Intelligenz, also dem Bewusstsein bezieht. Das langsame Herauswachsen will sagen, dass sich der Mensch eben gerade nicht von den biologischen Lebensbezügen verabschiedet und sich überhebt.

Das Denken des Menschen löst sich nicht von seiner emotionalen Vitalität ab, um sich gegen sie zu wenden und damit sich selbst zu beherrschen, sondern im Denken erkennt er sie und weiß ihre positiven Energien zu nutzen. Das Denken lernt, das Fühlen wahrzunehmen und darauf kognitiv zu reagieren, um sich mit ihm zu arrangieren. So kann ich beispielsweise wissen, dass ich mit Erregung reagiere, wenn ich einem mir nicht wohlgesonnenen Menschen begegne, und das nicht erst, wenn das Ereignis eintritt, sondern schon im Voraus, wenn ich an diese Begegnung denke. Denken hat nicht nur mit Wissen zu tun, sondern auch mit Eingebungen und Bauchgefühl (Gigerenzer 2008). Das Denken ist ein raumzeitloser Griff in eine mögliche Welt, um in ihr abzutasten, was geschehen könnte und wie darauf zu reagieren wäre. Angetrieben wird es durch die Kräfte der Intuition, der Empfindungen und Gefühle.

Das Bewusstsein kann Gefühlen vorauseilen (und deshalb im konkreten Handeln möglichen Unannehmlichkeiten ausweichen), indem es das Erinnerungsvermögen mobilisiert. Aber das bedeutet nicht, dass das vorauseilende Denken gefühllos verläuft. Im Gegenteil: das Bewusstsein, also der arbeitende Verstand, gräbt in Erinnerungen und sucht nach Anhaltspunkten früherer Erfahrungen, die als Handlungsprogramm aktiviert werden können. Aber das läuft nicht ab wie ein Suchprogramm im Computer, sondern weckt zugleich ein Bündel an emotionalen Erregungen, die einst zusammen mit den kognitiven Teilen im Gedächtnis verstaut wurden. Man kann sich nicht ohne Fühlen erinnern.

Damit wird zugleich hervorgehoben, dass das Denken auf verinnerlichten, emotional aufgeladenen Erfahrungen beruht, welche im aktuellen Wahrnehmungsvorgang abgerufen werden können. Deshalb gibt es kein Denken ohne Gefühl. Antonio R. Damasio hat mit seinem Widerspruch gegen René Descartes völlig Recht, wenn er in Anspielung an dessen berühmtes Prinzip *cogito ergo sum* in einem seiner Bücher das Prinzip entgegenstellt: *Ich fühle, also bin ich* (Damasio 2002).

Diese Bestimmung hat weitreichende Folgen für den Kulturbegriff und für die Begriffe wie *Produkt, Wirtschaft* und *Wirtschaften*. Denn Kultur, so wie sie hier verstanden wird, ist eine auf dem Denkvermögen beruhende Form des Gestaltens, nicht des Versenkens von emotionalen Regungen, und gehört mit dieser Komponente in die gesamte Praxis des Wirtschaftens, wenn sie aus virtuellen Gestalten (Produkten) physische Objekte (Güter) macht. Der eigentliche Ort der Erzeugung eines Produktes ist das gestaltende Denken, nicht die Werkshalle in einer Fabrik. Sie ist bloß Ausführung.

Die physische Ausführung von etwas Erdachtem kann immer nur der zweite Schritt sein. Die dingliche Phase ist andererseits natürlich unumgänglich. Man kann sich nicht vom Anblick einer Speisekarte ernähren. In der dinglichen Phase können sich sehr wohl Widerstände zeigen, die einer ungestörten Umsetzung des Erdachten im Wege stehen. Tritt dieser Fall ein, muss erneut das Denken eingreifen. Es bleibt also dabei, dass der schöpferische, erfinderische Ort der Erzeugung eines Produktes im Denken (oder am Reißbrett des Konstrukteurs) liegt und dass die Idee (die Gestalt, das Bild) des Erzeugnisses dasjenige ist, das seinen Weg in den Markt finden muss. Hier und nirgendwo anders hat das Marketing seine Wurzeln.

Die Bildung des Menschen ist ein biologischer und gleichzeitig ein kultureller Prozess. Der biologische Prozess geschieht im engen Einfluss der gegebenen natürlichen Anfangsbedingungen im vorembryonalen Entstehungsvorgang und der weiteren physischen und physiologischen Umgebungen, in die der Mensch hineingeboren wird und in die er hineinwächst. Der kulturelle Prozess geschieht im engen Einfluss der sozialen Anfangsbedingungen in der Frühphase des aufkommenden Denkvermögens und des Verstandesgebrauchs.

Diese Komponente des Kulturbegriffs wurzelt, ohne dass das hier im Einzelnen nachgezeichnet werden kann, in seinen Grundzügen in Hannah Arendts Konzeption der *Vita activa*, die im Gegensatz zu Martin Heidegger das aufsteigende Werden des Menschen von seiner Geburt her zu erfassen und zu deuten sucht (Arendt 2007; Safranski 2001). Der tätige Mensch ist in seiner Frühphase noch nicht zum gestaltenden Herstellen in der Lage; das beginnt erst langsam wachsend im dritten oder vierten Lebensjahr. Die individuelle Charakterkultur ist nicht angeboren, sondern bildet sich im lernenden Einfügen in die jeweils gegebenen sozialen und natürlichen Lebensbedingungen.

Das Medium, in dem und mit dem dies geschieht, ist Kommunikation. Sie kann erst wirksam werden, wenn die Kommunikationsfähigkeit in Form von Sprachaneignung und Sprachgebrauch zum essenziellen Lebenssaft wird. Beide Prozesse sind ineinander verschachtelt und bilden ein hochkomplexes Einflussfluidum, welches die Befindlichkeit des Menschen im Alltäglichen wie im gehobenen Lebensgefühl bestimmt, und dies nicht als feste Größe, sondern als pulsierender Prozess.

Soziale Kommunikation ist für die Kulturwerdung des Menschen ein überaus grundlegender Vorgang, denn er eröffnet Erfahrungswelten anderer, die als Bereicherung oder Belehrung angeeignet werden können, und er kann als Kulturkanal zur Einwirkung auf andere eingesetzt werden. Die Vorstufe der sozialen Kommunikation bleibt jedoch stets die individuelle Gestaltwerdung, denn in ihr befinden sich die subjektiven Kraftwerke, die das Sein und Dasein eines Menschen, also seine Befindlichkeit in jedem Augenblick seines Lebens bestimmen.

Die innere Befindlichkeit wird jedoch von einer weiteren Komponente der kultivierten Lebensführung beeinflusst, und das nicht selten übermächtig: die gefestigten Überzeugungen und Glaubensbindungen. Sie sind ihrerseits keine reinen Gewächse aus der animalischen Natur des Menschen, sondern reflektieren die soziale Welt, in der ein Mensch lebt und worin er sich bewähren will und muss. Die soziale Außenwelt spielt als Komponente der individuellen Kultivierung eine herausragende Rolle, ohne die der Prozess der Individualisierung des Menschen unvollständig und unverständlich bliebe.

Der soziale Ansatzpunkt für eine fortschreitende Kultivierung der menschlichen Praxis liegt in der Freisetzung individueller Kräfte der Selbstgestaltung aus den inneren Kräften der Befindlichkeiten, die sich in einem Menschen versammeln und ihn emotional treiben. Zur individuellen Kulturwerdung gehört daher ein den äußeren Umständen angemessenes Bildungsverhalten, das sich nicht auf das reine Wissen beschränkt, sondern die Wahrnehmungsfähigkeiten für äußere Ereignisse und Konstellationen wachhält und trainiert und ebenso die inneren Wahrnehmungen aus dem Gedächtnisarchiv früherer emotionsbeladener Erfahrungen zulässt, um eine Balance der Befindlichkeit zu erlangen.

Zum Kulturbegriff muss daher die Komponente des Bildungsstrebens eingebaut werden, welches über das (schulische, gymnasiale, universitäre und berufliche) Grundwissen hinaus die geschulte Wahrnehmungs- und Deutungsfähigkeit für äußere Konstellationen des Naturgeschehens und des gesellschaftlichen Lebens zum Thema macht. Der Einzelne ist, das sei noch einmal betont, kein Einzelgänger, der aus sich selbst heraus lebt und seine Selbstwerdung einer Entelechie seiner Seele verdankt, sondern das aktive Element in einem sozialen Verbund darstellt, in welchen es sich einnistet und zu dessen Wohlergehen es eigene Beiträge leistet.

Diese Sicht der Kultivierung des Individuums folgt, um auch das noch einmal hervorzuheben, der Einsicht, dass der Mensch mit der Geburt in eine immer schon existierende und auf sein Werden Einfluss nehmende soziale Umgebung eingebunden wird, die den Prozess der Individualisierung formt und antreibt. Die gelungene kulturelle Individualisierung der lebendigen Einzelwesen ist die Bedingung für den Fortbestand und die zivilisatorische Entwicklung der Sozialgemeinschaft. Diese soziologische Formel kehrt noch einmal zurück, wenn es (in Abschnitt 6.2.5) um das auch betriebswirtschaftlich verbindliche Gesetz des zivilisatorischen Aufstiegs geht. Die Herstellung und Austeilung von Produkten, üblicherweise über den Markt, folgt im Großen und Ganzen den Imperativen des zivilisatorischen Fortschritts, sofern die Selektionskriterien des Marktes korrekt funktionieren (was in der kapitalistischen Wirklichkeit bei weitem nicht der Fall ist).

1.3.4 Die Formung des Produktes im Sozialverhältnis

Sozialverhältnis ist ein schwammiger Begriff. Er leistet nicht mehr als die Andeutung, dass die von Kultur angeleitete Bearbeitung der physischen Natur, die mehr ist als eine bloße Aneignung dessen, was die Natur bietet, in entwickelten Gesellschaften von Bindungen an das jeweilige soziale Umfeld gezeichnet ist. Diese Bindungen kommen zum Tragen, sobald und soweit der Prozess der Arbeitsteilung im Herstellen einsetzt und die individuelle Lage jedes einzelnen Menschen in seiner Lebensgemeinschaft zu bestimmen beginnt.

Die Teilung von Herstellprozessen und unter Herstellprozessen geschieht in vielfältigen Formen und gehört, spätestens seit Adam Smiths Philosophie des freien Marktverkehrs, zu den Kernfragen der Wirtschaftswissenschaften. Dieses Thema muss hier nicht im Detail referiert werden (Siebe 2012, Fischer, Reiner und Staritz 2010, Bea 2010, Durkheim 1992). Die Formen werden bestimmt durch natürliche und durch soziale Komponenten. Die Naturgewächse einer Region oder Lokalität bilden Besonderheiten, die an anderen Ort begehrt werden – und umgekehrt. So kommt es zur Spezialisierung auf begünstigte Produkte und dementsprechend zu Tauschsituationen im Naturaltausch oder im Marktverkehr.

Eine andere, für unser Thema maßgebliche Form der Teilung bildet sich durch Zerlegung eines Herstellungsprozesses in Teilverrichtungen, die Spezialisierungen und Routinen ermöglichen und, in organisierte Gesamtprozesse integriert, im Extremfall auch synchronisiert werden. Die Organisation arbeitsteiliger Prozesse generiert die Notwendigkeit der Kommunikation, die die Übergänge von einer Herstellstufe zur nächsten sichern soll. Die Kommunikation kann standardisiert werden und der Rationalisierung des Produktionsverlaufs dienen. Kommunikation, die arbeitsteilige Prozesse zusammenbinden, kreieren Sozialverhältnisse der besonderen Art, die auf Disziplinierung ausgerichtet ist.

Die Kargheit dieser sozialen Kommunikation auf der untersten Stufe zeichnet sich dadurch aus, dass sie auf der Ebene der Physis des Sozialkörpers *Betrieb* bleibt und nicht in das Ganze der sozialen Umgebung hineinwirkt. Die Sprache der Organisation hat sich, wie man leicht in der Praxis beobachten kann, im Verlaufe harter Rationalisierungsprogramme in Betrieben auf ein Standardmaß definierter Symbole zurückgenommen, vor deren imaginärer Leinwand jede externe Sprachäußerung, etwa Geplauder unter benachbarten Kollegen am Arbeitsplatz, als Störung ausgemacht werden kann. Die auf Verrichtungen ausgerichtete soziale Kommunikation reicht nicht an die kulturellen Dimensionen des Sozialverbundes heran, weder an den unmittelbaren Sozialkörper *Betrieb* noch an die Sozialgemeinschaft als Ganzes.

Bevor es zur Arbeitsteilung innerhalb von Herstellprozessen kommen kann, die unter Umständen den weiten Bogen von der Urentnahme von Rohstoff aus der

Natur bis zur Deponie von Reststoffen und Müll nach der Konsumtion überspannt, hat eine Urform der Teilung bereits stattgefunden, nämlich die Ausgliederung der Herstellung von Produkten aus dem ursprünglichen subsistenzwirtschaftlichen Zusammenhang.

Dieser strukturelle Wandel ging einher mit weiteren sozialen Umbrüchen, ohne die das Gebilde, das wir Wirtschaft zu nennen pflegen, nicht hätte entstehen können. Dieser in der Fachliteratur hinlänglich beschriebene Prozess der Verselbständigung von Produktionsprozessen in eigenständigen Betriebseinheiten ist vielfach als Trennung von Wirtschaft und Gesellschaft gedeutet worden und hat der Auffassung Vorschub geleistet, dass die Wirtschaft als eigenständiges, wenn auch eingebettetes Teilsystem der Gesellschaft eigenen Gesetzen und Gesetzmäßigkeiten unterliegt.

Geht man dieser Lage auf den Grund, so zeigt sich schon nach wenigen Überlegungen, dass in der Tat auf der dinglichen Ebene der physischen Produktion von Produkten eine die technische Rationalisierung begünstigende Zentrierung gleichartiger Verrichtungen, also Arbeitsteilungen, erfolgt. Aber das kulturelle Wertedach über den physischen Vorgängen büßt durch die materielle Rationalisierung seine Bedeutung und Wirkung keineswegs ein. Die kulturelle Klammer, die im Ganzen des Sozialverbundes wurzelt, bleibt das, was sie ihrer Natur nach ist: eine normativ-strukturierende und zugleich spielerisch-kreative Geistesschicht. Sie wird allerdings dort, wo kreative Schöpfungen in die Physis der materiellen Herstellung übergegangen sind, eben in der Produktion marktfähiger Güter, nicht benötigt.

Die geistigen Energien der Konstituierung und Dynamisierung von Sozialkörpern müssen sich andere Wege bahnen, da sie in den physischen fortgeschritten rationalisierten Herstellprozessen nicht abgerufen werden. Die menschlichen Energien sind verschiebbar, aber nicht auslöschbar. Diese anderen Wege können sein Brot und Spiele, religiöse Rituale und Feste, Künste und Wissenschaften, Sport und Nichtstun. Der Prozess der Rationalisierung der Produktion im Rahmen des Prozesses der Zivilisierung bleibt historisch unverständlich, wenn die ihn einfassende Kultur nicht mitgedacht wird. Eine raffinierte Dialektik findet statt, wenn Produkte, die der ausgleichenden Erbauung außerhalb der straffen Ordnungen der Produktionsprozesse (auch solchen administrativer Art) dienen, selber hochgradiger Herstellrationalität unterworfen werden (müssen).

Der Prozess der profitablen Disziplinierung von Arbeitssituationen im Produktionsbereich schafft auf strukturellem Umweg selbst die Bedingungen für einen irrationalen Konsum. Irrational ist hier nicht abfällig gemeint, sondern weist nur auf die zu einem erheblichen Teil triebgesteuerten Grunddispositionen des Konsumierens hin, die das Lustvolle, Genussvolle und Belebende des Konsumierens ins Spiel bringen. Das so genannte Irrationale – die abfällig gemeinte und unter

Ökonomen verpönte Sicht aus der Position der reinen Rationalität – ist bei genauerer Würdigung ein Teil des erfüllten Lebens, das jede vitale Gesellschaft pflegen sollte. Die entscheidende, historisch maßgebende Ausgliederung der Herstellung nützlicher Dinge aus der Umfangenheit des Hauswesens, die bereits im Hochmittelalter einsetzt und im Emanzipationsklima der Renaissance ihren ersten Höhepunkt erreicht, war die Verselbständigung produzierender Betriebe, die vorerst noch in familiärer Nähe des sie unterhaltenden und leitenden Hausherrn blieben. Die topographische Verlagerung produzierender Betriebe, beispielsweise in speziell dafür ausgewiesenes Gewerbegelände am Stadtrand, war ein relativ später Prozess in der Phase der Industrialisierung. Heute ist der Globus als Ganzes ein nahezu beliebiger Verlagerungsraum.

Schon die Ausgliederung der Herstellvorgänge und mehr noch deren örtliche Verlagerung setzt ein geklärtes Verhältnis zu den Produkten voraus. Der Schuhmacher kann seine Werkstatt an beliebigen Ort ausgliedern, solange er weiß, welches Schuhwerk in Gestalt und Qualität seine Kundschaft haben will. Er muss nicht viel erfinden, sondern mit Meisterschaft ausführen, was als Produkt (nämlich als bei Schuhwerk im wahren Sinne des Wortes gängiges Erzeugnis) erwartet wird. Dieses Produkt (nicht das einzelne Stück!) lebt in den Köpfen der Hersteller und ihrer potenziellen Nutzer.

Wer etwas Brauchbares herstellt, ist nicht zwingend, wie noch in subsistenzwirtschaftlichen Verhältnissen, selbst auch der Konsument der Ergebnisse seiner Arbeit. Umgekehrt: Der Nutzer eines Erzeugnisses ist nicht zwingend auch dessen Hersteller. Wer etwas Nützliches in Gebrauch nehmen will, geht nicht in sich, sondern wendet sich an eine vorerst noch überschaubare Öffentlichkeit, bestehend aus Herstellern und Händlern. Beide jedoch, der Produzent und der Konsument, sind jeweils an ihrem zugewiesenen Platz in der Sozialordnung Produzenten und für diese Phase inaktivierte Konsumenten – und umgekehrt. Sie tragen als Einzelwesen die Einheit von kulturellem Bewusstsein und Streben in sich und sie konstituieren als in Sozialverhältnisse eingebundene Elemente das kulturelle Dach über alle Herstell- und Nutzenvorgänge.

Die Fähigkeit des Menschen, sich in die Lage anderer versetzen zu können (Empathie genannt) kommt im Sozialverhältnis von Produzenten und Konsumenten auf eine besondere Weise zum Tragen. Ein Hersteller, der sich keine Vorstellungen über die Nutzung (die Nutzenstiftung seiner Erzeugnisse) machen kann, wird wirtschaftlich scheitern. Er hat aber die angeborene Fähigkeit zur Empathie und kann sie einsetzen, indem er sich selbst in die Rolle des Konsumenten versetzt, der er ja nicht nur gegenüber seinen eigenen Erzeugnisse einnimmt, wenn auch phasenweise deaktiviert, sondern der er in allen Fremdbezügen von Gütern tatsächlich ist.

1.3.5 Exkurs: Über die Ausgliederung der Produktion

Die Prozesse, wie bestimmte Produkte zu imaginären oder virtuellen, d. h. jedermann zugänglichen bildhaften Elementen der Öffentlichkeit werden, sind für die Frage der medialen Natur der Produkte ein historisch rekonstruierbarer Entfaltungsverlauf in sich zivilisierenden Gesellschaften. Kaum jemand macht sich Gedanken darüber, wie der Spaten als Gartengerät zu einem Geistesobjekt des öffentlichen Bewusstseins wurde. Man weiß eben, was das ist, und kann aus Erfahrung einschätzen, was so ein Gerät leisten muss. Der Spaten ist ein uraltes, medial erzeugtes Produkt, das in lebenden Köpfen existiert.

Bis es dazu kommt, dass eine Erfindung (auch der Spaten ist irgendwann in grauer Vorzeit einmal erfunden worden, genauer: in einer langen Kette von Versuch und Irrtum) einen Zugang ins öffentliche Bewusstsein erlangt, kann ein langer historischer Vorlauf nötig sein, wenn die öffentliche Kommunikation über die Erfahrungen im Umgang mit dem Erzeugnis dem Zufall oder der Ausbreitung von Gerüchten überlassen wird, also nicht organisiert verläuft. Sobald aber das Interesse der Hersteller angestachelt wird, für einen glatten und wachsenden Absatz zu sorgen, kommen die Medien ins Spiel. Darüber an anderer Stelle mehr.

Voraussetzung dafür war in jedem Fall der historische Prozess der Ausgliederung von Produktionen und damit die Entkleidung der Herstellung aus den familiären Bindungen des Hauswesens (kleinbürgerlicher Art nicht anders als feudalistischer Art, wenn auch mit höchst unterschiedlichen Konsequenzen). Die entkleidete Herstellung bot sich nun einer ganz anderen Macht dar: dem Handel. Die Ausgliederung der Herstellung aus dem Hauswesen hat sich uno actu mit dem stärker werdenden Zugriff des Handels auf die herstellenden Betriebe des Handwerks und auf die unorganisierten häuslichen Kleinproduzenten (Verlagsgewerbe) vollzogen. Der altertümliche und der mittelalterliche Handel hatten sich vorwiegend mit Erzeugnissen des gehobenen bis luxuriösen Bedarfs sowie mit begehrten Rohstoffen vor allem für die Kriegstechnik befasst.

Die Händler besaßen durchaus Warenkenntnis und wussten vermutlich um die teils schwierigen, gefährlichen Produktionstechniken (etwa im Bergbau), aber sie mischten sich in die Herstellung von Produkten nicht ein. Händler konnten – abgesehen von den oft abenteuerlichen Wegen und Techniken des Warentransports über Land und über die Meeresküsten – nur profitabel wirtschaften, wenn sie die Gegenstände ihrer Geschäfte genügend kannten. Das bedeutete nicht nur das Wissen um die natürlichen und sozialen (kulturellen) Bedingungen und Leitgestalten der Erzeugnisse in der Herstellung, sondern in ausgeprägtem Maß auch das Wissen und die Erfahrung der Eingliederung eben dieser Erzeugnisse in die kulturellen Rahmenbedingungen ihrer Klientel, also in die Nutzungssphäre.

Man kann kurzgefasst sagen: Im alten Handel hatte die zum Teil weit entfernte Orte überbrückende Einheit von physischen Erzeugnissen und ihrem kulturellen Wertedach eine essenzielle Bedeutung.

Daran änderte sich im Grundsatz nichts, als der Handel, mittlerweile in wachsenden Städten stationär geworden, seine Geschäftstätigkeit auf breitere Schichten der (urbanen) Bevölkerungen ausweitete, zunächst noch beschränkt auf das gehobene Bürgertum, doch langsam weitere Kreise der Bewohner vor allem in den Städten ansprechend. Im Zuge dieser Entwicklungen ergaben sich durch den (Fern-) Handel als Türöffner zunehmend günstige Bedingungen für die Ausweitung von gewerblichen Produktionen über den unmittelbaren häuslichen Bedarf hinaus.

Der technischen Isolation der handwerklichen Erzeugung (innerhalb der Kleinfamilie oder in ausgegliederter Form) folgte eine Veränderung des kulturellen Überbaus dahingehend, dass die Muster, Symboliken und Nutzenfunktionen der Produkte nicht mehr eng an die lokalen Gegebenheiten gebunden blieben, sondern sich, vermittelt durch den Handel, auf die (für die örtlichen Produzenten) meist anonym bleibenden Kulturkomponenten der Fremde ausrichteten. Zusammen mit dem überörtlichen und schließlich überregionalen Güteraustausch wirkte ein ausgedehnter Kulturaustausch mit. Der vielleicht berühmteste war der Handels- und Kulturaustausch über die alten Seidenstraße von China mit ans Mittelmeer, der mehr als 1500 Jahre seinen Bahnen zog.

Die kulturellen Wirkungen von Handel könnten wir an unzähligen Beispielen aus der reichhaltigen Geschichte dieser alten Seidenstraße demonstrieren, was hier allerdings zu sehr auf Abwege führen würde. Ein einfacheres Beispiel (außerhalb der Seidenstraße) ist eines der weltweit selbstverständlichsten Produkte: Kaffee. Wie es zu seiner Ausbreitung im Nahen Osten im 15. Jahrhundert und davor kam, welche Vorkehrungen die Händler besorgen mussten, um den Produktionsüberschuss aus den Anbaugebieten der südlichen arabischen Halbinsel über Kairo zu vermarkten, ist vielfach dokumentiert. Das Hauptproblem, das Ralph Hattox ausführlich schildert, bestand für die Kairoer Kaffeehändler darin, diesen „reizvollen" Stoff in den großen Städten des Orients (Istanbul, Izmir, Saloniki und weitere) zunächst überhaupt bekannt zu machen, denn niemand wusste damals, was das ist, wie man Kaffee röstet, zubereitet und konsumiert. Also gründeten sie in den Straßen Istanbuls und anderswo zahlreiche Kaffeehäuser, in denen vor anwesendem Publikum Kaffeebohnen (eigentlich Kirschkerne) geröstet, gemahlen und gebrüht wurde (Hattox 1985, Heise 2002).

Hier liegt rekonstruierbar der Ursprung des Kaffees als aus dem Orient kommendes und ins Abendland vordringendes Produkt. Keine moderne Kaffeerösterei produziert Kaffee als virtuelles Produkt. Der Kaffee existiert seit Jahrhunderten. Was die Kaffeeröster machen, ist die Kreation einer Marke, und die kann man nur im Kopf verarbeiten, aber nicht physisch als Getränk zu sich nehmen. Wird Kaffee einer bestimmten Marke serviert, ist er ein bekanntes Genussgetränk (mit allerdings höchst unterschiedlichen Qualitäten).

Das meist Vergessene an der Geschichte: Die Kaffeehäuser waren der Beginn einer (Halb-) Öffentlichkeit in den großen Städten, die als Lebensstil schon bald in Budapest und Wien anlangten und dort eine inzwischen berühmt gewordene Kaffeehauskultur prägten. Diese Kultur war nicht einfach ein Ort des Genussmittel-konsums (wozu manche Kaffeehausketten sie heute allerdings zu machen versuchen), sondern ein sozialer Raum für Kommunikation, für Kunst, Dichtung, politische Agitation und Konspiration, weshalb die Kaffeehäuser in Istanbul zeitweilig vom Sultan verboten (dann aber wieder wegen der Steuereinnahmen zugelassen) wurden.

Im Zuge dieser Entwicklungen, die wir hier nicht im Einzelnen ausbreiten können, haben sich die Produktgestalten als Kopfgeburten von den ursprünglichen Produzenten zu den kommandierenden Händlern verschoben. Erfunden und in Gebrauch gebracht von gewitzten Herstellern, sind sie über die ganze Kulturräume erschließenden Händler schrittweise zu medialen Elementen geworden. Gesellschaften mit einer auf Innovationen drängenden Wirtschaft attackieren gerne diese Elemente und suchen sie, durch neue und angeblich leistungsfähigere zu übertrumpfen (was in der Tat oft gelingt). Innovatoren sind Zerstörer und Konstrukteure zugleich.

Aus der alten, Jahrtausende währenden Einheit von sozialen Lebensverhältnissen und werkender Erzeugung, wie sie das Oikos der Antike ebenso wie der feudale Großhaushalt des Mittelalters repräsentierten, ist eine urbane Kleinfamilie hervorgetreten als eine Restgröße aus der fortgesetzten Abtretung von herstellenden Kompetenzen an die ausgegliederten Gewerbebetriebe und ihre Überantwortung an das Kommando des Handels. Die unvermittelte Einheit von Kulturmuster und dem Ergebnis der physischen Herstellung geht – historisch langsam und unmerklich – über in eine außengeleitete Form der Produktgestaltung, vermittelt durch den kommerziell gesteuerten Kopf des Händlers und dessen Inspirationen aus der Nutzensphäre seiner Klientel über den Markt.

Dieser bedeutsame Wandel verdient eine etwas genauere Betrachtung, denn der herstellende Mensch (hier in Anlehnung an Hannah Arendt 2007) ist ein geborenes Kulturwesen und bleibt es auch dann, wenn ihm die Bestimmung der Produkte, an denen er arbeitet oder arbeitsteilig mitarbeitet, versagt bleibt. Es formieren sich dann andere Kulturmuster aus der Konsumentenlage heraus, die von den fremdbestimmten Produkten vorgebildet werden. Was in dieser Lage gebrochen wird, ist der Gestaltkreis von Wahrnehmung, geistiger Formgebung und physischer Tat oder wirtschaftsnäher ausgedrückt: der Gestaltkreis von Wahrnehmen und Wirtschaften (Kahrmann/Bendixen 2010).

Der tätige Mensch

Der Mensch ist tätig, wenn er, vom gestaltenden Denken angeregt, die äußeren (dinglichen) Bedingungen seines Lebens mit Händen und Werkzeugen und dem ihm zur Verfügung stehenden Können herzurichten versucht. Ob er das in rationaler Weise tut, indem er seinen durchdachten und erprobten Konstruktionsplänen folgt (was man dem Homo oeconomicus in Reinform zuschreibt), oder ob er sich spielerisch auf die Gegebenheiten der jeweiligen Lage einlässt, um dem Zufall eine Chance zu geben (ihn also zum Homo ludens macht), ist für die Besonderheit des Tätigseins vorerst von sekundärer Bedeutung.

Worauf es hier vielmehr ankommt, ist die Denkfähigkeit, die dem Menschen evolutorisch durch die Ausbildung seines Gehirns zugewachsen ist und die ihm das denkende Entwerfen von Dingen und Dingkonstellationen ermöglicht, bevor er zur Tat schreitet. Dies unterscheidet den Menschen (vielleicht ihn ganz allein?) von anderen Lebewesen, ohne dass er deswegen seinen biologischen Unterbau verlässt. Die Gestaltung von Dingen durch die Arbeit des Gehirns ist ein Kernphänomen der menschlichen Existenz auf dem langen Weg zur Zivilisation. In den menschlichen Gehirnarealen befinden sich die Wurzeln der Kulturbildung, und zwar zunächst und originär im einzelnen Menschen und davon ausgehend in der kommunikativen Konstruktion von sozialen Beziehungen als geistiges Bindemittel im Sozialverbund.

Was real (in der Dingwelt) durch die Hand (und Werkzeuge) des Menschen geschieht, hat ohne jede Ausnahme seinen Ursprung im gestaltenden Denken, soweit der Mensch als Kulturwesen im Bewusstsein seiner mentalen Fähigkeiten operiert. Das heißt nicht, dass Intuition, Bauchgefühl, emotionale Antriebe und andere aus dem Unterbewusstsein ans Licht tretende Einflüsse unwirksam sind oder – wie man in ökonomischen Modellen und Theorien beliebt zu unterstellen – als nicht maßgeblich eliminiert werden können. Die im Denken aufkommenden inneren Bilder, Muster oder Gestaltfragmente der Erinnerung sind – neurologisch gesehen – unabwendbar im Gedächtnis archiviert und werden im denkenden Gestalten aktiviert, ohne dass dies vom Verstand beherrscht wird. Das Denken wird nicht selten vom Fühlen überrumpelt.

Das gestaltende Denken ist eine Durchgangsphase, die im tätigen Menschen in das physisch eingreifende Handeln übergeht. Die physische Gestaltung ist als Prozess selbst wiederum Gegenstand der aufmerksamen Wahrnehmung und fließt in das gestaltende Denken zurück. Wahrnehmen und gestaltendes Denken durch Bewegung bilden einen Gestaltkreis, ähnlich wie Viktor von Weizsäcker ihn sah (Weizsäcker 1985). Worauf es uns hier ankommt und was wir als essenziell unterstreichen wollen, ist die denkproduktive Phase der Gestaltung von Dingen, die erst in ihrer physischen Ausführung das so genannte Licht der Welt erblicken. Die doppelte Existenz von Dingen in der mentalen Sphäre und in der physisch gestalteten Wirklichkeit ist der Hintergrund der These von der medialen Natur der Produkte.

Ökonomische Theoretiker interessieren sich für die physische Herstellung von nützlichen Dingen, die auf die Bedürfnisse von Menschen zugeschnitten sind. Der blinde Fleck der ökonomischen Theorie lässt die Dimension des gestaltenden Denkens und ihre fundamentale Rolle in der praktischen Kulturbildung und damit der menschlichen Zivilisation einfach verschwinden. Das Thema dieser Abhandlung ist aber gerade diese Kultur stiftende Fähigkeit des gestaltenden Denkens bei der Erzeugung von Produkten, die, wenn sie marktfähig sein sollen, in einer geeigneten Weise eine wirkende Korrespondenz zwischen Erzeugen und Nutzen erlangen müssen.

Produktgestaltung ist nicht beliebig, und sie ist kein autoritärer Entschluss des herstellenden Menschen, dem die Produktgestalten künftiger Nutzer gleichgültig sind, sondern das Ergebnis äußerst komplizierter sozialer Kommunikation. Diese soziale Kommunikation läuft im alles entscheidenden Vorfeld der physischen Produktion ab. Das ist der Grund für die kategoriale Aussage, dass die Produkte in einer (insbesondere zivilisatorisch schon weit entwickelten) Gesellschaft medialer Natur sind, denn sie sind als mentale Objekte immer schon da, bevor sie vergegenständlicht werden. Die soziale Kommunikation ist das kreative Quellgebiet, in dem Produkte als gedachte Gestaltungen entstehen, zunächst zu Kopfgeburten werden und schließlich ihren Weg in die öffentliche Kultur als bereichernde Elemente nehmen.

2.1 Die Einheit von Herstellung und Nutzung

Wenn in argumentativen Situationen, insbesondere in ökonomischen Fragestellungen, von den Bedingungen schöpferischen Denkens als Vorstufe der Kreation von Produkten die Rede ist, steht der Prozess des Herstellens im Mittelpunkt. Dieses Herstellen hat zweifellos seine Tücken und bedarf sorgfältiger Steuerung unter den jeweils gegebenen Rahmenbedingungen, denn es lauern Gefahren, die das Herstellen im Scheitern landen lassen. Prinzipiell kommt für das Herstellen in fast allen Fällen die Methode von Versuch und Irrtum in Betracht, und sie ist, besonders unter dem Kommando des wirtschaftlichen Umgangs mit knappen Mitteln, eine erhebliche Risikoquelle.

Um diesen Risiken möglichst zu entgehen, wird die Methode von Versuch und Irrtum normalerweise in die Phase der konstruktiven Vorbereitung der physischen Produktion verlegt und einer Serie von Experimenten unterworfen. Zum anderen bleibt die rationale Konstruktion von Produktionsprozessen insofern gestaltoffen, als Erfahrungen im nutzenden Umgang mit den fertigen Produkten ins Labor des Konstruierens zurückfließen und neue Entwürfe anregen, bis auch sie die notwendige Produktionsreife erlangen.

Die Gründe möglichen Scheiterns von an sich konstruktiv perfektionierten Produkten sind natürlich sehr vielfältig. Es können Schwächen des Ausgangsmaterials sein, es können funktionale Lücken der Konstruktion sein, es können Nutzungskomponenten übersehen worden sein und, das ist vielleicht der häufigste Fall, es können unberechenbare Diskrepanzen zwischen den funktionalen Eigenschaften des Produktes und den Nutzenerwartungen und Nutzungsbedingungen auftreten. Diese zuletzt genannte Problematik hat ihre regelmäßige Ursache im zeitlichen und räumlichen Auseinanderfallen von Herstellen und Nutzen.

Der Hersteller ist in der Regel nicht der Nutzer; er kann sich nur empathisch in die Lage von Nutzern versetzen, muss aber deren unermessliche Vielfalt zu einem Standardbild komprimieren. Hier dringen die technischen Zwänge wirtschaftlicher (von den Kosten her bestimmter) Notwendigkeiten bis in die Phase der Konzipierung und Konstruktion von Produkten vor. Daraus folgt, dass, in welcher medialen Form auch immer, eine kompromissträchtige Einigung über Produktgestalten über Kommunikationskanäle zwischen Hersteller und Nutzern erzielt werden muss.

Bekanntlich haben diese Kommunikationskanäle in modernen, von technischen Medien durchwirkten Industriegesellschafen zahlreiche Ungleichgewichte und Einseitigkeiten mit sich gebracht. Dies kritisch zu durchleuchten, ist nicht das Thema dieser Abhandlung. Hier geht es in der Hauptsache und ganz grundsätzlich um die Tatsache, dass Produkte eine über die Medien organisierte Existenz in den Köpfen (und Archiven) der Beteiligten haben und dass Marktprozesse, wie sie regelmäßig in betriebswirtschaftlichen Lehrbüchern des Marketings beschrieben werden, genau genommen mentale Produktionsprozesse sind, die zu konstruktiven Vorlagen für die daraus erst angewiesene physische Realisierung führen. Diese mentale Vorphase der materiellen Produktion findet nicht in Werkshallen statt, sondern in medialen Prozessen, wie wir noch ausführlicher darlegen werden.

Diese mentalen Produktionsprozesse unterliegen völlig anderen Rahmenbedingungen und Regeln als jene, die uns aus der dinglichen (technischen) Fertigung geläufig sind. Das ökonomische Grundgesetz der Sparsamkeit im Umgang mit knappen Ressourcen oder Mitteln greift hier nicht. Was soll knapp sein an einem Gedanken oder Plan? Der mentale Produktionsprozess unterliegt nicht der rationalen Steuerung. Wie könnte Kreativität gedeihen, wenn keine Spielräume, also weitläufige Umwege des Denkens gewährt werden?

Die Prozesse der Bildung von Produkten als abstrakten Gestalten des Denkens (in der Herstellung wie in der Nutzung) unterwerfen sich keinen Systemgrenzen und können deshalb nicht kommandiert werden. Der rationale Verlauf eines technischen Produktionsprozesses ist abhängig von eindeutigen Systemgrenzen. Wie aber sollen Systemgrenzen in der sozialen Kommunikation der Öffentlichkeit wirksam werden und beispielsweise Interventionen von Konkurrenten verhindern?

Der kommunikative Zusammenhang zwischen Herstellen und Nutzen ist ungebrochen wirksam in Situationen, in denen der herstellende Mensch zugleich der nutzende Mensch ist. Im Extremfall kann sogar beides zusammenfallen, wenn beispielsweise bei einem Spaziergang im Wald Wildbeeren geerntet und sogleich verzehrt werden. Solche Situationen lassen wir beiseite, obwohl es sich oft lohnt, die heute so überaus komplizierten Zusammenhänge gedanklich auf ihre Urformen zurückzuführen. Eine dieser Einsichten ist der mediale Charakter der Produkte auch in ihren Urformen in allen zivilisatorisch entwickelten Gesellschaften und die fundamentale Rolle der sozialen Kommunikation zwischen Herstellern und Nutzern.

In ökonomischen Theorien und Modellen wird oft übersehen, dass nicht nur das Herstellen eine Form von auf Ergebnisse gerichteten Handlungen darstellt, sondern dass auch das Nutzen den tätigen Menschen voraussetzt. Erst mit der Einsicht, dass das Nutzen mehr ist als nur physischer Verzehr oder Gebrauch und dass sich in Köpfen Verzehrs- oder Gebrauchssituationen abspielen, dass der Nutzungsprozess eine kulturelle Kulisse (oft in Bruchteilen von Sekunden) durchläuft, bevor der dingliche Zugriff (beispielsweise der Griffs ins Regal eines Supermarktes) erfolgt, gewinnen wir eine argumentative Ausgangslage für die Entwicklung einer medialen Theorie der Produkte.

Die Trennung in Herstellung und Nutzung eröffnet beiden Phasen Gestaltungsspielräume, die jeweils ihre eigenen kulturellen Praktiken mit sich bringen und zugleich strukturelle und gestalterische Vertiefungen ermöglichen, die in der

Verflechtung nicht stattfinden können, beispielsweise produktive Routinen in der Herstellung und hedonistische Erlebnisse in der Nutzung. Dennoch bleibt ein beide Phasen verbindendes kulturelles Dach wirksam, denn die erwarteten Nutzungsmöglichkeiten spielen in die Herstellung hinein – im Falle marktwirtschaftlicher Verhältnisse wird dies geradezu erzwungen –, während sich die Nutzungserwartungen im gedanklichen Mitgehen in der Herstellung zügeln, um nicht unrealisierbare Phantastereien zu verlangen.

2.2 Der Gestaltkreis des tätigen Menschen

Der tätige Mensch bringt sich in Herstellprozesse ein, indem er beispielsweise einer beruflichen Aufgabe nachgeht oder seinen privaten Gemüsegarten bearbeitet, ebenso wie er nutzende Tätigkeiten ausübt, wenn er prüft, wie sich die hergestellten Dinge in seinem lebenskulturellen Umfeld einfügen lassen. Wir können deshalb den tätigen Menschen in die beiden Phasen des Schaffens und des Nutzens aufteilen, ohne dass dadurch der innere Zusammenhang zerrissen wird. Das Herstellen und Nutzen bildet, wie zuvor abgeleitet, einen alles überwölbenden, in entwickelten Zivilisationen überaus komplexen Gestaltkreis, der die Zugriffe in das Ressourcenreservoir der Natur ebenso einschließt wie die Ablagerung von Resten des zivilisatorischen Verdauungsprozesses in natürlichen Arealen.

Ein Gestaltkreis als Grundfigur findet sich aber auch in Kleinformaten, wenn beispielsweise bei der Weinernte genauestens unterschieden werden muss zwischen unreifen, reifen und überreifen oder gar fauligen Trauben. Das kann nur stattfinden, wenn in dem die Ernte begleitenden und die Selektion steuernden Mitdenken ein abstraktes Bild von der geeigneten Traubenreife (in Form, Farbe und Geruch und weiteren Kriterien) gewissermaßen mitwandert. Wandert gelegentlich eine reife Traube in den Mund des Erntenden, ist die ursprüngliche Einheit von Herstellen und Nutzen vorübergehend wieder lebendig geworden. Die Regel ist jedoch die Trennung beider Vorgänge. Der Weingenuss erfolgt dann eben erst nach der Lese und meist an anderem Ort als dem der Herstellung.

Der Gestaltkreis schließt sich dadurch zu einem spiraligen Fortschreiten, dass die physischen Ergebnisse gestaltenden Denkens prüfend wahrgenommen werden und entweder Korrekturen im gestaltenden Denken veranlassen oder den Prozess der Entwicklung von Routinen im ausführenden Werken bewirken. Spiralig ist dieser Prozess dadurch, dass die mentalen und physischen Tätigkeiten niemals vollständig in sich zurückkehren, sondern jeweils einen das Vorangegangene korrigierenden Wandel aufnehmen, bis ein Zustand erreicht ist, der als zufriedenstellend definiert werden kann. Dieser Prozess der Optimierung kann sich – auch in der Wirtschaft – auf sehr lange Zeiträume erstrecken, falls er überhaupt jemals zu einem Ende gelangt.

2.2.1 Der Gestaltkreis des schaffenden Menschen

Der Begriff *Gestaltkreis* hat durch die theoretischen Arbeiten Viktor von Weizsäckers (Weizsäcker 1985) eine genau umrissene Bedeutung erhalten, an die sich die folgenden Erläuterungen anlehnen können, ohne die Weizsäcker'sche Theorie Punkt für Punkt zu übernehmen. Die Kernaussage der Theorie des Gestaltkreises setzt sich gegen mechanistische Deutungen der physiologischen und psychologischen Vorgänge im Wahrnehmen ab, wie sie von den (älteren, durch René Descartes geprägten) Naturwissenschaften gepflegt wurden. Descartes' Sicht der Biologie des Menschen war die einer Maschine, die nach bestimmten (durch Wissenschaft zu ergründenden) Naturgesetzen funktioniert. Wahrnehmungen nach Weizsäcker sind dagegen neuronale Rekonstruktionen im Gehirn, die sich mit den Bewegungen des sinnlich wachen Menschen verändern.

Um es vereinfacht auszudrücken: Die Festigkeit der Dingwelt, die ein Mensch mit seinen Sinnen erfasst, ist eine Täuschung insofern, als sich die neuronalen Abbildungen im Gehirn mit den Bewegungen verändern. Das ist der gleiche Effekt wie die umgekehrte Lage: Ein sich nicht bewegender Mensch beobachtet Bewegungen in der Dingwelt um ihn herum, so dass die Objektkonstellationen sich ständig verändern, wie man mit einem Blick aus einem fahrenden Zug auf zuweilen dramatische Weise erleben kann. Der auf Erkenntnis seiner Welt ausgerichtete Mensch erlebt die Dinge in der Bewegung und interpretiert sie in einem Prozess von veränderlichen Konstellationen als gestaltete Gegenstände (der Natur oder der Kultur des Menschen).

Eine spezifische Situation ergibt sich, wenn ein Mensch nicht nur wahrnimmt, um zu erkennen, was geschieht und wo er sich befindet, sondern aus dem Wahrgenommenen heraus tätig wird, indem er in die dinglichen Konstellationen eingreift, in diesem Sinne also Objekte oder Objektkonstellationen gestaltet. Die Bewegung von Wahrnehmen und Gestalten im Kopf, die zu physischen Eingriffen in die dingliche Wirklichkeit führen, beispielsweise in Werkstücke, die für bestimmte Gestaltvorstellungen herangezogen und bearbeitet werden, ist als Kreisfigur in der Weizsäcker'schen Gestalttheorie eingeschlossen, weist aber einige spezifische Eigenschaften auf, die für Prozesse des Herstellens von Objekten, etwa Kunstwerken oder kommerziellen Produkten, charakteristisch sind. Sie stehen im Vordergrund unserer weiteren Argumentationen.

Die inneren Abbildungen der wahrgenommenen äußeren Welt sind nicht schlichte Abbildungen in der Art von Fotografien, sondern Ergebnisse von gestaltender Arbeit des Gehirns. Wir sehen nicht, was wirklich ist, sondern was das Gehirn aus den Sinneseindrücken macht, die es empfängt. Was die Sinnesorgane, vornehmlich die Augen, doch bei weitem nicht nur sie, an optischen Fragmenten an das Gehirn weiterleiten, löst dort vervollständigende konstruierende Tätigkeiten aus, die zu den wundersamsten Leistungen des menschlichen Gehirns gehören.

Wir sehen Dinge, die real nicht existieren, obwohl sie in den meisten Fällen durch Elemente und Fragmente deutlich Bezug auf die Außenwelt nehmen. Wir können innere Bilder aufrufen von etwas, das äußerlich nicht präsent ist, indem wir ein gespeichertes Wort als Gedankenvehikel benutzen. Allein das Wort „Mond" lässt den bekannten leuchtenden Himmelskörper im Gehirn erscheinen, auch wenn gerade Neumond oder ein bewölkter Himmel herrscht. Wir haben das Gesicht oder auch nur die prägnante Gangart eines Bekannten gespeichert und erkennen ihn auf der Straße schon von weitem.

Ein bestimmtes Wort, eine Wortkombination, ein Symbol oder ein abstraktes Muster ist nicht ein einfacher Hebel, um im Gedächtnis gespeichertes Wissen abzurufen, sondern zieht wie eine Schleppe ähnliche Zeichen mit anderen Bedeutungen mit sich und animiert Gefühle, die einst zusammen mit den Zeichen abgelagert wurden. So ist also das Erinnern nie ein rationaler Prozess der Freilegung von mentaler Lagerware im Gedächtnis, sondern eher vergleichbar mit Ausgrabungen, die eine Menge Schutt beseitigen müssen und gleichzeitig ungewollt Staubwolken auslösen, die nur langsam sedimentiert werden. Solche inneren Nachforschungen sind unwiederholbar. Wenn das Grübeln nicht erfolgreich war und zu einem späteren Zeitpunkt erneut angesetzt wird, ereignet sich das Erinnern nicht in identischer Weise, sondern organisiert jedes Mal eine andere Spurensuche mit anderen Wolken im gedanklichen Umfeld.

Das innere Erleben ist dennoch weder rein zufällig noch willkürlich, sondern findet in einem weiten, grenzoffenen Gedächtnisraum von unfassbarer Fülle und Kapazität statt, der einige aus Lernvorgängen hervorgegangene neuronale Strukturen aufweist: die kulturellen Prägungen, die die Lebensprozesse als Spuren hinterlassen haben und die die Spontaneität des tätigen Menschen stützen, wenn sie bewährte Erfahrungen signalisieren. Der Mensch als Spieler (Homo ludens; Huizinga 2004) begibt sich in Spielräume, die von Rahmenbedingungen begrenzt und durch Regeln strukturiert sind. Das ist im Sport nicht anders als in den Künsten oder den Wissenschaften. Die Bedeutung und gegebenenfalls praktische Relevanz eines Spielergebnisses bedarf als Deutungshintergrund der Rahmenbedingungen, ähnlich wie die Kulisse einer Theateraufführung.

Der konstruktiven Leistungen des Gehirns sind bis in Details wissenschaftlich ausgelotet, woran Anthropologen, Kulturwissenschaftler, Psychologen, Neurologen, Soziologen einen großen Anteil haben, und doch rufen sie immer wieder Erstaunen hervor. Der italienische Gestaltpsychologe Gaetano Kanizsa (1913 – 1993) hat in seinen Graphiken anschaulich gezeigt, wie das menschliche Gehirn auf die abstrakte Konstruktion von Dingen ausgerichtet ist, die real nicht existieren. Das Gehirn lässt sich leicht täuschen. Aber andererseits hat es eine erstaunliche Fähigkeit, aus Fragmenten etwas Ganzes zu erzeugen, das – zufällig oder gezielt – einen Sinn ergibt.

Abb. 1
Die Spielelemente
zu Kanizsas Dreieck

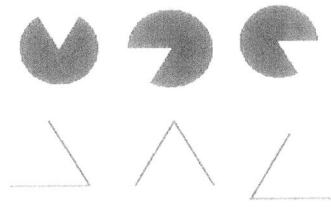

Abb. 2
Kanizsas Dreieck

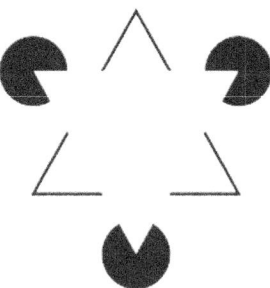

Die Spielelemente zu Kanizsas Dreieck (Abb. 1) bestehen aus zwei Gruppen zu je drei Teilchen, die in einer chaotischen Form vorliegen. Allein durch die Ordnung, sei sie zufällig im Spiel gefunden oder gezielt gesucht, entdeckt das Gehirn mehrere Figuren (Abb. 2): zunächst ein weißes Dreieck, das mit seinen Ecken auf schwarzen Schreiben liegt und mit seinen Kanten ein liniertes Dreieck verdeckt. Das weiße Dreieck existiert nicht wirklich, sondern bildet sich im Gehirn als etwas Bedeutungsvolles. Dieses aber kann das Gehirn nur „entdecken", wenn es das Grundmuster von Dreiecken bereits kennt.

Eine ebenso erstaunliche Leistung des Gehirns ist die Fähigkeit, Fragmente zu komplettieren. Die drei Haken ergänzt das Gehirn zu einem vollständigen linierten Dreieck, indem es die verdeckten Kanten nachzeichnet. Ebenso sieht das Gehirn die wie Torten angeschnittenen schwarzen Gebilde als vollständige Kreisflächen, die durch die Ecken des weißen Dreiecks lediglich teilweise verdeckt werden. Solche Ergänzungskonstrukte gehören zu den wichtigsten und in manchen Fällen sogar existenziellen Leistungen des Gehirns. So kann das (geübte) Gehirn eines Autofahrers in Sekundenschnelle eine bedrohliche Verkehrslage auf sich zukommen sehen, obwohl er nur einige Fragmente wahrnimmt, z. B. die hohe Geschwindigkeit eines anderen Fahrzeugs, die Missachtung der sich ankündigenden Ampelumschaltung, das Linksabbiegen ohne Blinkeranzeige und viele andere Fragmente.

Die Kunst des Autofahrens symbolisiert die allgemeine Kunst der Navigation eigener Tätigkeiten unter den bewegten Bedingungen eines äußeren Spielraumes mit der logischen Konsequenz, dass es in den meisten Fällen keinen Sinn macht, den eigenen Tätigkeitsprozess, etwa einen Produktionsprozess, aus sich selbst heraus isoliert zu optimieren (zu rationalisieren, um der Wirtschaftlichkeit willen). Jeder Herstellprozess ist eingebettet in einen unvollständig durch Rahmenbedingungen und Regeln strukturierten Raum mit einem physischen Fundament und einer geistig-immateriellen Kopfregion. Letztere kann, wenn man sie unberücksichtigt lässt, leicht zu einer Fallgrube verfehlter Produktentwicklungen und -konzeptionen werden.

Die (nie ganz täuschungsfreie) Komplettierung von Fragmenten der Wahrnehmung hat existenzielle Bedeutung für die Entfaltung des Menschen als Kulturwesen auf dem langen Weg in die Zivilisation. Sie spielt in allen Situationen der Früherkennung von Gefahrensituationen und Vorteilslagen eine immense Rolle, und zwar nicht nur als individuelle Hirnprozedur, sondern auch in der wissenschaftlich fundierten Weise der Hochrechnung aus selektiert gewonnenen empirischen Daten, z. B. Wettervorhersagen, Börsenentwicklungen, Wahlprognosen oder Strukturbildern des Konsumverhaltens einer Klientel.

Die Konstruktion von geistigen Produkten, die zu Vorlagen für die physische Realisierung werden, bestimmt weitgehend die Lage in Experimenten und Versuchsanordnungen zur Kreation von marktfähigen Produkten. Auch in scheinbar so rational daherkommenden technischen Konstruktionen hat das Erkennen von abstrakten Figuren, wenn wir das symbolisch ausdrücken: von weißen und linierten Dreiecken der Kanizsa'schen Art, eine die Erfindungen und Entdeckungen stimulierende Funktion. Bei alledem aber muss stets bedacht werden, dass die Re-Konstruktionen des Gehirns aus wahrgenommenen Fragmenten auch Täuschungen unterliegen können, denn alle Re-Konstruktionen werden von im Gedächtnis angelagertem Vorwissen gesteuert, das keinen Anspruch auf Perfektion und Endgültigkeit erheben kann.

Die konstruierenden Fähigkeiten des menschlichen Gehirns kommen bei jeder Art von Interpretation von nur unvollständig wahrgenommenen Lebenslagen ins Spiel. Eine besonders anschauliche Form der Deutung von Unvollständigkeiten kann man bei der Wahrnehmung von Kunstwerken erleben. Die vom Künstler gewollte Unschärfe seiner andeutenden Darstellung, sei sie ein Gemälde, eine Skulptur oder eine musikalische Komposition, gibt das Spielfeld für eine nahezu unbegrenzte Empfindungsvielfalt frei. Kunstwerke wollen nicht eindeutig sein, Konstruktionspläne für nützliche Produkte dagegen müssen es sein. Beide jedoch vollziehen sich in Gestaltkreisen.

2.2.1.1 Die Herstellung von Kunst

Jeder Gestaltkreis der beschriebenen Art, der eine Zielstrebigkeit in sich trägt und auf ein Endprodukt ausgerichtet ist, durchläuft mehrfach Phasen reiner Kopfarbeit und solche der physischen Ausführung, wobei jede mit der anderen korrigierend verkoppelt ist. Die Herstellung eines Kunstwerkes ist in diesem Punkt keine Besonderheit – die Frage der Qualität und Wertigkeit eines Kunstwerkes spielt hierbei zunächst keine Rolle -. Kunstwerke, diese Beurteilung können wir jedoch definitorisch festlegen, dienen nicht einem kommerziellen Interesse in dem Sinne, dass sie um des Verkaufserfolgs willen hergestellt werden. Warum das so ist, wird sogleich klar werden.

Der kommerzielle (Waren-) Zusammenhang setzt eine Marktsituation voraus, die auf häufige, wenn nicht ständige Wiederholung von Angeboten und Nachfragen ausgerichtet ist und mit einem Gewinn aus der Produktverwertung rechnet. Der angestrebte Gewinn aber ist als Tauschwertpotenzial physischer Bestandteil in jedem der unzähligen Exemplare enthalten, die das eigentliche Produkt als Geisteserzeugnis in möglichst ungebrochener Folge repräsentieren und die Werkshalle der Fertigung in einem Betrieb verlassen, um verkauft zu werden. Verkauft aber wird nicht das geistige Erzeugnis, sondern lediglich dessen physische Stellvertreter.

Das mental erzeugte, medial gestaltete Produkt ist als solches unverkäuflich, es sei denn, es ist urheberrechtlich geschützt und kann dadurch als juristisches Objekt angebotenen und verkauft werden, doch gerade das eben nicht als Partitur zur endlosen Wiederholung, sondern als Unikat. Das Original als Unikat, etwa ein Gemälde, ist selbst jedoch „nur" die Realisierung dessen, was der Künstler als geistiges Erzeugnis, unwiederholbar auch für ihn, geschaffen und physisch ausgeführt hat. Selbst dieses Original verwehrt die Nutzung als bloßes Blaupause für endlose Vermehrung. Dem Rechtsinhaber allerdings steht es frei, beliebig viele Reproduktionen, z. B. in Form von Bildbänden, herzustellen und zu vermarkten. Der Einfluss des Marktes auf die Eigenschaften hergestellter Waren ist das Normale, und er findet statt auf der Ebene der abstrakten (geistig-schöpferischen) Kommunikation, indem die Nutzenvorstellungen der Klientel in der einen oder anderen Weise (selektiv) auf die Gestaltung des Produktes einwirken. Das so entstehende Produkt ist partiell ein Spiegel der Nutzenvorstellungen von imaginären oder empirisch-statistisch belegten Produktgestalten auf der Nutzerseite; es repräsentiert jedoch hauptsächlich die kommerziellen Interessen der Herstellerseite.

Kunstwerke hingegen betonen ihre Einmaligkeit. Sie werden allenfalls in käuflichen Reproduktionen vervielfältigt (wodurch diese dann zu kommerziellen Waren werden). Dass Originale auf Kunstauktionen oder in Kunstgalerien teilweise exorbitante Preise erzielen, hat nichts mit den von (neoklassischen) Ökonomen immer wieder betonten Gleichgewichtspreisen zwischen Angebot und Nachfrage zu tun. Der Preis eines von vielen begehrten Einzelobjektes wäre nicht einmal mit der klassischen Monopoltheorie erklärlich. Dabei spielt die Verweiskraft eines (gelungenen) Kunstwerks auf sehr weitläufige kulturelle Erlebnishorizonte einer Epoche oder auf einen Gegenwartsausschnitt eine entscheidende Rolle. Es stimuliert die intellektuelle Lust am Nachempfinden und Deuten der rätselhaften, jedenfalls nicht sofort erschließbaren Botschaften eines Kunstwerkes.

Dem herstellenden Künstler liegen jedoch die Erschließungsmomente von Kunstbetrachtern oder Kunstnutzern nicht im Sinn. Sonst wäre er kein Künstler, sondern ein Rätselproduzent (die es selbstverständlich in anderen Herstell- und Nutzenzusammenhängen gibt). Der Künstler schafft im Prozess des Herstellens ein Werk eigener Art, das aus dem Profanen der dinglichen und intellektuellen Realwelt herausragt und eine eigene (kleine oder große) Welt erzeugt. Im Prozess der künstlerischen Produktion wird jedoch keine Prozessrationalität in der Weise organisiert, wie sie für die zielgenaue Herstellung zuvor gestalteter und in Vorlagen vorkonstruierter Produkte charakteristisch sind.

Der Kunstprozess ist ergebnisoffen und kann in seinem Verlauf immer stärker werdende Momente der Verselbständigung als physisches Ding gegenüber den Gestaltvorstellungen des Künstlers erreichen (Bendixen 2009, Bendixen 2011, Bendixen/Weikl 2011). Das im Kopf des Künstlers entstehende Werk behauptet seine im Herstellen sich verwirklichende Botschaft als eine geschaffene Welt eigener Art, die meist nur in unbestimmter Weise an die Wirklichkeit anknüpft, wohl aber deren Logik übernehmen muss, um verständlich zu sein. Ein Kunstwerk ist ein Kulturwerk, das sich nahezu vollständig von den Erscheinungen und Gesetzmäßigkeiten der Dingwelt der Natur lossagen kann. Es kann provozieren, und das zuweilen in höchst streitbarer Weise, was ein kommerzielles Produkt zweifellos nicht kann, nicht will und auch nicht soll.

Ein Künstler ist, auch das muss betont werden, kein freischwebender Geistesaristokrat, der von seinen Eingebungen lebt und sich mit dem Wohlwollen seines Publikums begnügt. Er erwartet ein Entgelt und manchmal schielt er sogar darauf. Aber er lässt sich nicht oder nur ungern auf Geschmacks- und Gestaltzugeständnisse aus der Öffentlichkeit an seinem Kunstwerk ein, wenn dadurch dessen Eigenwert als Botschaft aus einer von ihm kreierten Kunstwelt beschädigt wird. Es wäre aber blauäugig anzunehmen, dass die Kunstproduktion der Realität diesem idealisierten Weg uneingeschränkt folgt. Aber das ist ein ganz anderes Thema.

2.2.1.2 Die Herstellung nützlicher Dinge

Anders als in der Kunst, die mit ästhetischen Mitteln eigene Welten herstellt, geht es in der Wirtschaft um die Herstellung von nützlichen Dingen ganz im Diesseits, allerdings auch hier – das ist unser Hauptthema – mit ästhetischen Mitteln. *Mit ästhetischen Mitteln* heißt, in einer die Sinnesorgane ansprechenden Weise. Das nützliche Ding oder Produkt formt sich im gestaltenden Denken des schaffenden Menschen, der es erfindet, konstruiert oder entdeckt und für den Gebrauch herrichtet; es ist also ebenso wie das Kunstwerk eine Kopfgeburt. In beiden Fällen bleibt es nicht bei einer Kopfgeburt, sondern den Kopfgestalten folgen in beiden Fällen Vergegenständlichungen in Form von Werken, ästhetisch eingekleidete, fassbare Botschaften aus einer Kunstwelt im einen Fall; ästhetisch eingekleidete, fassbare Nutzobjekte für die alltägliche oder besondere Einfügung in die individuelle oder soziale Kulturwelt.

Der Wert oder die Nützlichkeit eines Werkes hängt nur zum Teil, bei Kunstwerken sogar nur zum allergeringsten Teil von der Stofflichkeit ab. Angenommen, ein Gemälde von etwa 2 qm wird in einer Galerie zum Preis von € 1500,00 angeboten und verkauft. Ein zweites, gleich großes Gemälde hängt jahrelang beim Galeristen und findet keinen Käufer, selbst nicht bei einem deutlich niedrigeren Preis. Ist das zweite Gemälde wertlos? Beide erforderten den gleichen Aufwand an Arbeitsstunden und an Materialien. Doch der Genius des einen Künstler hat, vielleicht nur im Empfinden der Kunstbetrachter, den des anderen deutlich überragt. Der Genius von Kunst ist zeitbedingt unbeständig und damit unter Umständen auch der Wert eines Kunstwerks am Kunstmarkt. Genialität ist ein soziales (kulturelles) Phänomen.

Die physischen Herstellkosten für die Gemälde können unmöglich den (Kauf-) Wert der Gemälde bestimmt haben. Es sind andere, im kulturellen Ambiente der Kunstklienten liegende Umstände, und sie richten sich an die mentale und emotionale Wirkung, die ein Gemälde beim Kunstpublikum erzielt. Diese Wirkung bleibt nicht subjektiv beim Kunstbetrachter oder Kunstbesitzer hängen, sondern dringt in das soziale Umfeld des Erwerbers ein. Das Gemälde zeigt etwas her (oder bereichert die Sammlung des Käufers). Das Kunstobjekt wird zu einem Signum der Persönlichkeit des Eigentümers.

Festzuhalten ist an dieser Stelle, dass sich der (kulturelle) Wert einer Sache auf intellektueller (mentaler, imaginärer) Ebene zeigt und zutiefst im Gedächtnis verankert ist. Der Gegenstand als solcher, ob Kunstwerk oder nicht, ist ein Stück Materie, die mit einer physischen Funktion (und sei es nur dekorativ) ausgestattet ist und Träger eines abstrakten Gehaltes (einer Botschaft, einer Symbolik, eines ästhetischen Reizbündels usw.) ist. Als abstraktes Etwas, als Kunstwerk etwa, zirkuliert es, falls es zu einer gewissen Berühmtheit gelangt, selbst in Köpfen, die es nie im Original gesehen haben. Dennoch kennt jeder das rätselhafte Gesicht der Mona Lisa. Das funktioniert natürlich nicht nur bei berühmten Gemälden, sondern auch bei Alltagsgegenständen. Selbst bei nützlichen Gebrauchsobjekten wie etwa einem Reisekoffer, einem Fahrrad oder einer Brechstange haben die imaginären Kopfgestalten eine Leitfunktion gegenüber der realen Dingwelt. Man weiß, was das ist, und kann den vor einem liegenden Gegenstand identifizieren.

Alle diese Wert bildenden Zusammenhänge spielen bei kommerziellen Erzeugnissen auf ähnliche Weise wie bei Kunstwerken eine entscheidende Rolle. Das nützliche Produkt ist ein materieller Träger von funktionalen und ästhetischen Reizen, die es in die Kulturwelt eines einzelnen Menschen oder in die einer Sozialgemeinschaft geleiten. Das materielle Ding als isoliertes Etwas ist nicht das Produkt, sondern das, was sich in der wahrnehmenden Aneignung des Gegenstandes im Kopf des Nutzers formt und dort als ein anmutendes oder auch Missmut erzeugendes Objekt die Glückserwartungen treffende oder verfehlende Wirkung erzielt. Entscheidend dafür ist deshalb das Maß an Kongruenz zwischen dem Produkt im Kopf und dem über den Markt bezogenen materiellen Ding. Wir können auch sagen: Das Produkt im Kopf des Nutzers ist, bei aller Wandelbarkeit in der Zeit, das Beständige. Das aus dem Regal des Supermarktes genommene materielle Ding ist ein passendes, gerade noch hinnehmbares oder enttäuschendes Exemplar des Produktes.

Die materielle Ebene der Herstellung von physischen Exemplaren eines Produktes, deren Verteilung über den Markt und deren Gebrauch oder Verzehr in der Sphäre des Nutzers spricht die biologische Seite des Menschen als Lebewesen an: die Notwendigkeit der Befriedigung animalischer Bedürfnisse wie Hunger, Kälteschutz, Pflege in der Not, sexuelles Verlangen usw. Der Mensch ist aber längst kein bloß instinktgesteuertes biologisches Wesen mehr, sondern hat sich kultiviert und zivilisiert. Deshalb macht es keinen Sinn, lediglich die materielle Ebene der Beschaffung von Rohstoffen, der technischen oder handwerklichen Herrichtung eines materiellen Dings und schließlich die organisierte Verteilung fertiger Dinge als die Kernaufgabe des praktische Marketings zu betrachten, wie das in den meisten betriebswirtschaftlichen Lehrbüchern zum Marketing geschieht.

Das kommerzielle Interesse an einem gewinnträchtigen Strom von Erzeugnissen ergibt sich zwanglos aus den sozialen und kulturellen Bedingungen moderner Wirtschaftsformen (vorwiegend marktwirtschaftlicher Natur). Dieser Strom funktioniert aber nur, wenn die eigentliche Herstellung von Produkten auf der mentalen (geistig-schöpferischen) Ebene in einer Weise gelingt, dass die Produktbilder in den Köpfen der schaffenden und der nutzenden Menschen eine ausreichende Kongruenz erlangen. Ist das der Fall – und die oft generationenlange Existenz eines Produktes als Marke lässt sich leicht belegen –, so ist die Basis geschaffen für einen profitablen Strom an materiellen Ausführungen, mithin industrielle Produktion modernen Stils. Hunderttausend Erzeugnisse aus industrieller Produktion sind nicht hunderttausend Produkte, sondern nur ein einziges.

Auf dem Markt muss sich nicht das einzelne Ding durchsetzen, sondern die Vorstellung, die Imagination des Produktes, das sich in singulärer Form zu erkennen gibt. Dass dies ein hochkomplexer, niemals störungsfreier (schon durch die Querschüsse von Wettbewerbern ständig attackierter) und von Zufällen durchkreuzter Prozess ist, dürfte auch ohne detaillierte Begründung einsichtig sein. Das partiell chaotische Ereignisgewimmel auf Märkten, dem die auf Wirtschaftlichkeit getrimmten Hersteller durch rationale Planung zu entgehen versuchen, hat alle konstruktiven Eigenschaften eines Fluidums für Kreativität.

Ein in der Geisteswelt der Öffentlichkeit fest etabliertes profundes Produkt wie beispielsweise das Automobil kann eine gefestigte Position einnehmen und leistet unter Umständen nicht viel mehr als einen abstrakten Anknüpfungspunkt für Spezifikationen, die in einer Marke mit geschütztem Markenzeichen und mit einem prägnanten Eigenschaftskranz enden. Diese „Zuspitzung" macht aus dem profunden Produkt nichts grundsätzlich Neues, sondern bringt den Zunder des abstrakten Wettbewerbs in der (Markt-) Öffentlichkeit zum Glühen. Der „Krieg der Marken" spielt sich nicht in den Fertigungshallen ab, auch nicht in den Konstruktionsbüros, sondern draußen im Kreuzfeuer der öffentlichen Kommunikation. Der Markt ist kein Mechanismus, der maschinengleich die Preise rauf- und runtertreibt, sondern ein Spielraum der Kreationen. Das Marktgleichgewicht, das Idol der Markttheoretiker mikroökonomischer Provenienz, ist der Tod aller Kreativität.

Die weltfremd anmutende Idee, eine mathematische Formel für ein totales gesamtwirtschaftliches Gleichgewicht aller Marktaktionen vorzuschlagen, wie das der bekannte Nationalökonom Vilfredo Pareto (1848 – 1923) tat, beschreibt den Zustand einer Volkswirtschaft, in der alle Teilmärkte gleichzeitig ihr Optimum (im Austarieren von Angebot und Nachfrage) verwirklichen (das so genannte Pareto-Optimum). Dieses Gesamtoptimum ist dadurch gekennzeichnet, dass jede (kreative,

innovative) Änderung an irgendeiner Stelle zwangläufig an anderen Stellen Gegen-
kräfte mobilisiert, die den Gesamtausgleich wiederherstellen (Stiglitz 1999, 368 ff.).
In einem optimalen Zustand kann keine Kreation eine Verbessrung herbeiführen.
Es herrscht nicht nur Grabesstille, sondern auch die totale Entmutigung für tätige
Menschen, in irgendeiner Weise etwas zu schaffen und das Geschaffene zu nutzen.
Die Lehrbuch-Welt der Ökonomen hat sich überholt. Sie hat ihre von Anfang an
bemerkenswerte Weltfremdheit nicht ablegen können, sondern ist in übertriebener
Form in die Sterilität mathematischer Formeln geraten. Es überrascht keineswegs, dass neuerdings die Studierenden der Wirtschaftswissenschaften weltweit
aufrührerisch werden und auf eine durchgreifende Lockerung der Lehrpläne und
Lehrinhalte pochen. „Wirtschaftsstudenten prangern einseitige Lehre an", heißt
es in einem Bericht der F.A.Z. online vom 6. Mai 2014 (Pennekamp 2014). Geistige Kreativität im Umgang mit Fragestellungen des Wirtschaftslebens setzt eine
durchgreifende Lockerung der paradigmatischen Grundlagen des herkömmlichen
ökonomischen Denkens voraus.

2.2.2 Der Gestaltkreis des Nutzens

Unsere Betrachtungen wären unvollständig, würden wir sie ausschließlich auf die
Situation des schaffenden, insbesondere des gewerblich herstellenden Menschen
ausrichten. Die modernen Wirtschaftswissenschaften tun das in gewisser Weise,
denn die Wirtschaft ist für sie das kompakte System von Produzenten, die den
Bedürfnissen der Konsumenten zuarbeiten und damit einen Profit erzielen. Die
Verkürzung der Wirtschaftsvorgänge in der ökonomischen Theorie auf die physischen Prozesse trifft gleich zwei Dimensionen: Die Wirtschaft der Haushalte spielt,
abgesehen von öffentlichen Haushalten und ihren fiskalischen Problemen, in der
Theorie keine Rolle. Zudem werden nur die physischen Abläufe ins Visier genommen: die Rohstoffbeute, die Herstellungsstufen, die Verteilung über den Markt,
die Transportvorgänge dazwischen. Der kulturelle Mantel allen Wirtschaftens
bleibt ein Luftgebilde.

Das Bild von der Wirtschaft, das auf diese Weise entsteht, ist nicht falsch, aber
eben nur eine Halbwahrheit. Es trifft nicht die Wirklichkeit als Ganzes. Man kann
virtuelle Realitäten nicht einfach eliminieren, als existierten sie nicht, denn sie wirken
unmittelbar auf den tätigen Menschen ein. Zum anderen kann die systematische
Abtrennung der Nutzensphäre von der Herstellersphäre zu einer die Wirklichkeit
verzerrenden Wahrnehmungsverschiebung führen. Deshalb müssen wir eine andere
Perspektive aufziehen, die den tätigen Menschen als Kulturwesen wahrnimmt und

seine Aktionen als gestaltende Bewegungen in der mentalen Sphäre des Schaffens *und* des Nutzens zu erkennen und zu deuten versucht.

Der tätige Mensch ist nie nur ein schaffender, sondern er tritt in bestimmten Momenten als nutzender Mensch in Erscheinung. Dadurch wird er jedoch nicht zu zwei Einzelwesen, sondern bleibt der eine Mensch. Erst beide Phasen zusammen ergeben ein Bild vom tätigen Menschen, das ihn als Kulturwesen qualifiziert, und zwar nicht nur als Individuum, sondern zugleich als tätigen Faktor sozialer Konstruktion durch Kommunikation.

2.2.2.1 Der nutzende Mensch

Der nutzende Mensch erntet die Früchte des Herstellens, unabhängig davon, ob er sie selbst hergestellt oder hergestellte Produkte erworben hat. Als tätiger Mensch befindet er sich entweder in der Phase des Schaffens oder des Nutzens. Das Schaffen beginnt mit Gestaltideen zur Stoffentnahme aus der Natur, gefolgt von einer Kette von mentalen und schließlich physischen Schritten der Erzeugung des Produktes.

In der Phase des Nutzens von geschaffenen Dingen, die in die individuellen und sozialen Lebensverhältnisse einkehren, setzt sich das Tätigsein fort. Schaffen und Nutzen sind aufeinander folgende Phasen, keine Antipoden. Dieser Eindruck entsteht leicht, wenn man die Modelle der Ökonomen zu sehr verinnerlicht und sich auf die Interessengegensätze von Anbietern und Nachfragern versteift.

Die physischen Vorgänge sind sinnlich wahrnehmbar. Sie spielen sich in der dreidimensionalen Welt der Dinge ab, die sich – wenn sie Natur sind – in der Zeit verändern oder die sich – wenn sie Kultur sind – durch gezielte menschliche Eingriffe verändern. Dieser jedem Ökonomen geläufige Produktionsprozess wurde und wird theoretisch durchleuchtet mit dem Fokus auf die reine Herstellung und die (kosten-) optimierenden Herstellbedingungen. Die kritisierte Halbwahrheit, die die ökonomische Theorie hervorgebracht hat, zeigt sich in der problematischen Fragmentierung der physischen Produktionsvorgänge in technische Verbundsysteme, die in sich kostenoptimal rationalisiert und schließlich gewinnoptimal disponiert werden.

Die physische Herstellung wird vom tätigen Menschen getragen, und auf ihn ist auch das theoretische Interesse der Ökonomen gerichtet seit Adam Smiths berühmter Schrift über den Wohlstand der Nationen. Die Ressourcen stellende Natur am Anfang der Herstellung bleibt Kulisse. Der nutzende Mensch, der die Ergebnisse der Herstellung am anderen Ende entgegennimmt, erscheint als bloßer Abnehmer, der mit den Produkten im privaten oder öffentlichen Raum verschwindet. Es geht – auch sprachlich banalisierend – um Absatz und um Abnahme.

Wir könnten den nutzenden Menschen auch Konsumenten oder, schlimmer noch: Verbraucher nennen, um an die übliche ökonomische Terminologie anzuknüpfen. Das aber hieße, das Kulturwesen „Mensch" verbal in die Niederungen des physischen Gebrauchs oder Verzehrs der Produkte hinunterzudrücken und seine mentale wie emotionale Verankerung in der Vitalität des kulturellen Geisteslebens im privaten wie im öffentlichen Raum zu negieren. Die ökonomische Wortwahl *Konsument* oder *Verbraucher* ist keine annehmbare Version, sondern eine Perversion des Kulturwesens *Mensch* und der wahren Sachverhalte seiner Lebensumstände.

In den Momenten der Nutzung von Dingen (Sachen, Produkten, Diensten), die der Mensch nicht selbst hergestellt hat – und das ist heute die Regel –, die er also hat erwerben müssen, mag das abstrakte Gefilde der Kultur nicht im wachen Bewusstsein präsent sein, um Entscheidungen und Handlungen mit Gründen und wohlüberlegt zu untermauern. Kultur als diffuser normativer Wirkstoff, der das Gedächtnis belegt, kann dennoch nicht einfach weggeschaltet werden, wie es die Puristen unter den ökonomischen Rationalisten sich wünschen. Die Kultur als geistige Hefe im Teig des alltäglich sich vollziehenden Lebens eines Menschen ist ein biologisch-natürlicher Bestandteil, der das Befinden und Bestreben des Menschen als Individuum in seinem sozialen Umfeld bestimmt.

Die im Gedächtnis archivierten Erlebnisse und Erfahrungen bilden eine kulturelle Ursubstanz, die formbar, ergänzbar, verfeinerbar und verschleißbar ist und das Denken, Fühlen und Handeln auch ohne das Bewusstsein steuert. Wir nennen solche wie zufällig erscheinenden Interventionen Ahnungen, Intuition, Eingebungen, Traumerlebnisse oder Bauchgefühl. Was mit Hilfe des unbewusst wirkenden Gedächtnisses an Ideen, Gestalten, Antrieben stimuliert wird, legt Zeugnis ab von der kreativen Leistungsfähigkeit des menschlichen Gehirns. Das Gehirn erzeugt Ahnungen. Es kann zu Glücksmomenten führen, aber auch zu riskanten Taten verleiten, die tragisch enden können. Ein Hauch von riskanten Eingebungen sind Spontankäufe, die beim Schlendern durch ein Einkaufszentrum unangekündigt durch einen Kaufreflex verursacht werden.

Der nutzende Mensch verzehrt die Produkte, die er für sich erwirbt, nicht, um sie zu vernichten oder seine physiologischen Bedürfnisse zu befriedigen, sondern um seine kulturellen Spiele und Arrangements damit zu veranstalten. Diese spielerische Nutzung von Produkten tritt in Lebensumständen, die von Hunger und Elend gezeichnet sind, kaum in Erscheinung. Der spielende Mensch ist ein Wesen, das erst mit fortgeschrittenen Formen der Zivilisation auftaucht. In den westlichen Industrieländern von heute, die überdeutlich von einer Konsumkultur beherrscht werden, sind die spielerischen Momente im Nutzen von Erzeugnissen aller Art ganz in den Mittelpunkt gerückt, wie man leicht an den verspielten Gestalten medialer Kommunikation erleben kann.

Die Welt der Konsummärkte ist eine riesige Spielkonsole für Erwachsene (und Jugendliche). Ob diese Art der lebensweltlichen Alltagskultur für die Menschen in der sogenannten Dritten Welt erstrebenswert ist, muss offen bleiben. Es bestehen Zweifel. Doch darüber zu befinden, kann nicht Sache der Argumentation aus der westlichen Zivilisation heraus sein.

Der nutzende Mensch nimmt ein ihm angebotenes Produkt entgegen (und zahlt dann auch dafür), um seine Spielsituation zu beleben und damit intuitiv oder gezielt seine individuelle Kultur zu erleben. Die zischende Bierflasche vor dem Fernseher im Verfolgen eines Fußballspiels gehört genauso dazu wie die Schlager-CD im Hintergrund während der häuslichen Küchenarbeit. Die Zeremonie eines feierlich gedeckten Tisches zum gemeinsamen Mahl unterstreicht diesen Zusammenhang ebenso wie die sorgfältig geplante Urlaubsreise mit Sack und Pack in die Wildnis. Was hier geschieht, ist nichts anderes als der Gestaltkreis des Nutzens, der den Gebrauch von Produkten mental und emotional, jedenfalls nicht nur physisch einverleibt.

Die im Kopf sich bildende Vorstellung einer konkreten ganz alltäglichen oder rituell besonderen Lebenssituation liegt im Gestaltkreis des Nutzens vor dem physischen Zugriff ins große Sortiment der angebotenen Produkte, und das ausnahmslos. So wie der Pilzsammler ein Basiswissen braucht zu entscheiden, ob ein Waldpilz tatsächlich ein Waldpilz ist und ob er genießbar ist oder nicht, braucht der Nutzer eine vorauseilende Vorstellung von den Produkten, die für seine Alltagsspiele ein belebendes Moment sein könnten.

Der kreative Nutzer lässt sich allerdings auch inspirieren von Produkten, die er nicht einschätzen kann, die ihm aber als Spielobjekte zum Austesten Anregungen geben. Es ist diese offene Situation in den Köpfen der Nutzer, die ein professioneller Marketingexperte zu treffen versucht, um sein spezifisches Angebot unterzubringen. Die saisonalen Aktionen in kommerziellen Märkten, etwa zu Weihnachten, zur Urlaubszeit oder sonstigen lokalen Ereignissen sind lebende Beweise für die Situationen, in denen sich Nutzer mit kreativen Ambitionen und Experten der Marktkommunikation der Hersteller ein Stelldichein bieten. Das moderne Marketing hat eine stark narrative Komponente, die einen weiten Erlebnisraum um ein Erzeugnis zieht, der dieses wie eine Selbstverständlichkeit erscheinen lässt. Der Mensch, so scheint es, nimmt lieber Geschichten entgegen als plump aufdringliche Versprechungen.

Die im Gehirn auch unterhalb des Bewusstseins oder in Träumen mit ihren Unordnungen an Mustern, Bildfetzen, Gedankensplittern und Visionen erzeugten Vorstellungen kommen deutlicher zum Vorschein, wenn der Mensch die Strenge des kommandierenden Verstandes beiseitelässt und sich spielerisch in erweiterte Gedankenräume begibt. Solche Ausstiege aus der harten Verstandeskontrolle und Einstiege in offene Spielräume der Phantasie sind eine zwingende Bedingung für jede Art von Kreativität. Schöpferischer Umgang mit den eigenen Potenzialen des Geistes und der Vorstellungskräfte sind nicht nur im Prozess des Herstellens maßgeblich, sondern auch im Prozess des Nutzens, sofern man akzeptiert, dass das Nutzen von Produkten nicht schlicht physischer Gebrauch oder Verbrauch ist, sondern eine subjektive und in vielen Zusammenhängen auch eine öffentliche Vitalisierung des kulturellen Erlebens darstellt.

Die hedonistischen Glücksmomente ergeben sich im Loslassen von der Kommandozentrale des Verstandes und der rationalen Steuerung von Handlungsabläufen. Ein nur rationaler Mensch kann nicht glücklich sein; er kann allenfalls den Stolz der Selbstüberwindung in emotional aufgeheizten Situationen empfinden. Das ist in Momenten konzentrierter Arbeit an der Formung von Gegenständen notwendig. Aber es ist eben nur eine Phase im Schaffen.

Die Fähigkeit zur Selbstkontrolle oder Selbstdisziplinierung, die es dem herstellenden und nutzenden Menschen ermöglicht, sich phasenweise der Kontrolle des Verstandes zu entziehen und in die Welt der Intuition, der Vorstellungskraft und der kreativen Gestalten und Konfigurationen zu befreien und spielerisch einzulassen, ist ein entscheidendes Merkmal der Kreativität, die sich im Fortgang der Zivilisation zu erkennen gibt. Dieses Wegtauchen in Zonen verminderter Verstandeskontrolle birgt jedoch das Risiko des sich Verlierens ohne bewusste und beherrschte Rückkehr in geordnete Lebensbahnen. Spielsucht kommt dann auf, wenn die Fähigkeit zur Selbstkontrolle und Selbstdisziplin unterentwickelt bleibt (Bendixen 2008).

Unsere weiteren Überlegungen zur Nutzung von Produkten, die man nicht selbst herstellen kann und die im günstigen Fall sogar den Zauber ästhetischer Anmutungen und spielerischer Anstiftung in sich tragen, macht es notwendig, in einem Exkurs dem Nutzenbegriff näher nachzugehen. Es geht darum, ihn von der muffigen Enge bloßen Verzehrens und Gebrauchens in einem um die Kulturdimension beschnittenen Lebensraum zu befreien, in den er durch die Denktraditionen der älteren Nationalökonomie geraten ist. Lebensdienliches Nutzen von Geschaffenem ist eine Kunst, die jeder vernünftigen Kultur alle Ehre macht.

2.2.2.2 Exkurs: Über den Nutzenbegriff

Nützlichkeit hat über die utilitaristische Philosophie der Lebensfreude Jeremy Benthams (1748 – 1832) und anderer Hedonisten einen bis heute andauernden geistigen Humus gebildet, der aus dem ökonomischen Denken nicht mehr wegzudenken ist. Die Neigung zur Bewertung von Dingen und Vorgängen unter Nützlichkeitskriterien hat schon zu Lebzeiten Jeremy Benthams ein deutliches Unbehagen unter Dichtern, Philosophen, Künstlern aller Gattungen und politischen Denkern im Vorhof der Großen Französischen Revolution von 1789 ausgelöst. Man sprach verächtlich vom biederen Krämerkalkül und zielte damals schon auf die gerade erst aufkommende,

bürgerlich orientierte Nationalökonomie (später: Volkswirtschaftslehre) Adam
Smiths, David Humes und vieler weiterer.

Die Stimmung unter den Intellektuellen Englands in der Epoche des rasanten
Aufstiegs des Riesenreichs des Commonwealth war, das sollte nicht übersehen
werden, Ausdruck einer völlig anderen Welt, als sie einem Untertan im Heiligen
Römischen Reich Deutscher Nation, der irgendwo in einem der über 300 klein-
formatigen Staatswesen lebte, erscheinen musste. Im weiten, bunten Kulturraum
dieses eigenartigen Gebildes in Zentraleuropa trat anstelle eines von pragmatischer Vernunft getragenen Strebens nach freien Marktzugängen als Bedingung
für wachsenden Wohlstand die romantische Suche nach einer von deutschem
Kulturbewusstsein angeleiteten Gesamtnation, die noch immer ihrer Staatlichkeit
entbehrte (Willms 1985). Nützlichkeit konnte nicht der Stoff sein, aus dem ein
Nationalstaat hätte errichtet werden können.

Das Nützlichkeitsdenken hat dennoch seinen Weg in das bürgerliche Denken
auch in Deutschland gefunden. Davon legt, wenn auch nicht allein, die Strömung
des Biedermeiers in der ersten Hälfte des 19. Jahrhunderts Zeugnis ab. Der vom
Scheitern der Französischen Revolution auf deutschem Boden und den autoritären
Reaktionen der aristokratischen Mächte der Restauration bedrängte Bürger zog
sich in die Intimität des Häuslichen und damit in die Pflege einer unkämpferi-
schen Kulturpraxis zurück, deren geistig-schöpferische Energien in ungeahntem
Umfang und Tiefgang in künstlerische und handwerkliche Produktivität floss. In
einem umfassenden Sinne hatte die biedermeierliche Alltagskultur einen nicht aufs
Profane beschränkten zivilisatorischen Nutzen.

Die pragmatische Erwägung des Nutzens in nahezu allen Lebensbereichen
umfasst untrennbar die physische und die mentale Seite des mit Bedacht lebenden
Menschen. Das aufgeregte Vergnügen am Duft einer Rose oder am ausströmenden
Wohlgeruch eines Weines oder schließlich die aufmunternden Schwingungen,
die die menschliche Seele von den Wohlklängen einer musikalischen Vorführung
empfängt, sind in einem umfassenden Nutzenbegriff eingeschlossen. Es wäre fatal,
würden wir nur den physischen Nutzen beachten, wie es die ökonomische Theorie
(gerade auch der so genannten Grenznutzenschule) tat, denn damit würde der
evolutionäre Urgrund des langen Weges zur Entfaltung der Zivilisation geleugnet,
wenn nicht sogar zerstört.

Der wirtschaftende Mensch

3

Wir wenden uns in diesem Kapitel dem in der Wirtschaft tätigen Menschen zu und nähern uns damit um einige Schritte der Diskussion der These, dass Produkte, wie sie die Märkte bevölkern, medialer Natur sind und der Ort ihrer Erschaffung der Markt ist. Der Markt ist das mächtige und umkämpfte Verbindungsmedium zwischen Produktion und Konsumtion. Er überspannt beide Bereiche, den der Hersteller und den der Nutzer gleichermaßen.

Diese beiden Bereiche sind keine Antipoden, sondern sie stehen in einem gleitenden Übergang in einem prozessdualen Anschluss in einem vitalen (kulturellen) Tätigkeitsbogen von der Stoffentnahme aus der Natur und der Stoffablagerung von nicht nutzbaren Reststoffen. Mit unserem daran anknüpfenden Marktverständnis gehen wir über den betriebswirtschaftlichen (und volkswirtschaftlichen) Blick hinaus, der die Position eines anbietenden Produzenten übernimmt und von dessen Handlungsplattform aus die Märkte vor und nach ihm beobachtet, als ob es etwas objektiv Gegenüberstehendes ist, das man erobern muss, um im Wettbewerb erfolgreich zu sein.

Der etwas andere Blick, die wir hier bevorzugen, sieht den anbietenden Hersteller nicht als Strategen, der den Markt als sein Kampffeld in Augenschein nimmt, sondern als ein Handelnder mitten im Markt. Er kommuniziert mit Lieferanten, Käufern, Dienstleistern, kommunalen Einrichtungen, Staatsämtern, Forschungseinrichtungen und ganz besonders, wo immer dies gelingt, mit den Medien. Das Generalthema in endlosen Variationen sind immer die virtuellen Produkte. Es geht um die Konkretisierung dieser geistigen Geschöpfe zu Bildfiguren, die dem Hersteller zurechenbar sind. Es geht um die narrative Wirksamkeit der gezielten Kommunikation, die weit mehr als nur die Produkte selber erschließt, sondern das ganze Holon der Existenz des Herstellers (einfacher gesagt: sein öffentliches Image).

Wir müssen, um den begrifflichen Gewohnheiten ein Gegengewicht zu geben, immer wieder darauf zurückkommen, dass wir uns vom Antipoden-Charakter zwischen Anbieter und Nachfrager, Hersteller und Nutzer, Produzenten und

Konsumenten frei machen müssen. Sie bilden jeweils eine Einheit im Werden und Vergehen unter dem Dach einer sie leitenden Kultur und Zivilisation. Im Zusammenhang mit dem Wirtschaften geht es insbesondere um die Einheit von Produktion und Konsumtion, die später ergänzt wird durch die amalgamierende Einheit von Freiheit und Verantwortung.

3.1   Die Einheit von Produktion und Konsumtion

In zivilisatorisch entfalteten Gesellschaften erscheinen die Lebensverhältnisse derart komplex, dass holistische Betrachtungen meist viel zu unpräzise bleiben, während analytische Einblicke unter dem Syndrom der hochgradig fragmentierten Wahrnehmung leiden. Man kennt das Problem auch aus der Ökonomie. Eine Volkswirtschaft als Ganzes zu optimieren, vorausgesetzt sie kann ausreichend als begrenzt darstellbares System identifiziert werden, ist praktisch unmöglich und endet, wenn man es dennoch versucht, in weltfremden Formeln vom Typus Pareto-Gleichgewicht.

Jede Teillösung eines Ausschnittes jedoch, etwa die Untersuchung der Bedingungen des Automobilmarktes und dessen Aussichten, ein Marktgleichgewicht zu erreichen, kommt über die Begründung eines relativierten Suboptimums nicht hinaus. Relativiert deshalb, weil man nicht beweisen kann, ob bei der Berechnung die wirklich relevanten Tatbestände berücksichtigt werden konnten. Man weiß in der Realität nicht, was man nicht weiß. Die weitläufigen Verflechtungen jedes Marktes, gerade auch des Automobilmarktes mit den übrigen Märkten und der gesamten ihn umgebenden Gesellschaft verhindern nicht nur mathematisch die Bestimmung eines Optimums, sondern würden das Ergebnis, falls man eines erreicht, selbst ad absurdum führen: Man kann damit nichts anfangen.

Dieses Dilemma ist kein Naturereignis, das unumgänglich ist, sondern es ist die Folge der Idee, dass es auf Märkten mit ihrer unberechenbaren Dynamik überhaupt darauf ankommt, ins Gleichgewicht und damit in eine Ruhelage zu gelangen, in der niemand mehr einen Anlass sieht, sich mit innovativem Drang zu bewegen. Nicht Stillstand ist die Aufgabe der Wirtschaft, sondern Bewegung, und zwar Bewegung in Richtung zivilisatorischer Aufbau. Das Optimum ist ein (Ziel-) Zustand. Denken in stationären Kategorien ist in lebenden Gebilden, ob ein Mensch oder ein soziales Gefüge, prinzipiell unangemessen.

Die Aufgabe der aus der gesellschaftlichen Komplexität herausgelösten und den treibenden Kräften des Gewinnstrebens überantworteten Produktionssphäre besteht eben nicht vorwiegend oder nur vordergründig darin, die materiellen

Bedürfnisse der Gesellschaftsmitglieder zu befriedigen, sie also gewissermaßen stillzustellen. Die Wirtschaft arbeitet – wie von unsichtbarer Hand getrieben – an der historisch-organisch wachsenden Zivilisation, indem sie Fortschritte anpeilende Kulturobjekte zur Verfügung stellt, gängige und allzeit benötigte Alltagsdinge ebenso wie innovative Erfindungen, wenn diese den Kriterien des zivilisatorischen Aufbaus genügen.

In notleidenden Situationen oder in Fällen gravierender Unterentwicklung in der materiellen Versorgung von Bevölkerungen kommt der Befriedigung der Grundbedürfnisse zweifellos eine vorrangige Rolle zu. Die Arbeit der herstellenden Wirtschaft am zivilisatorischen Aufstieg kommt erst zum Zuge, wenn die physischen Erfordernisse nicht mehr akut gefährdet sind. Das zu beurteilen, ist ein Thema für sich, das hier nicht ausgetragen werden kann, zumal selbst in entwickelten Gesellschaften infolge von Verteilungsungleichheiten eine gespaltene Aufgabe der herstellenden Wirtschaft und teilweise äußerst komplexe Übergänge unvermeidlich sind.

Angesichts der überwältigenden Präsenz kommerzieller Kommunikationsangebote in der Öffentlichkeit werden die Diskrepanzen innerhalb der Rolle der herstellenden Wirtschaft leicht überdeckt. Dazu gehört auch das oft schwer durchzuhaltende Bewusstsein, dass die Bereiche des Herstellens und der Nutzung, also der Produktion und des Konsums, von einem unzerreißbaren kulturellen Band eingefasst sind, die beide miteinander verkoppeln. In einem auf die Effizienz des Wirtschaftens ausgerichteten Blick und tätigen Engagements, wie es die Ökonomen pflegen, verschwindet die Konsumsphäre in den Kulissen der theoretischen Wahrnehmung. Es wird als ausreichend angesehen, dass die Märkte von sich aus dafür sorgen, dass die Belange der Konsumenten in die wirtschaftenden Dispositionen einfließen. Man vertraut der so genannten Konsumentensouveränität (Koslowski und Priddat 2006, Held, Kubon-Gilke und Sturn 2013).

Die Ideologisierung der Wirtschaftspraxis durch den Absolutismus der ökonomischen Rationalität in der pragmatischen Version der Wirtschaftlichkeit bleibt unentdeckt, wenn die alles überspannende Einheit von Herstellen und Nutzen nicht wahrgenommen und bei der Bewertung von Aktivitäten unbeachtet bleibt. Die Vernunft des sparsamen Umgangs mit knappen Mitteln gilt als unhintergehbares Grundgesetz des Wirtschaftens, ohne viel darüber zu debattieren, dass dieses Prinzip nur unter ganz bestimmten- sehr engen Voraussetzungen gilt (darüber an anderer Stelle mehr). Die Folge der Fragmentierung der Wirklichkeit in herausgeschälte Teilsysteme ist ein sich selbst verstärkender Prozess der Rationalisierung und Technisierung der Herstellerseite, der die Diskrepanzen in der Einheit von Produktion und Konsumtion nicht mehr wahrnimmt. Eine unbegreifliche Form von Irrationalität, die in manchen Fällen dazu führt, dass die innere Rationalisierung von Herstellprozessen den Gesamtnutzen unterläuft und vermindert (Bendixen 2014).

Die Erfolgsstraße des technischen Fortschritts und des wachsenden Wohlstands hat historisch sehr früh im Mittelalter begonnen und sich lange hingezogenen in einer Epoche der allmählichen Herauslösung von herstellenden Tätigkeiten in eigens dafür hergerichteten Betrieben, zunächst in der Trennung von Wohnen und Werken auf dem gleichen Gelände und mit der Zeit in der Verlagerung von Produktionsstätten aus den Wohnbezirken der Städte oder umgekehrt in der Verlagerung der Wohnfunktionen aus den kommerziellen Zentren der Städte an deren Ränder.

Es geht hier nicht darum, die Schwächen oder Fehlleistungen dieser strukturellen Entwicklung aufzuzeigen und zu kritisieren, sondern einzig und allein darum, diese Vorgänge zu beschreiben und ihren Wirkungsmechanismen nachzugehen. Wie bei allen historischen Vorgängen, so ist auch die Strukturteilung zwischen Produktion und Konsumtion unumkehrbar. Selbst wenn sie umkehrbar wäre, bliebe doch die Frage, welcher Vorteile man sich begäbe, würde die Zusammenfassung von Herstellvorgängen an einem Ort rückgängig gemacht.

Diese Frage ist deshalb von Bedeutung, weil es eben nicht nur um die physische Ebene der dinglichen Produktion und des dinglichen Konsums geht, sondern auch und in erster Linie um die mentale Ebene der imaginären Produkte und ihrer Zirkulation in einem äußerst komplexen, bewegten und uneinheitlichen Kulturraum. Die physischen Zugänge zu materiellen Erzeugnissen haben nicht nur eine ethische Seite, nämlich die Berücksichtigung der Bedürfnisse von weniger begüterten Bevölkerungskreisen, sondern treiben auch den Wandel der (Alltags-) Kultur in gehobene Stufen, die nicht mehr rückgängig zu machen sind. Ein Leben mit dem Handy ist für die meisten Menschen heute eine Selbstverständlichkeit, die nicht mehr aus der Welt zu schaffen wäre.

Die kaum noch erlebbare und selbst im tiefer gehenden Nachdenken nur mit Anstrengungen ins Bewusstsein zu bringende Einheit von Herstellen und Nutzen, von Produktion und Konsumtion, war ein langer historischer Prozess. Er hatte eine faktische Seite, nämlich die physische Ausgliederung und Verlagerung von Fertigungswerkstätten aus dem Haushaltsverbund, und eine kulturelle Seite, nämlich die Wahrung des verbindenden Dachs grundlegender Lebensmuster, auf die hin sowohl die Herstellprozesse als auch die Nutzensphäre der Haushalte (einschließlich der öffentlichen Haushalte) auszurichten sind. Ausgerechnet das kulturelle Dach ist in der ökonomischen Theorie gänzlich entfallen und hat in den politischen Wissenschaften, die eigentlich das Ganze der menschlichen Lebenswirklichkeit zu erfassen hätte, keinen markanten Platz eingenommen. Kulturpolitik ist ein Stiefkind unter den Staatsaufgaben.

3.2 Die Effizienz der verselbständigten Produktion

Dass die Entwicklung marktwirtschaftlicher Praktiken antreibende Moment liegt in der Effizienzchance der verselbständigten Produktionsbetriebe. Wir gehen dieser Nuance der historischen Entwicklung ein paar Schritte weit nach, wohl wissend, dass in den Frühformen gewerblich (handwerklich) organisierter Herstellung weder die Effizienz (Wirtschaftlichkeit) noch die Effektivität (Zielerreichungsgrad) eine so dominierende Rolle spielten wie in der industrialisierten Gesellschaft von heute. Lehrlinge standen unter der Bildungsaufsicht der Gesellen und diese wiederum folgten ihrem Meister.

Das Streben nach Meisterschaft blieb selbst dann noch wirksam, wenn man im Sinne der Zunftordnung längst zum Meister erklärt worden war und sich keineswegs frei fühlen konnte, sondern sich (oft widerwillig) den Weisungen der Zunftversammlungen unterwerfen musste. Von den Details dieser historischen Eigenheiten des alten Handwerks, die sich unterschwellig teilweise bis heute hartnäckig erhalten haben, sehen wir in unserem Argumentationszusammenhang ab. Das Generalthema ist die sich allmählich ins Abstrakte verziehende Einheit von Produktion und Konsumtion und die Frage, wie das kulturelle Dach, das beide verbindet, als Thema wachgehalten werden kann.

3.2.1 Der geschlossene Kosmos der mittelalterlichen Stadt

Auf dem langen Weg zu zivilisatorischen Lebensverhältnissen in urbanen Siedlungen, Städten und Metropolen tritt der wirtschaftende Mensch erst in einer relativ späten Phase auf die Bühne der Kulturgeschichte. Er tritt als spezifizierte Figur aus dem großen Meer tätiger Menschen wahrnehmbar und Strukturen schaffend hervor. Der Umbruch der langsamen Herauslösung des Herstellens von nützlichen Gegenständen aus dem geschlossenen Innenraum der Hauswirtschaften leitete den Bedingungsrahmen ein für die in Werkstätten und Gewerbebetrieben organisierte Form der planvollen Produktion von nützlichen Gegenständen für fremden, aber immer noch lokalen Bedarf. Voraussetzung dafür war ein gewisses Wachstum der Bevölkerung in den städtischen Zentralorten, die einen Kosmos eigener Art schufen, von dem Spuren in alten Städten heute noch zeugen und bei manchen Menschen touristisch nutzbare nostalgische Erlebnisse hervorbringen.

Die kleinräumige Struktur des geschlossenen kommunalen Kosmos bedurfte erst weiterer Antriebe zur Zellteilung im engen Bezug zum Vordringen des Fernhandels und dessen regionalen und überregionalen Märkten. Über lange Epochen existierten die Marktnetze der in Städten residierenden Fernkaufleute neben den lokalen Kleinräumen des Warentauschs innerhalb der Stadt und mit deren bäuerlichem Umland. Erst mit der Zeit setzte sich ein von starkem kulturellem Wandel begleiteter Umbruch ein, durch den Handwerke und Kleingewerbe zunehmend zu Erzeugern weitläufig handelbarer Waren wurden.

Der wirtschaftende Mensch in seinem handwerklichen Gewerbebetrieb blieb über weite geschichtliche Zeiträume hinweg mit seinen Produkten eng gebunden an die kommunale Sozialordnung. Da ergaben sich kaum Spielräume für innovative Anstrengungen, die dazu hätten führen können und müssen, dass der Innovator eines Produktes aus dem geschlossenen kommunalen Kosmos ausbrach. Zur strengen Pflege der Standesordnungen und Produktprofile waren die Zünfte berufen, die praktisch alle Ausbruchsversuche auf den üblichen Stand der geltenden Ordnung zurückriefen. Andererseits hätten Innovationen nur dann einen wirtschaftlichen Sinn ergeben, wenn eine Idee vom Marktwettbewerb eine zusätzliche Prämie in Form von Gewinn existiert hätte, die zu kreativem Schaffen hätte ermuntern können.

Die Produkte in einem geschlossenen kommunalen Kosmos waren eine meist über Generationen unveränderliche Palette festgelegter Qualitäten, erlaubten Rohstoffen, ästhetischer Formen, Herstellweisen und Gebrauchsnutzen. Das Medium der Erzeugung von Produkten waren die kulturellen Alltagsmuster, die symbolischen Normen, religiösen Rituale, Riten öffentlicher Feste und viele weitere Gelegenheiten, in denen die Existenz von genau festgelegten Produkten bekräftigt wurde. Die mediale Natur der Produkte zeigt sich in solchen Fällen nicht in spezifischen Techniken der Kommunikation wie etwa Druckwerken, Flugblättern oder gar Plakaten (diese kamen kaum vor dem 18. Jahrhundert auf), sondern in ritualisierten (symbolischen) Handlungen. Produkte aber waren auch unter diesem Umständen Erzeugnisse der örtlichen Öffentlichkeit in einem verengten und bedrängten Kommunikationsraum.

Der wirtschaftende Mensch in seiner Werkstatt oder seinem Gewerbebetrieb war seinerzeit alles andere als ein Innovator. Er war ein Disponent, dessen Ehrgeiz in der Meisterschaft der Ausführung von Herstellaufgaben und in der Beachtung von Grundregeln wie dem Prinzip des sparsamen Umgangs mit knappen Mitteln bestand. Der haushälterische Umgang mit knappen Rohstoffen war in jenen Epochen ein von den Zünften kontrolliertes Vernunftgebot, denn die Beschaffung der notwendigen Rohstoffe in hinreichenden Mengen war keine Selbstverständlichkeit und von vielen Unstetigkeiten begleitet.

Das Prinzip des sparsamen Umgangs mit knappen Mitteln kommt nur bei ungesicherter Nachbeschaffung zum Tragen, z. B. auch bei Ernteausfällen, und es kann praktisch nur wirksam werden, wenn die Herstellaufgabe genau umrissen ist, und das war über lange Epochen des urbanen Lebens unter dem obrigkeitlichen Dach der Zünfte eben der Fall. Das Insistieren vieler ökonomischer Theoretiker auf der vorrangigen Geltung des ökonomischen Prinzips des sparsamen Umgangs mit knappen Ressourcen hat eine methodische Engführung zur Folge gehabt, die einen weiten Horizont der Erschließung und Erklärung von Erscheinungen und Vorgängen in der Wirtschaft aus dem Fokus verloren hat. Das Sparsamkeitsprinzip hat die moderne Ökonomie daran gehindert, sich von der unsichtbaren Hand des regulierenden Zunftdenkens loszusagen und der freien Kreativität die Türen zu öffnen. Der sparsame Hausherr ist in einer dynamischen Umgebung eine Dornenhecke für kreative Geister.

Der Aufbruch der festen Sozialstrukturen und die Öffnung der Wege zugunsten schöpferischen Wirtschaftens unter den Bedingungen des Wettbewerbs auf Märkten war ein historischer kreativer Prozess, dessen Energien sich ohne jeden Zweifel nicht dem ökonomischen Prinzip der Sparsamkeit verdanken, sondern dem von Versuch und Irrtum getriebenen Spiel der Suche nach nützlichen und den Fortschritt fördernden Produktlösungen. Für die Erklärung der kreativen Komponente in den modernen Formen des Wirtschaftens müssen andere Prinzipien oder Grundgesetze herangezogen werden (siehe dazu Kapitel 6).

3.2.2 Die Entgrenzung und die Globalisierung der Markträume

Der Übergang vom geschlossenen kommunalen Kosmos zu einer sich mehr und mehr von Fesseln befreienden Praxis freier Marktwirtschaften war für die Erzeugung von Produkten mehr als nur ein formaler Befreiungsakt. Lag die Erzeugung von Produkten in vormodernen Epochen in den sozialen Kopfregionen (geltende Kulturwerte und Lebensmuster, religiöse und profane Rituale, politische Institutionen) der städtischen oder feudalistischen Lebensgemeinschaften, so verlagerte sie sich unter offenen Marktbedingungen zunehmend auf die die Herstellung dominierenden, zuweilen kommandierenden Handelskaufleute. Deren Marktwissen wurde ausschlaggebend für die Frage, welche Produkte in welchen Gestalten und Eigenschaften herzustellen sind. Die Impulse dafür kamen nicht mehr von Obrigkeiten, sondern von fernen Welten her, die die Händler vermittelten.

Die Praxis, dass die Hersteller physisch ausführten, was in den Köpfen der Beteiligten mental geschaffen wurde, änderte sich indessen kaum. Nur nahmen jetzt eben die das Marktgeschehen beherrschenden Händler die Kommandogewalt über die Produkte wahr, nicht mehr die Fürsten, Klöster, Zünfte und Magistrate. Damit wurden kulturelle Einflüsse freigegeben, die mit der Zeit die lokalen Wertebindungen auflösten und weitläufige Formen, Funktionen und Materialien entgegen nahmen. Stationär gefestigte Lebenskulturen kamen durch Kulturaustausch in

Bewegung und begannen, an ihrem eigenen zivilisatorischen Fortschritt zu bauen (was als historischer Prozess ein undurchschaubares Holon blieb, dessen Tatsachen sich meist erst nach Generationen in den empirisch wahrnehmbaren Zuständen zu erkennen gaben).

Die handwerklich-technische Ausführung war dann eine Sache der Rationalität wirtschaftender Dispositionen. Aber das für die lebensweltliche Kultur Maßgebliche war eben nicht die Physis der Erzeugnisse, sondern waren die imaginären Produkte, die sich in den unzähligen, nicht selten generationenlang wiederholten dinglichen Exemplaren zum Ausdruck brachten. Die eigentlichen Erzeuger von Produkten als mentale Gestalten waren in kommerziell fortgeschrittenen, die alten Feudalstrukturen auflösenden Gesellschaften die mitten im Markt agierenden Händler. Sie übten aber keine Willkürgewalt aus, sondern ergriffen die Initiative zur Wahrnehmung der Nutzenerwartungen auf der Abnehmerseite.

Wir halten hier fest: Die für die Erzeugung von Produkten maßgeblichen Kulturräume erweiterten sich seit dem Beginn der Neuzeit aus bestimmten historischen Gründen auf weit über die Lokalitäten hinausreichende, teilweise sogar sehr ferne Regionen. Damit kam eine Form des Kulturaustauschs zustande, die über den Handel vermittelt wurde und die Spielräume für unzählige Varianten und Überformungen an Produkten erweiterten. Das klassische Beispiel dafür war die alte Seidenstraße, die bis in die Neuzeit hinein einen mächtigen Strom an Kulturtransfer (keineswegs nur an Warentransfer) am Leben erhielt.

3.2.3 Kreative Spielräume für tätige Produzenten

Der mentale Charakter der Produkte ist, den zuletzt ausgeführten Gedanken folgend, keine Erfindung der Neuzeit oder gar der von elektronischen Medien durchwirkten Öffentlichkeit unserer Tage, sondern hat sich im Keim schon angedeutet, als die physischen Erzeuger noch unter den obrigkeitlichen Zwängen der Zunftordnungen und geschlossenen Sozialgebilde standen. Die Aneignung von kreativen Kompetenzen war historisch indessen nur möglich in der Synchronisation von Auslagerung aus hauswirtschaftlichen Klammern und Wegbereitung für den überörtlichen Handel mit seinen Freizügigkeiten.

Das aber bedeutete zumindest eine Teilung kreativen Schaffens zwischen gewerblichen Produzenten und Handel treibenden Kaufleuten. Ein Produkt kann kein Diktat der Hersteller gegen die Nutzer sein. Auch der Nutzer kann von der Gegenseite her seinen Willen dem Hersteller physischer Waren nicht aufzwingen. Produkte entstehen im Marktprozess, und das erzeugende Medium ist die beide Seiten einbeziehende Kommunikation. Im Prozess der sozialen Verständigung, der in komplex strukturierten Gesellschaften oft viele Umwege geht und nicht so leicht wie im Verhältnis von Angesicht zu Angesicht unter Anwesenden zu einem Einigungspunkt führt, kommt der Frage der Symmetrie der Kommunikation eine besondere Bedeutung zu.

Der zwischen Produzenten und Nutzern vermittelnde Händler war (und ist auch heute noch) selbst ein Medium, indem er mit kommunikativer Kompetenz versucht, einen Interessenausgleich zwischen schaffenden Produzenten und nutzenden Konsumenten herbeizuführen. Das Produkt selbst aber bleibt, was es immer schon war, ein imaginäres Etwas in den Köpfen der Beteiligten, auch wenn viele gerne die das bildhafte Gedächtnis stützenden Abbildungen, Ton- und Sprachfragmente und sonstige semantisch wirkende Zeichen als kommunikative Verstärker gang und gäbe geworden sind.

Hinsichtlich der Einflussnahme auf die Gestaltung eines Produktes haben sich in der Marktpraxis erhebliche Asymmetrien eingeschlichen und gefestigt, die den Nutzern deutlich weniger Wirkung einräumen als den Herstellern. Das hängt schlicht damit zusammen, dass die physisch-technischen Herstellungsabläufe in aller Regel keine Einzelfertigungen zugunsten von individuellen Nutzern sein können, sondern dass die Nutzenvorstellungen standardisiert und pauschaliert werden müssen, um die Kostenvorteile der langreihigen Wiederholungen in der technischen Produktion nicht zu verlieren.

Bei der Pauschalierung von Nutzenvorstellungen sind die lebensweltlichen Kulturmuster von herausragender, nicht zu unterschätzender Bedeutung. Diese gesellschaftlich zivilisierende Aufgabe der Kultur ist der fruchtbare Mutterboden, auf dem fortschreitende Arbeitsteilungen und technische Effizienzsteigerungen erst möglich werden. Diese Tatsache theoretisch nie aufgearbeitet zu haben, ist eine schwer wiegende Fehlleistung sowohl der (mikroökonomisch beherrschten) Volkswirtschaftslehre als auch der (vom Gewinnmaximierungsrationalismus besessenen) Betriebswirtschaftslehre.

Nutzenstandardisierung bedeutet wiederum, dass die Produkterzeugung (die durch Kommunikation bewirkten Gestalten) im Spannungsfeld zwischen Hersteller und Nutzer in Richtung einer wachsenden Regie durch die Händler und Hersteller verlagert wird. Die im Markt zirkulierende Bildgestalt eines Produktes, beispielsweise die Idee und Vorstellung eines Fahrrades, wird in entwickelten Gesellschaften der Moderne in überwältigendem Maße von der Herstellerseite dominiert, indem sie zugleich mit einer Marke verknüpft wird (Andree 2010). Dazu war jedoch eine Verschmelzung von Handel und Industrie erforderlich, und zwar in der Form, dass die dem freien Handel nachgebildeten Funktionen des Warenabsatzes (Verkauf, Vertrieb) in die Rolle des Vermittlers zwischen Produktion und Konsumtion gerieten. Im Bewusstsein eines Vertriebsfunktionärs handelte dieser indessen im Auftrag des herstellenden Betriebes.

Mit der Verlagerung der Gestaltungskompetenz für die Schaffung und physische Erzeugung von Produkten auf die Hersteller ist ein ethisches Problem in den Vordergrund gerückt: Die Gestaltungsfreiheiten zugunsten des Herstellers bedürfen eines gewissermaßen mitwachsenden Verantwortungsbewusstsein für die Belange der Nutzer. Die prekäre Situation zeigt sich darin, dass freie Spielräume dem entfesselten Egoismus des Spielers preisgegeben werden könnten, so dass der Nutzen der Gegenseiten (der individuellen oder sozialen Interessenten) zu einem Spielball der Gestaltung unter dem Kommando des Profits wird. Dieses Problem ist nur lösbar, wenn die Einheit von Freiheit und Verantwortung als unabdingbar akzeptiert und praktiziert wird. Von beiden Seiten wird Nachgiebigkeit oder Kompromissbereitschaft gefragt, wenn beide die Vorzüge der Arbeitsteilung zwischen Produktion und Konsumtion in Anspruch nehmen wollen.

Man könnte geneigt sein, die fortschreitende Arbeitsteilung als einen Weg in die schleichende Entmündigung der Nutzer oder Konsumenten aufzufassen und sich entsprechend systemkritisch zu positionieren. Die Frage bleibt jedoch ungeklärt, ob die Individualität des Nutzers in der Weise verabsolutiert werden kann, dass jede durch die Umstände herbeigeführte Abweichung oder Einschränkung durch soziale Kompromisse, beispielsweise durch die Standardisierung von Produkteigenschaften, als ungerechtes Zugeständnis an die Wirtschaftlichkeit der Produktion, als Belastung der Eigenrechte des Individuums zur Selbstgestaltung seiner Lebensverhältnisse gedeutet werden muss. Diese Auffassung übersieht jedoch, dass der Mensch von Natur aus ein Sozialwesen und kein Einzelgänger ist (s. Abschn. 1.3). Die Verabsolutierung des Nutzers als sich behauptender Individualist führt auf Abwege der Selbsterhöhung des Einzelnen und damit ins soziale Abseits.

3.2.4 Mentales Schaffen und rationale Ausführung

Die gestaltende Geistesarbeit des Gehirns ist im gesamten Schaffensprozess eine Phase, in der die Bedingungen für mentale Entwürfe an keine physischen Grenzen gebunden sind. Die üblichen Naturgesetze der dinglichen Welt greifen bei geistigen Operationen nicht; sie können – und sind dies natürlich oft – Gegenstand des Denkens sein. Das befreite Denken geht eben, wenn es nicht in überirdische Welten abdriftet, nicht so weit, dass die Prüfung der Machbarkeit eines Entwurfs in der physischen Welt erlässlich ist oder beliebig zurückgestellt werden kann. Auch die Phantasie ist nicht kostenfrei zu haben, denn im frei schwebenden Denken wird

Kapazität des Gehirns gebunden und steht anderen, vielleicht ergiebigeren Gefilden kreativen Schaffens nicht zur Verfügung.

Die Qualität der gestaltenden Geistesarbeit erweist sich nicht nur an vielen, zum Teil kühnen und schwindelerregenden Einfällen, die die Palette der Auswahl der bestmöglichen Alternative erweitern. Eng damit verknüpft und somit Bestandteil der gestaltenden Geistesarbeit sind die Prüfprozesse, die bereits im Vorfeld des kreativen Schaffens dafür sorgen, dass kein unergiebiger oder mangelhaft durchgearbeiteter Schritt in die Verwirklichung in der physischen Dingwelt unternommen wird. Schon im gestaltenden Denken kommen die wichtigen betriebswirtschaftlichen Grundgesetze zur Geltung, nicht erst in der Phase der dinglichen Verwirklichung.

Die den unumkehrbaren physischen Hantierungen in der Realität vorausgehenden gedanklichen Erfindungen und deren Überprüfungen haben den Vorzug der Revidierbarkeit. Was sich im planenden Konstruieren als erfolgsungewiss, unwirtschaftlich oder existenziell riskant zeigt, kann abgebrochen oder umgelenkt werden. Sind erst einmal materielle Taten eingeleitet, stellen schon die ersten Stufen der Eingriffe in die physische Welt einen neuen Faktenrahmen her, der alle weiteren Schritte vor Fakten stellt, die nur als Ruinen aufgegeben, nicht aber zurückgebildet werden können.

Die Prüfung einer mentalen Produktidee auf ihre Machbarkeit erstreckt sich auf zwei Ebenen: die Akzeptanz des Produktes steht auf dem Prüfstand der öffentlichen Kommunikation und sucht nach bestätigenden oder zurückweisenden Repliken aus der Welt der Nutzer. Die technische Durchführbarkeit eines Produktidee richtet sich auf die physischen Vorkehrungen der materiellen Herstellung, damit also auf die Verfügbarkeit der notwendigen Mittel (Material, technische Anlagen und Werkzeuge, ausgebildetes Personal).

Zwischen beiden Prüfvorgängen besteht eine Wechselbeziehung der Art, dass die Ergebnisse der Akzeptanz des Produktes in der (Markt-) Öffentlichkeit zum Abbruch der physischen Produktionsbemühungen führen können, während die Berechnung der technischen und wirtschaftlichen Bedingungen der Fertigung das Produkt als unergiebig aus dem öffentlichen Kommunikationsverkehr zurücknimmt. Beide Prozesse laufen in der Praxis ineinander verschränkt ab.

3.3 Der Nutzen der Effizienz jenseits der herstellenden Wirtschaft

Der Vorteil für den Hersteller von Produkten, wenn er sowohl das Produkt als mentale Gestalt als auch die endlose Folge physischer Ausführungen in eigene Regie nehmen kann, liegt auf der Hand: Es geht um den Profit, der aus solcher Lage erwirtschaftet werden kann und der umso höher ausfällt, je weniger der Hersteller sich dreinreden lassen muss von Erwartungen und Zwängen seiner Klientel. In diesem Abschnitt aber geht es nicht um den Hersteller, sondern um den oder besser: die Nutzer (Konsumenten, Verbraucher, Käufer, Nachfrager). Welche Vorteile eines auf Arbeitsteilung beruhenden Wirtschaftssystems einschließlich seiner Marktfreiheiten können die Nutzer für sich verbuchen?

Diese Frage hat ein gravierendes Gewicht bei allen Antworten auf die ethische Verantwortung in der Inanspruchnahme von Gestaltungsfreiheiten. Das Prinzip der Untrennbarkeit von Freiheit und Verantwortung gilt – logischerweise – auch für die Nutzer, wenn sie die Freiheiten des Zugangs zu Märkten und zur Wahl von Produkten ihrer Präferenz in Anspruch nehmen. Die generelle Frage, wie es weitergehen kann mit der menschlichen Zivilisation, kann nicht ausschließlich an die Wirtschaft gestellt werden. Wir können es auch so ausdrücken: Die Wirtschaft sind wir alle, und auf die eine oder andere Weise sind wir alle phasenweise Hersteller und Nutzer.

3.3.1 Die Ausbreitung zivilisatorischen Fortschritts

Der Weg in die Zivilisation, den im Laufe der Menschheitsgeschichte zahlreiche Kulturkreise eingeschlagen haben, ist durch Bewegung gekennzeichnet im Unterschied zu stationären Verhältnissen, deren Vitalität sich mit den äußeren Lebensbedingungen soweit arrangiert hat, dass der beständige Kreislauf von Werden und Vergehen unaufhörlich in sich selbst zurückkehrt. Der Weg in die Zivilisation ist ein geschichtliches Geflecht an Pfaden, die teilweise in die Irre führen und stecken bleiben und teilweise von unberechenbaren Umwegen gezeichnet sind. Sein Charakteristikum ist die Lernmethode von Versuch und Irrtum.

In jeder Gegenwart weist das Geflecht der Entwicklungswege in die Zukunft, aber kaum einer kann als sicherer Hauptweg gelten. Wir können heute nicht mit Gewissheit erkennen, wohin die Weltzivilisation treibt, auch wenn einige Hauptkräfte der Ausbreitung von zivilisatorischem Fortschritts, beispielsweise die Entdeckungen der medizinischen Technik oder die Raffinessen der elektronischen Steuerung wichtiger Lebensprozesse darauf hindeuten, wohin die Reise gehen könnte. Die Kulturgeschichte der Menschheit lässt sich nicht mit gleichen Methoden untersuchen wie die Naturgeschichte (die Evolution der Naturkräfte und ihrer Konfigurationen).

Worin sich beide, Natur und Kultur, zumindest formal ähneln, ist das langgestreckte, breit angelegte Voranschreiten nach der Anordnung von Versuch und Irrtum. Die Problematik dieser Methode steckt in den Risiken von Versuchen, wenn diese unbedacht und unkontrolliert ausgeführt werden und Irrtümer zu existenziellen Beeinträchtigungen der menschlichen Lebensbedingungen führen.

Der Vorausblick in die Zukunft und die Beurteilung des Risikopotenzials eines geplanten Projektes oder Produktes gehört zur Methode von Versuch und Irrtum wie das Geländer zu einer Brücke über einen Fluss. Das Eigenartige darin ist die Unbestimmtheit der Beurteilung oder Bewertung eines konkreten Schrittes in zweifacher Hinsicht: Führt er im Erfolgsfall tatsächlich weiter in Richtung eines Ziels und welche Konsequenzen hat das Scheitern hinsichtlich der Frage der Wiederholbarkeit des Versuchs? Das Problem: Viele Irrtümer stellen sich als solche erst heraus, wenn Fehlentwicklungen offenkundig werden und damit das Grundproblem der Unumkehrbarkeit konkreter Taten akut wird.

Diese allgemeine Situation umkreist den Nutzer eines sich ihm anbietenden Produktes als eine Mischung aus Verführung und Gefährdung, die jeden Versuch ad absurdum führt, seine Entscheidungen zu einer der Rationalität gehorchenden Konsumentensouveränität zu konstruieren. Wem beispielsweise von einem Produzenten ein technisch besonders leistungsfähiges und zugleich ästhetisch elegantes Haushaltsgerät angepriesen wird, kann im heimlichen Empfinden der Bequemlichkeit und dem Vergnügen an technischer Raffinesse verführt werden. Bedenken können sich indessen einschleichen, wenn der Nutzer erkennt, dass er damit, wie schon so oft zuvor, das technische Niveau seines Haushalts und damit seinen Verbrauch an elektrischer Energie deutlich anhebt.

Hinter diesen alltäglichen Unwägbarkeiten, denen sich die Nutzer gegenübersehen, steht ein ganzes Firmament an Vorteilen zugunsten der Nutzerseite, nämlich die Teilhabe am Prozess des zivilisatorischen Fortschritts, soweit dieser von der herstellenden Wirtschaft angeregt und vorangetrieben wird. Zivilisation ist kein reines Wirtschaftsergebnis, sondern ein umfassendes soziogenetisches Phänomen (Elias 2010a, 2010 b, Wuketits 2012, Rifkin 2011).

Der Wirkungsanteil der produzierenden Wirtschaft an den physischen Konfigurationen der Zivilisation ist, im Unterschied zu älteren Epochen der Kulturgeschichte, bemerkenswert hoch. Dabei geht es nicht um die Masse der physischen Erzeugnisse, sondern um die mentale Erzeugung von Produkten, die entweder kategorial neue Kreationen sind (z. B. die Erfindung des Telefons) oder innovative

Varianten von eingeführten Produkten (z. B. spezifische Züchtungen und Selektionen von Hochland-Kaffee aus den Anbaugebieten Guatemalas).

Der Prozess der Zivilisation, der historisch-organisch verläuft und der der kreativen Gestaltungs- und Handlungsspielräume bedarf, und zwar sowohl auf Seiten der Hersteller als auch auf Seiten der Nutzer oder Konsumenten, ist zwar kein präzise vorgezeichneter Entwicklungsweg. Aber er kann sich, auch zum Vorteil der Nutzerseite, nur ausbreiten und wachsen, wenn die Balance zwischen dem Profitinteresse der Hersteller und den Nutzeninteressen der Konsumenten auf eine hinnehmbare Weise austariert ist. Austariert will sagen, dass keine der beiden Seiten Ziele und Interessen absolut setzen kann, sondern im Interesse des Ganzen beide ein Mindestmaß an Nachgiebigkeit oder Kompromissbereitschaft aufbringen müssen. Die von der Volkswirtschaftslehre und insbesondere von der Betriebswirtschaftslehre bevorzugte (theoretische) Unterstellung, es ginge auf beiden Seiten um absolute Vorteilsmaximierung, ist weltfremd und erkenntnistheoretisch unergiebig.

3.3.2 Der Preis der kulturellen Unterordnung

Die abendländische Kulturgeschichte, die heute zum weltweit dominierenden Zivilisationsmodell auf der Grundlage individuellen Tatendrangs und (wenigstens theoretisch verankerter) individueller Mitverantwortung geworden ist, hat ihre kreativen und sozialen Energien aus dem Prinzip der Gewährung von Spielräumen mentalen Strebens und physischen Experimentierens bezogen. Die individuelle Motivation zu kühnen, zugleich wohlbedachten Taten, die subjektiv befriedigen, weil sie das persönliche Können bestätigen, und die sozial positiv entgolten werden (wozu natürlich auch der Profit gehört), wenn aus ihnen etwas Nützliches hervorgeht, hat – sicher nicht zu Unrecht – das vitale Individuum zum Prototyps einer sich entfaltenden, wachsenden Zivilisation gemacht.

Die motivierenden Antriebe zu wirtschaftlichen Leistungen zugunsten der gesellschaftlichen Versorgung richten sich auf die Erzielung von Profit aus gelungenen Dispositionen zur Beschaffung, Umwandlung und Darbietung von nützlichen Gegenständen. Für diese disponierenden Prozeduren gibt es keine Hindernisse außer den natürlichen und rechtlichen Rahmenbedingungen. Diese als gegeben vorausgesetzt, überzeugt zunächst die Logik der Gewinnmaximierung als rationale Wahl solcher für möglich bewerteter Taten, die den höchsten Gewinn versprechen. Gewinnmaximierung entspricht auf der Entgeltseite der individuellen Freiheit, im Rahmen des physisch Möglichen und rechtlich Erlaubten jede Gelegenheit zu nutzen, mit den verfügbaren Mitteln höchste Ergiebigkeit anzustreben.

Die gleiche rationale Logik gilt, mit umgekehrten Vorzeichen, auch für die Nutzerseite. Das Ergiebigkeitsprinzip, welches eine Haltung auszeichnet, die mit den begrenzten Mitteln (meist den Finanzmitteln) ein Höchstmaß an Nützlichkeit zu erlangen trachtet, setzt dem Konsumenten außer den geltenden Rahmenbedingungen keine Grenzen in der Jagd nach individuellem Nutzen und der Verwirklichung des individuellen Wohlbefindens oder Wohlstands.

Die Sachlage wird dadurch komplex, dass der Hersteller es in aller Regel nicht mit einem individuellen Klienten zu tun hat, dessen genaue Bedürfnisse er durch direkte Kommunikation herausfinden kann – dieser Fall kommt meist nur bei großen Vorhaben in Betracht, zum Beispiel beim Hausbau. Vielmehr muss er sich um Standardisierungen seiner Erzeugnisse bemühen, um der Tendenz nach die durchschnittlichen Bedürfnisse seiner Klienten in der Mitte zu treffen. Auf diese Weise rettet er seine Absicht, durch technisch rationalisierte Fertigung die (Kosten-) Vorteile routinierter Massenerzeugung zu verwirklichen, die ihm letztlich Wettbewerbsvorsprünge gewähren. Der Hersteller kann auf diese Weise selbst auch nur Durchschnittsklienten bedienen, während die Ränder ihm verschlossen bleiben.

Auf der Seite der individuellen Nutzer sieht es nicht anders aus. Ein Nutzer (Konsument, Erwerber, Verbraucher) wird nicht erwarten können, dass seine Bedürfnisse ohne Abstriche durch angebotene Produkte bedient werden. Er wird sich folglich auf angenäherte Erzeugnisse einstellen (müssen) und damit seinen Frieden machen. Die Individualität der Nutzer erlebt auf diese Weise Einschränkungen ihrer Absolutheit, also Zugeständnisse an die Kompromisshaftigkeit wirtschaftlich tragfähiger Produkteigenschaften. Darin liegt kein unangemessener Schritt in die Unterdrückung von Individualität, sondern ein subjektives Eingeständnis des sozialen Charakters jedes menschlichen Lebens.

Diese Problematik kann, daran gibt es keinen Zweifel, in manchen Situationen dennoch zu einem Diktat der Standardisierungen werden, wenn den Nutzern so gut wie keine Chance mehr gewährt wird, auf die Gestaltung von Produkten Einfluss auszuüben und die Standardisierung praktisch nur noch das Rationalisierungsinteresse des Herstellers zur Geltung bringt. Die Konsumentensouveränität verkümmert zu einem frommen Wunsch der Theoretiker, weil sie zu einem statischen Postulat wird, statt sich mit den Prozeduren selbst zu befassen.

Der Verabsolutierung des Individuums (bis hin zum skurrilen Homo oeconomicus) übersieht, dass der Mensch als Kulturwesen ausnahmslos und unwiderruflich in eine soziale Welt hineingeboren wird, die den Prozess der individuellen Zivilisierung zwar pädagogisch und gesellschaftlich unterstützen kann (und dies auch tut), die aber ihren eigenen Bestand als überindividuelles Gebilde nicht in Frage stellen wird, indem sie dem Individuum Vorrang einräumt, so wenig wie das Gegenteil zur dauerhaften Zivilisation führen kann, wenn Individualität durch soziale Bedingungen erdrückt wird.

So kommt es in den Prozeduren des Marktverkehrs zu Formen kultureller Unterordnung von Nutzerinteressen unter die von den Herstellern gesetzten Bedingungen, hinter denen jedoch nicht immer die pure Profitsucht steckt, sondern technische Notwendigkeit für eine wirtschaftlich tragfähige Fertigung von Erzeugnissen. Nicht das Prinzip der Unterordnung ist das Problem, sondern die für eine stabile Zivilisation notwendigen Sozialwerte und –muster müssen der Maßstab sein.

3.4   Kommunikation als konstruktive Energie

Der Mensch ist ein soziales Wesen, also auf Verständigung unter seinesgleichen angewiesen. Sprache ist das Medium der Verständigung, worin nicht nur die grammatisch-logische, semantisch gehaltvolle Wortsprache gemeint ist, sondern auch Gebärdensprache, Körpersprache, Tonsprache und Bildsprache. Wir können noch einen Schritt weitergehen und auf Objektsprache übergehen. Sie ist vielleicht eine Urform der Verständigung, die auch heute noch vielfach praktiziert wird, beispielsweise mit der Überreichung eines Blumenstraußes an einen verehrten Menschen. Kleinkinder im vorintellektuellen Alter bedienen sich dieser Verweissprache mit dem Zeigefinger oder der greifenden Hand auf Gegenstände des Begehrens.

Kommunikation begründet, pflegt und differenziert soziale Beziehungen. Sie gilt deshalb als konstruktive Kulturenergie, ohne die ein einzelner Mensch verkümmern würde. Die dem Kleinkind langsam zuwachsende Kompetenz der Nutzung der Wortsprache ist zweifellos fundamental und notwendig, um den Übergang zum Erwachsenendasein in einer mental hochgradig komplexen Lebenswelt bewältigen zu können. Eine ähnlich fundamentale Bedeutung hat, auch schon im Kleinkindalter, das Herstellen von etwas Dinglichem.

Die semantische Seite im Herstellen, beispielsweise eine Kinderzeichnung oder die bauliche Anordnung von Spielklötzen, verweist auf die mentale Rolle von Objekten als Medien der Mitteilung. Diese dinglichen Objekte sind mit ihrer Bedeutung Elemente einer sozialen Sprache, und sie sind oft auch nur Sprachelemente, z. B. Votivfiguren im religiösen Zusammenhang. Die sprachliche Seite bleibt als lesbare Hülle auch dann noch erhalten, wenn diese Objekte dem Konsum zugeführt werden, also kommerzielle Waren darstellen. Man verzehrt nicht einfach etwas Nahrhaftes, sondern nimmt es – bewusst oder nicht – in einem kulturellen Ritual in sich auf.

Diese mentale Hülle hergestellter Gegenstände entsteht im gestaltenden Bewusstsein und ist „lesbar", wenn die Kunst der Deutung eines Gegenstandes beherrscht wird. Die komplexeste Deutungskunst ist erforderlich, um filigrane Kunstwerke zu verstehen, also die stumme Kommunikation zwischen einem schaffenden Künstler und einem empfangenden Betrachter, vermittelt durch das Kunstwerk. Auch bei kommerziellen Produkten spielen sich solche Formen stummer Kommunikation ab, wenn auch in der Regel deutlich weniger komplex und weniger belangvoll als bei Kunstwerken.

Es käme wohl kaum jemand auf den Gedanken, bei einem Kunstwerk die reine Materialität des Objektes, etwa eines Gemäldes oder einer Skulptur, zum Hauptthema der lesenden Kommunikation mit dem (gewöhnlich ja nicht anwesenden) Künstler zu machen. Allerdings mit Ausnahmen: Die Wahl des Materials für eine Skulptur (Holz, Marmor, Bronze, Beton usw.) ist meist selbst ein Sprachakt des Künstlers. Er kann – beispielsweise – die Herbheit eines Gesichts in Holz schnitzen, weil andere Materialien das Kantige der Falten nicht zur Geltung bringen.

Das ist bei kommerziellen Erzeugnissen kaum anders, wenngleich der physische Nutzen, die Funktionsgestaltung des Produktes, ein erhebliches Gewicht hat. Ein Fahrzeug, das sich nicht fahren lässt, ist eben nutzlos, auch wenn es vielleicht schön aussieht. Dennoch sind kommerzielle Erzeugnisse stets von einer bedeutungsträchtigen mentalen Hülle umgeben, die die Zugriffsentscheidungen der Nutzer maßgeblich bestimmt. Das Gewicht der Semantik von Objekten nimmt zu, je verlässlicher die Versorgungslage erscheint. Wer nicht von Hunger bedroht ist, kann seinen täglichen Speiseplan mit allerlei Raffinessen ausstatten.

Zweifellos ist die Lage unter sozialen Bedingungen von Armut, drohendem Mangel an Nahrungsmitteln und sonstigen Versorgungsleistungen anders. Das ist nicht nur die Kehrseite der auf Wohlstandsmehrung getrimmten Zivilisation westlicher Provenienz, sondern bedeutet auch eine Relativierung der Thesen, die in dieser Abhandlung diskutiert wurden und noch werden. Unsere Überlegungen zur medialen Natur der Produkte hat deshalb nur Relevanz in zivilisatorisch fortgeschrittenen Gesellschaften. Diese einschränkende Feststellung kann allerdings nicht bedeuten, die westliche Zivilisation als Maßstab für den Rest der Welt zu propagieren. Wir wissen nicht, wohin uns die westliche Zivilisation führen oder verleiten wird.

Unsere Argumentationen geben Kunde von der fortschreitenden Vergeistigung und Virtualisierung westlicher Zivilisationen, die ihre physische Basis, nämlich die industrialisierte Produktion von Massenerzeugnissen, hochgradig standardisiert und rationalisiert (Bendixen 2014) und dadurch entgrenzte Welten geistiger (denkender und fühlender) Erlebnisse und Erfahrungen schafft. Je weiter diese Entwicklung vorankommt, umso stärker kommen die Medien, insbesondere die elektronischen Medien, ins Spiel. Während die technische Produktion sich ohne Medien „entgeistert", werden die Erlebniswelten mit Hilfe der Medien „begeisternd" überladen.

3.4.1 Kommunikation als soziales Wechselverhältnis

Es mag strittig sein, ob die Erteilung eines Befehls, der widerspruchslos befolgt werden muss, überhaupt etwas mit Kommunikation zu tun hat. Allenfalls könnte man von einer kommunikativen Einbahnstraße sprechen, die in hierarchischen Sozialstrukturen nicht selten sind. Die Regel aber ist ein Wechselverhältnis zwischen den Teilnehmern eines Verständigungsprozesses. Eine Mitteilung an andere bedarf nur in den allereinfachsten Situationen keiner Bestätigung durch den Empfänger, wenn kein Zweifel über die Bedeutung der Mitteilung besteht. In allen anderen Fällen kommt es zu einem mehr oder weniger ausgeweiteten (unter Schwätzern auch ausufernden) Austausch über einen Sachverhalt, um sicherzustellen, dass das Beabsichtigte verstanden wurde und die erforderlichen Konsequenzen, beispielsweise physische Handlungen, tatsächlich gezogen werden.

Der laufende Austausch von Daten und ihren Bedeutungen hat eine formende Gestalt, denn an seinem Schluss steht ein für ausreichend erklärtes Maß an Einigung über den betreffenden Vorfall oder das beabsichtigte Vorhaben. Der Kommunikationsprozess spitzt sich zu, indem im Austausch zwischen den Kommunikanten unzutreffende oder störende Informationsgehalte ausgeschieden werden. So bildet sich – im Regelfall – ein beiderseitig tragfähiges Einvernehmen über einen Sachverhalt und damit eine Gewissheitslage, die ein soziales System funktions- und arbeitsfähig macht.

Das Wechselverhältnis wird in Befehlssituationen scheinbar durchbrochen, da diese von Seiten der Empfänger eines Befehls keine irgendwie bestätigende oder womöglich streitbare Widerrede erwarten oder zulassen. Scheinbar ist dieses Wechselverhältnis durchbrochen, wenn man nur den unmittelbaren Vorgang selbst wahrnimmt, nicht aber die sozialen Strukturen, die im Hintergrund mitwirken oder, wenn man so will, mitreden. Verfahrensregeln, die für alle Standardsituationen anzuwenden sind, bedürfen keiner umfangreichen Deutungsarbeit, sondern erklären ohne Umschweife, was zu tun ist. Kommunikation als Wechselprozess ergibt sich nur, wenn eine Situation eintritt, die keiner Verfahrensregel eindeutig zuzuordnen ist.

Mit diesem schnittmusterartigen Bild von der Kommunikation in einem sozialen Verbund, sei es eine Behörde oder ein Produktionsbetrieb, sei es eine militärische Einheit oder eine Theatertruppe, haben wir die institutionalisierten Formen von strukturbildenden Verständigungsprozessen in Sozialkörpern thematisiert, ohne dies im Einzelnen darzulegen und auszuloten (Hohm 2005; Birker 2004; Luhmann 1987). Diese Fragen stellen sich jedoch etwas anders, wenn wir den großen, übergreifenden Bogen des Zusammenhangs von Produktion und Konsumtion in Betracht ziehen. Die historische Entwicklung der modernen Zivilisation hat Zugriffs- und

Gestaltungsvorteile zugunsten der Hersteller zugelassen, die weiterhin einer etwas genaueren Erörterung bedürfen.

3.4.2 Die mediale Produktion von Produkten

Die Medien bieten bild- und tontechnische Erweiterungen, Ausbreitungsreichweiten, Aufmerksamkeitsakzente und viele weitere Elemente der öffentlichen Kommunikation, die zwar nicht nur, aber in verstärktem Umfang die Produktion von Produkten als abstrakten kommerziellen Waren an sich ziehen. Das bedeutet, dass die Medien nicht die Erzeuger selber sind, wohl aber die Gestalter und Beschleuniger dessen, was im Spannungsfeld zwischen Herstellern und Nutzern in Erscheinung tritt und in oft umwegreichen Verständigungsprozessen Prägnanz gewinnt, so dass die physische Erzeugung die notwendige wirtschaftliche Sicherheit erlangt.

Die Vermittlerrolle der Medien ist dennoch nicht neutral, sondern greift in die mentalen Produktgestalten ein. Das hängt im Wesentlichen damit zusammen, dass die technische Übertragung von bildlichen und tonalen Mitteilungen die Wahrnehmungsdimensionen, die für die mentale Verarbeitung eine entscheidende Rolle spielen, aus technischen und aus denkpsychologischen Gründen verändern, abschneiden oder mit neuen Inhalten verschmelzen. Die unvermittelte Wahrnehmung von Gegenständen spricht, mit unterschiedlicher Intensität, sämtliche Sinnesorgane und Sinnesempfindungen an, und dies in einer spezifischen Kombination zu einer ganzheitlichen Wahrnehmung.

Die Empfindungen beim Ernten eines reifen Apfels vom Baum machen nicht beim Gegenstand Halt, sondern lassen das Gehirn interpretierend teilnehmen an den äußeren Umgebungsumständen (dem herrschenden Wetter, dem Standort, den zufällige oder gesetzten Mitpflanzen, den Windgeräuschen im Blattwerk und flatternden Vögel im Geäst). Den Apfel selbst nimmt man in die Hand und fühlt seine Gestalt, die sich ausbreitenden Gerüche, wenn man seine Schale reibt und den Apfel unter die Nase hält. So komplettieren wir den ganzheitlichen Eindruck von Reife. Damit kann, beispielsweise, der Entschluss fallen, die gesamte Ernte einzuholen, bevor die ersten Anzeichen von Überreife eintreten.

Der Entschluss zur Ernte ist keine Kalkulation, keine isolierte Optimierung der einzelnen Bestandteile eines reifen Apfels, sondern eine ganzheitliche mentale Präsenz, die den Verstand zwar nicht ausschließt, aber der Intuition Raum gibt, dass jetzt der Zeitpunkt für die Ernte gekommen ist. Diese holistischen Empfindungen können sich nur in der unmittelbaren Erfahrung bilden. Der Versuch, den Reifezustand des Apfels in übertragbare Sprache zu bringen, ist unweigerlich mit einem Verlust an Informationsdichte und -komplexität verbunden. Nicht einmal ein Dichter wäre in der Lage, mit ausgewählten Worten und Sätzen den Zustand des Apfels zu beschreiben. Wer einmal einer Weinprobe hat beiwohnen können, weiß aus Erfahrung, dass es kaum möglich ist, die Eigenschaften eines Weines sprachlich zu fassen. Es bleibt bei (zuweilen recht komischen) Hilfskonstruktionen, und die können einen Interessenten, der diese Beschreibungen dann auf der Preisliste findet, arg in die Irre führen.

Der Übergang in mediale Techniken zur Beschreibung und mentalen Erzeugung von Produkten hat zwangsläufig Beschneidungen und Verengungen zur Folge. Weder können die Faktoren des Ambientes eines Produktes, wie soeben bei dem Apfel beschrieben, noch können die Feinheiten der Geruchsnuancen oder die Natürlichkeit der Begleitgeräusche ohne Informationsverluste übertragen werden.

Der Wahrnehmende solcher medialen Mitteilungen ist auf die Kunst der Deutung angewiesen, die zu den wichtigsten Komponenten kommunikativer Kompetenz gehören. Was an Erfahrungen und emotionalen Erlebnissen im Gedächtnis gespeichert ist, kann, wenn dies genügend trainiert wurde, mit wenigen Worten oder einem bildhaften Begriff abgerufen werden. Wer dies nicht gelernt hat, kann keine Speisekarte im Restaurant lesen, um ein passendes Gericht auszuwählen.

Daraus folgt, dass sprachliche Repräsentanz von realen Gegenständen und ihrem dinglichen Ambiente ein gangbarer und kulturell ergiebiger Weg sein kann, die individuellen und sozialen Lebensverhältnisse sinnvoll zu gestalten. Voraussetzung dafür aber ist die Reichhaltigkeit von komplexen, ganzheitlichen Erlebnissen und Erfahrungen in der realen Welt, die im Gedächtnis gespeichert sind und zu geeigneten Momenten abgerufen werden können. Das ist eine eminente Bildungsaufgabe, die vor allem Kindern zuteilwerden muss. Wer, um ein ganz anderes Beispiel heranzuziehen, ein Musikinstrument zu spielen gelernt hat und gelegentlich Live-Konzerte besucht hat, kann mit einer Schallplatte oder Compact Disc problemlos seinen Genuss arrangieren, weil das Gehirn dann in der Lage ist, die technisch unvermeidlichen Verengungen der Geräuschdimensionen einer CD durch Rückgriffe auf das Gedächtnis zumindest zu einem erheblichen Teil zu kompensieren.

Im Großen und Ganzen bieten die heute geläufigen und von den Marketingexperten bevorzugten Medien eine stützende Struktur für die kommunikative Erzeugung von mentalen Produkten. Dies funktioniert relativ reibungslos, solange die Empfänger von produktbezogenen Mitteilungen, in der Regel also die Konsumenten, über einen fundierten Gedächtnisvorrat an sinnlichen, ganzheitlichen Erfahrungen und Erlebnissen verfügen. Viele Konsumenten aber kennen die am Markt zirkulierenden Produkte nicht aus Erfahrung oder allenfalls aus oberflächlichen Gebrauchserlebnissen mit Exemplaren des Produktes, sondern unterliegen oder erliegen der verführerischen Aufmachung von medialen Präsentationen. Die aus diesen Präsentationen mitgenommenen Eindrücke stimmen oft nicht überein mit den Realitäten der Gegenstände, die als Exemplare des Produktes erworben und in Gebrauch genommen werden.

3.4.3 Die asymmetrische Kommunikation über die Medien

Ein technisch nicht umgehbares Problem der medialen Kommunikation in der Öffentlichkeit ist die Asymmetrie der Mitteilungsströme. Während sich die Anbieter von Waren vorzugsweise solcher Medien bedienen, die eine breite öffentliche Streuung bieten, stehen Konsumenten vor einer ganz anderen Frage: Wie können sie ihre Erwartungen und Qualitätsanforderungen an die Hersteller herantragen unter Umgehung der gängigen Medien. Die Umgehung ist deshalb notwendig, weil weder die Presse noch Funk und Fernsehen für individuelle Einzelmitteilung offen sein können. Dies hauptsächlich aus dem Grund, dass diese Medien ihrerseits Aufmerksamkeit in der Öffentlichkeit durch inhaltlich substanzielle Berichte, Nachrichten, Dokumentationen und Unterhaltungsangebote erzielen müssen, um beiläufig Werbebotschaften mitführen zu können. Die Medien unterliegen der Notwendigkeit der kulturellen Standardisierung in gleicher Weise wie die Hersteller dinglicher Erzeugnisse.

Die Asymmetrie der Kommunikation, selbst wenn sie technisch überwunden werden könnte, was andeutungsweise in den elektronischen Medien bereits der Fall ist, bleibt ein Faktum, das die marktwirtschaftlichen Strukturen durchzieht. Es wäre für die Hersteller mit ihren technisch teilweise ausgefeilten Fertigungsanlagen, die auf stetige Produktion angelegt sind, verheerend, könnten die Konsumenten direkt in die Erzeugungsvorgänge intervenieren. Dem vorzubeugen, bleibt im Grunde kein anderer Weg, als bereits im Vorfeld der Herstellung mentaler Produkte, die in hohes Maß an Kongruenz zwischen Machbarkeit und Erwartungen erreichen, genügend sichere, kulturell standardisierte Vorlagen für die physische Produktion zu schaffen.

Dazu bedarf es geeigneter Kommunikation zwischen Herstellern und Konsumenten in den verschiedensten Kanälen der direkten und indirekten Verständigung: Messen, Ausstellungen, Pilotprojekte, Tests, Befragungen und andere Marketinginstrumente. Dennoch bleibt ein Rest an Einflussungleichgewicht. Die Gestaltungsfreiheiten der Hersteller, die die Formate ihrer Produkte zwar nicht selbstherrlich, wohl aber aus technischen Gründen dominierend bestimmen, haben – auf das Ganze der Zivilisationsentwicklung gesehen – ein deutlich höheres Maß an Verantwortung für die Geschicke der Gesellschaft zur Folge. Diese an die Freiheit angebundene Verantwortung ist ein Stiefkind der betriebswirtschaftlichen Theorie und akademischen Lehre. Das Gebiet der Wirtschaftsethik gehört in die

Mitte der Erkenntnisanstrengungen dieser Disziplin. De facto aber findet man es allenfalls am äußersten Rand.

Die Einheit von Freiheit und Verantwortung 4

4.1   Begriffliches

Freiheit, wie sie in dieser Abhandlung verstanden wird, ist ein individuell nutzbarer sozialer Raum für geistig-schöpferische Vitalität, dessen Grenzsaum von rechtlichen, sittlichen, kulturellen und politischen Werten und Lebensmustern gebildet wird. Die durch Naturgesetze aufgerichteten Tatgrenzen spielen hierbei insofern keine Rolle, als sie nur bei physischen Eingriffen in die Dingwelt wirksam werden, nicht aber schon im Denken.

Wohl aber sind die Gegebenheiten der Dingwelt, bestehend aus natürlichen Objekten und Konfigurationen sowie aus den Kulturwerken, die der Mensch in seiner natürlichen Umwelt errichtet hat, Gegenstand der Reflexion. Das Denken kann diese natürlichen Grenzen beliebig überschreiten, was gewöhnlich jedoch nur die Künstler und Dichter tun. Der herstellende Mensch dagegen schaltet sinnvollerweise gedankliche Prüfstände ein, die die Tragfähigkeit und dingliche Ausführbarkeit von etwas Gedachtem ausloten. Undurchführbares, das die Naturgesetze bricht und Unverantwortbares, das die sittlichen Limitationen bricht, wird möglichst schon im planenden Denken ausgeschieden, bevor es zu unumkehrbaren physischen Realisierungen kommt.

Der Grenzsaum, von dem die Rede war, ist keine glasklare Linie, sondern eine Übergangszone, in der Unverträglichkeiten hinsichtlich der Belastbarkeit der Natur und der kulturellen Akzeptanz oder Sittlichkeit sich erst in einer Reihe von Versuchen zeigen, wenn diese sich als Irrtümer herausstellen. Ein Freiraum lässt an seinen Rändern individuelle Tests zu, die, wenn sie sich als tragfähig erweisen, die Weite des Raumes vergrößern können. Was die Naturgesetze angeht, so kann die Erweiterung des Wissens zeigen, wo die tatsächlichen Grenzen der Belastbarkeit natürlicher Gegebenheiten liegen, was gleichwohl zu strittigen Grenzfestlegungen in Form von gesetzlichen Vorschriften führen kann. Was die kulturellen Normen und Muster angeht, setzt die Erweiterung der individuellen Handlungsspielräume ein entsprechend erhöhtes, gewissermaßen mitwachsendes Maß an Verantwortung voraus.

Der Raum der Freiheit, den das gestaltende Bewusstsein in Anspruch nehmen kann, ist Teil des individuellen Bewusstseins. Es regt die spielerischen, schöpferischen, formenden Geistesbewegungen des Einzelnen an, die in der Außenwelt in zwei Richtungen wirken: in die Formarbeit in der realen Welt der materiellen Dinge und in der sozialen Welt der Verständigungen, in denen es um die Bekräftigung von Werten und Lebensmustern oder deren Verschiebung geht.

Individuelle Formarbeit in der Dingwelt leistet der tätige Mensch sowohl als Künstler und Hersteller nützlicher Objekte und Objektkonstellationen als auch als Nutzer (Konsument) eben dieser Dinge. Im Grenzfall sind Hersteller und Nutzer ein und dieselbe Person und beides geschieht uno actu, beispielsweise der unmittelbare Verzehr eines vom Baum gepflückten Apfels. Im Regelfall liegen beide Tätigkeiten zeitlich und räumlich auseinander, gewöhnlich verteilt auf verschiedene Personen.

Das Auseinanderdriften von Herstellen und Nutzen in den Sozialstrukturen bedeutet keineswegs den Zerfall sozialer Verbindungen, sondern erfordert Verständigungsprozesse, die in der Realität hochgradig komplex verschnürt sind. Teilweise sind sie institutionalisiert, z. B. im Rechtswesen. Teilweise durchdringen sie die mentalen Freiheitsräume und ertasten die soziale Vereinbarkeit (Kompatibilität) von Absichten auf kommunikativem Weg. Der Prozess der Verständigung geschieht permanent, und zwar entweder mit dem Ergebnis einer generellen Regelung, z. B. Schaffung einer gültigen Norm, oder Erzielen einer fallweisen Einigung, z. B. Festlegung eines Produktes in einem Kauf- oder Werkvertrag.

Die Verständigungsarbeit, die vom Individuum ausgeht und sich an Individuen wendet, seien diese benennbare Adressaten oder eine anonyme, nur vage ausgemachte Öffentlichkeit, konstituiert und belebt die abstrakte Kopfregion des Sozialverbandes. Hier bildet sich unter den beteiligten Individuen eine fließende, pulsierende, nicht konturenscharfe Schnittmenge an übereinstimmenden Vorstellungen über individuelle Freiräume, die den Nukleus der Kultur ausmachen. Der Grenzsaum dieser Schnittmenge ist dehnbar, zusammenziehbar, deutbar, gestaltbar und strittig. Aus individuellen Grenzüberschreitungen gehen Kreationen hervor, die in der materiellen Dingwelt zu Innovationen werden, sofern sie die Verständigungsprozesse überstehen.

Grenzüberschreitungen sind individuelle Versuche, aus dem Freiraum heraus in Neuland vorzudringen in der Erwartung, für gelungene Vorstöße in Richtung fortschreitender Zivilisation entgolten zu werden, sei dies durch soziale Anerkennung, z. B. Privilegien, Macht oder Gewährung von Geborgenheit, oder sei dies durch materielle Vergütungen, häufig durch Geld oder Wertobjekte anderer Art. Die gängigste Form in der Marktwirtschaft ist der Gewinn. Der unmittelbare

Zusammenhang von Tat und Entgelt betrifft alle tätigen Menschen, in besonderer Weise die Hersteller (Künstler und Warenproduzenten). Die konkrete Wirtschaftsentwicklung in dynamischen, d. h. Fortschritte anstrebenden Gesellschaften hat ausnahmslos den Grundzug der Hervorbringung von Kreationen, die sich als nützlich erweisen müssen (und dann als Innovationen gelten) und in Form von Geld entgolten werden, das sich bekanntlich als Gewinn darstellen lässt. Der (wirtschaftliche) Prozess der Schöpfung (Erfindung, Entdeckung, Konstruktion) von etwas Neuem bedarf der mentalen Freiräume des Denkens unter Einschluss des realen Betretens von Neuland auf der dinglichen Seite, nämlich der Präsentation der Innovation. Deshalb bedeutet jede Form der (rechtlichen, sittlichen, politischen) Strangulierung von mentalen und physischen Freiräumen eine Drosselung der (mentalen) Kreativität und (dinglichen) Innovationen auf dem Weg in fortschreitende Zivilisationszustände.

Grenzüberschreitungen sind aus den genannten Gründen die historische Bewegungsmasse, bestehend aus tätigen Menschen in kulturell verbundenen Lebensgemeinschaften. In jeder Grenzüberschreitung durch einen tätigen Menschen liegt ein Gefahrenmoment in einem unübersichtlichen, bisweilen unergründlichen Bündel an Risiken. Gemeint sind mit Risiken nicht in erster Linie die Gefahren des individuellen Scheiterns – sie liegen in der Natur des Tätigseins –, sondern in ungeahnten und nicht selten unberechenbaren Belastungen und Zumutungen der sozialen Öffentlichkeit in der langzeitlichen Folge bestimmter Taten in der Gegenwart. Risiken, die die Individuen eingehen, werden zu sozialen Belastungen, wenn sie ahnungslos zu Massenerscheinungen werden, wie Ulrich Beck ausführlich beschrieb (Beck 1986, Beck 2008).

Die Problematik zeigt sich darin, dass solche Belastungen und Zumutungen von der Öffentlichkeit erst wahrgenommen werden können, wenn sie unumkehrbar faktisch geworden sind. Nur der tätige Mensch als Grenzüberschreiter kann in der Phase der Vorbereitung einer innovativen Tat, also noch während des schöpferischen Denkens, Bedenken zur Sprache bringen und nach Rechtfertigungen suchen, bevor dingliche Fakten geschaffen werden. In sensiblen Bereichen, beispielsweise in der pharmazeutischen Industrie, verlässt sich die Gesellschaft nicht auf die Seriosität bedenkender Überprüfungen und schreibt Nachweise für die Schadlosigkeit einer Neuerung gesetzlich vor.

Aus diesem Zusammenhang lässt sich das generelle Postulat ableiten, dass die Inanspruchnahme von Freiheiten im sozialen Raum untrennbar mit der Verantwortung für die daraus hervorgehenden Taten und ihre Konsequenzen verkoppelt ist. Dies gilt für den herstellenden Menschen, und in gleicher Weise und prinzipiell gilt dieses Postulat auch für den nutzenden Menschen, wenn er – beispielsweise – das offene Gelände einer Landschaft zu seiner Erbauung nutzt und verantwortlich seinen Müll beseitigt. Freiheit und Verantwortung ist als Einheit unteilbar für alle, die sich diesem Bedingungsrahmen stellen und ihn nutzen, also für die Erzeuger ebenso wie für die Verbraucher oder Nutzer des Erzeugten.

Die Grundfigur der Einheit von Freiheit und Verantwortung ist der Maßstab für die Vernunft einer Zivilisation, und diese Vernunft (die weit über die bloße ökonomische Rationalität hinausreicht) gilt ohne jeden Abschlag für alle wirtschaftenden Dispositionen. Diese – und keine andere – Vernunft ist der Nukleus der Wirtschaftsethik. Wirtschaftsethik ist die auf das Produzieren und Nutzen von Gütern und Diensten fokussierte *Einheit* von Freiheit und Verantwortung (Bendixen 2013).

Die Vorstellung einer Arbeitsteilung zwischen der Freiheit der Märkte, die den Produzenten uneingeschränkt zur Verfügung steht, und der Verantwortung der Zivilgesellschaft und ihrer staatlichen Stellvertreter für die außerwirtschaftlichen Folgen ist eine unhaltbare Verzerrung der Zusammengehörigkeit von Freiheit und Verantwortung. Diese Verzerrung führt dazu, dass die Produzenten im Rahmen ihrer Freiheiten ihren Gewinn maximieren im guten Glauben, dass die Folgen solcher Handlungsweisen von den verantwortlichen Institutionen der Gesellschaft und des Staates durch Gesetze und Rahmenverordnungen in vertretbarem Umfang aufgefangen werden. Sie führt auf Seiten der Politik zu der Überzeugung, dass es ausreiche, geeignete Rahmenbedingungen zu schaffen, und im Übrigen den Dingen ihren freien Lauf zu lassen. Solche Arbeitsteilung zwischen Freiheit und Verantwortung ist nicht zu verantworten. Das kann auf die Dauer nicht gutgehen.

4.2   Die Produktivität des gestaltenden Denkens

4.2.1   Die Zufälligkeit des Einfalls

In kosmischen Dimensionen gilt der Zufall als kreative Urkraft der Entstehung von relativ instabilen bis relativ stabilen Strukturen aus chaotischen Schwingungen und schließlich von stabiler Materie als extreme Verdichtung von Schwingungen (Zeilinger et al. 2007, Dürr 2011, Dürr 2012, Taleb 2013). Der kosmische Zufall hat eine für den Menschen nicht steuerbare Kraft des Aufbaus komplexer Strukturen, die aber zugleich den unbeugsamen Kräften der Thermodynamik unterworfen sind. Es entstehen auf diese Weise energetische und materielle Zustände, die zunächst ohne Sinn bleiben, bis sie vom wahrnehmenden Menschen mit Bedeutung bedacht werden.

Schwingungen der Luft, die an das menschliche Ohr dringen, sind reines Rauschen, wenn nicht eine Ordnung erkennbar wird, die dem Rauschen einen Sinn gibt, nämlich einen Ton. Der Ton aus einer Trompete ist eine stabile Schwingung des Luftstroms, deren Eigenschaften vom Material der Trompete und der Form ihres Blasrohrs bestimmt werden. Ein Ton kann jedoch auch aus purem Zufall hervortreten, wenn ein Luftstrom, etwa ein Windstoß, einen festen Hohlkörper erwischt, etwa die Drähte eines offen hängenden Stromkabels oder noch zufälliger: den Hohlraum in einem Fels. Der in der Natur wirkende Zufall ist ein gelegentlich staunenswertes Ereignis, das dem Menschen Bewunderung abzuringen und ihn sogar zu kreativem Schaffen durch Imitation anzuregen vermag, wie wir aus der gesamten Musikgeschichte wissen.

Der Mensch kann, und er hat es in seiner lange Kulturgeschichte ununterbrochen getan, physische Anordnungen finden, erfinden und herbeiführen, die dem Zufall eine Ordnung aufzwingen und somit stabile Zustände schaffen, denen der Mensch Sinn verleiht. Die Tonleitern, die mit einem Musikinstrument oder der menschlichen Stimme eine Intervallstruktur erzeugen, sind vom Zufall in eine vom Menschen kreierte Ordnung transferiert worden.

Kunstwerke ebenso wie Bauwerke aller Art und schließlich die nützlichen Dinge des Alltags sind, von ihrem geistigen Ursprung her, stets formende Bewegungen aus der (relativen) Unordnung in eine (relative) Ordnung. Der Anfang aller Kreativität liegt daher im Chaos der Unordnung und Instabilität. In der festen Ordnung hat Kreativität keinen anderen Ansatzpunkt als den, sie zu zerstören, um im Spiel mit den chaotischen Elementen eine neue Ordnung aufzurichten.

Zerstörungen im Kleinen ebenso wie Revolutionen im Großen erschrecken im ersten Anblick durch die Kräfte der Zerstörung, in denen nicht erkennbar wird, welches die neue Ordnung sein wird, die hernach geschaffen werden soll. Die physischen Energien der Zerstörung sind andere als die geistigen Energien der Konstruktion des Neuen. Die Zerstörer sind daher nicht zwangsläufig auch die geeigneten Konstrukteure des Neuen. In diesem Punkt hatte Joseph A. Schumpeter mit seiner Idee vom Unternehmer als kreativem Zerstörer nicht Recht (Schäfer 2008). Einen Wald mit einer Baumsäge niederzulegen, ist etwas anderes, als ihn wieder aufzuforsten. Allein der Zeitbedarf ist geradezu konträr. Das Neue zu betreiben, setzt nicht zwangsläufig voraus, das Alte zu zerstören. Es kann auch einfach dem Vergessen überlassen werden.

Voraussetzung für die Kreation von Einfällen durch Spielen ist ein von sperrenden Zwängen befreites Gehirn, das sich den ungeordneten Bewegungen von Gedankensplittern, Bildfragmenten, Fetzen der Erinnerung und ungefragt über die Sinnesorgane eindringenden Außeneinflüssen überlässt. Mit anderen Worten: Das vom hellwachen Verstand kontrollierte Bewusstsein kann zu einer Blockade des spielerischen Denkens werden, weil es den fruchtbaren Einfällen keinen Raum gibt und zufällige figurative Ballungen (neuronale Schwingungen um einen stabilen Kern), die einen Sinn ergeben und womöglich zu realisierbaren Gestalten führen, verpasst.

4.2.2 Das Spiel mit Versuch und Irrtum

Um etwas Neues zu schaffen, das einen mitteilungswürdigen Sinn (so im Kunstschaffen) oder einen entgeltfähigen Nutzen (so in der herstellenden Wirtschaft) ergibt, sind zwei grundsätzliche Herangehensweisen möglich: die rationale Konstruktion und die Methode von Versuch und Irrtum. Beide stehen sich einerseits diametral gegenüber, andererseits können sie sich unter bestimmten Bedingungen sinnvoll ergänzen.

Die rationale Konstruktion ist eine nicht nur in der Wirtschaft und bei technischen Projekten verbreitete und vielfach bewährte Methode, deren Sinn und Zweck sich darin erfüllen, dass ein genau beschriebenes Ziel oder Projektergebnis auf dem geraden Weg und unter sparsamer Verwendung von einzusetzenden Mitteln mit gesicherten Konstruktionsprinzipien erreicht wird. Zahlreiche technische Großprojekte wie beispielsweise der Eisenbahntunnel unter dem Ärmelkanal (Eröffnung 1994) oder der Elbtunnel in Hamburg, aber auch viele kleine, weniger durch Komplexität belastete Projekte zeigen, dass die Realisierung zwar häufig unerwarteten Problemen gegenübersteht und zusätzliche Kosten verursacht, dass am Ende aber ein weitgehend gesichertes Bauwerk der Öffentlichkeit übergeben werden kann.

Wenn die für konstruktive Planungen erforderlichen Voraussetzungen erfüllt werden, u. a. die Beherrschung der Technik, die gefestigten physischen Grundlagen, die präzise Bestimmung des Endzwecks und weitere, kann mit dem verfügbaren Ingenieurwissen die rationale Konstruktion zu einem wirtschaftlich vertretbaren Ergebnis führen. Gelingt dies alles, so ist dem Prinzip des sparsamen Umgangs mit knappen Mittel Genüge getan.

Bekanntlich haben vor allem Großprojekte in dieser Hinsicht erhebliche Probleme in der Praxis (Bergmeister 2013). Andererseits sind solche Projekte aus naheliegenden Gründen für eine Praxis von Versuch und Irrtum ungeeignet. Versuche zu dem Zweck, die Machbarkeit und Tragfähigkeit einer Problemlösung experimentell zu ermitteln, scheitern daran, dass jeder Fehlversuch zu unkalkulierbaren, vielleicht mörderischen Konsequenzen führt. Welche Versuchsanordnungen hätten beispielsweise durch eine Serie von Tests Klarheit im Projekt des Brenner Basistunnels erbringen können?

Die Methode von Versuch und Irrtum verlangt spielerische Anordnungen, die im Falle von Irrtümern ohne großen Schaden revidiert werden und weitere Versuche auf den Weg bringen können. Versuch und Irrtum als Methode ist auch dann praktizierbar, wenn das Ergebnis nicht präzise fixiert werden kann, sondern bewertungsoffen bleibt, d. h. jedes Ergebnis eines Versuchs wird hinsichtlich seines Sinnes und seines Nutzens beurteilt und entweder zurückgewiesen oder kann zur Praxis übernommen werden. Dabei kann nicht ausgeschlossen werden, dass die Betreiber von Experimenten sich mit annehmbaren Zwischenergebnissen zufrieden geben und unerkannt das Optimum verfehlen.

Der Unterschied zwischen der Methode rationaler Konstruktion und der Methode von Versuch und Irrtum (Experimentiermethode) lässt sich an diesem Beispiel demonstrieren: Die Methode rationaler Konstruktion entspricht der in betriebswirtschaftlichen Lehrbüchern gern dargebotenen Modellberechnung des maximalen Gewinns in einer gegebenen Situation. Diese Methode setzt eine eindeutige Zielgröße voraus (den Gewinn) sowie vollständige Kenntnis der gegebenen Rahmenbedingungen und der alternativen Wege zur Zielerreichung.

Die Praxis in unternehmerischen Situationen zeigt jedoch, dass diese Bedingungen so gut wie nie erfüllt werden können. Nicht nur sind die Rahmenbedingungen in der Regel nicht vollständig bekannt oder können nicht sicher eingeschätzt werden noch kann mit Gewissheit davon ausgegangen werden, dass sich die Wirklichkeit des Geschäftslebens nicht schon während der Minuten des Berechnens verändert, so dass die Situationsbeschreibung nicht mehr mit der Wirklichkeit übereinstimmt. Die Faustregel lautet: Prozesse in Bewegung lassen sich nur navigatorisch lenken, nicht durch feste Konstruktion. Die meisten Vorgänge in der Wirtschaft sind Prozesse.

Eine verallgemeinerte Demonstration des Unterschieds zwischen Konstruktion und Versuch und Irrtum können wir mit dem so genannten Kanizsa-Dreieck (s. Seite 106) ausführen. Man lege einer Gruppe von fünf Personen, die keine Kenntnis des Kanizsa-Dreiecks haben, die 6 Spielelemente (Abb. 1, S. 64) vor mit der Aufgabe, beliebige, Sinn stiftende Anordnungen zu finden. Mit großer Wahrscheinlichkeit wird es fünf unterschiedliche Lösungen geben, darunter wahrscheinlich keine einzige, die auf Kanizsas Dreieck gekommen ist. Die Abbildung 3 zeigt nur eine der möglichen Lösungen unterhalb der optimalen Lösung von Kanizsa (Abb. 3).

Abb. 3
Spielerische Lösung
aus Kanizsas Dreieck

Das kreative Spielen nach der Methode von Versuch und Irrtum kennt zwei unterschiedliche Versionen. Beide sind, im Unterschied zu gänzlich offenen Suchprozessen unter Zufallsbedingungen, auf ein Spielfeld angewiesen, welches durch Rahmenbedingungen und Regeln beschrieben werden kann. Nebenbei bemerkt: Auch der Markt ist ein solches Spielfeld.

In der einen Version kann man mit einer Serie von Versuchen herausfinden, welcher Weg zum Ziel am geeignetsten ist. Mit der anderen Version kann man Versuchsanordnungen zieloffen ausführen und sich den Ergebnissen gegenüber offen verhalten. Die zuletzt genannte Version ist charakteristisch für komplexe Projekte, deren reale Wirkungen nicht exakt fixiert werden können, z. B. Bauprojekte, deren Ästhetik sich nicht dem Verstand allein erschließt, sondern mit den aktiven Sinnen wahrgenommen werden will. Ein Kompromiss in solchen Fällen besteht häufig darin, eine Musterlösung in Kleinformat (z. B. Modell des Gebäudes) vorzulegen.

Beide Versionen schließen einander nicht aus, sondern kommen entsprechend den gegebenen Umständen in realen Situationen als Grundfiguren menschlichen Schaffens in Betracht. Der Homo faber, der konstruierende oder handwerkende Mensch (Scheler 1994, Arendt 2007) kommt zum Zuge, sobald eine konkrete Aufgabe ausreichend geklärt und bestimmt ist. Der Homo ludens, der im Spiel zur Kultur findende Mensch, beginnt bereits im frühen Alter als Suchender in einer von Zufällen durchdrungenen Lebenssituation (Huizinga 2004) und entdeckt Zustände, die eine geistige, emotionale, sinnliche und physische Befriedigung schaffen.

4.3   Verantwortung und Selbstdisziplin

4.3.1   Freiheit und Selbstdisziplin des spielenden Menschen

Der Mensch ist von Natur aus ein kreativer Spieler, wie Johan Huizinga ihn als mit einem Gehirn ausgerüstetes Experimentierwesen beschrieb, das seine Innenwelt nicht instinktgelenkt verschließt, sondern sich wahrnehmungsgelenkt und denkfähig den offenen äußeren Lagen überlässt und aufmerksam beobachtet. An diesen und so manch weiteren anthropologischen Konzeptionen lässt sich herausarbeiten, dass der tätige Mensch als Schaffender und als Nutzer seine mentalen und sinnlichen Fähigkeiten ins Spiel bringt und über die Kultivierung seines Sprachvermögens sich innerhalb eines sozialen Raumes positioniert, um lernend von Erfahrungen anderer zu profitieren, oder seinerseits eine Stärkung von sozialen Beziehungen anstreben kann, indem er seine Einsichten und Befunde kundtut.

Der schaffende, genauer: der im Spielen schaffende Mensch findet sich in Lebenslagen, in denen die Antriebe zur Kreativität besonders stark ausgeprägt sind und in denen er auf eine Basis an Grundfreiheiten im subjektiven Denken und individuellen Handeln angewiesen ist. Die Werke, die er dabei zustande bringt, unterliegen der individuellen und der sozialen Bewertung, die in kommerziellen Situationen in der Regel über den Markt stattfindet und in finanziellen Dimensionen operiert. Die Eigenbewertung eines Produktes erfolgt nach dem durch Marktverwertung erzielbaren Gewinn. Die soziale Bewertung zeigt sich in der auf Nutzenbewertungen beruhenden Zahlungsbereitschaft der Käufer, dem angebotenen Produkt einen Preis zuzugestehen. Dieser schlichte Bewertungsmechanismus klingt einleuchtend. Aber er hat einige Tücken, auf die wir kurz eingehen müssen.

Die Freiheit des Schaffens und Nutzens von Produkten bildet, wie wir ausführlich erörtert hatten, eine untrennbare Einheit mit dem Grundsatz der Verantwortung. Mit Verantwortung ist, auch das sei noch einmal unterstrichen, nicht der selbstverständliche Eintritt für verschuldete Fehler gemeint und sind Mängel im Schaffen pflichtgemäß zu beseitigen, sondern es wird das Beurteilen von Spätfolgen und Fernwirkungen eines in die Welt gesetzten Produktes für sich selbst ebenso wie für das soziale Umfeld verlangt.

Es geht um den Gedankentest anhand der Frage, wie das eigene Leben und die gesellschaftliche Lage aussehen würden, wenn die mit dem Produkt ausgelöste Praxis permanent fortgesetzt wird und eine ungebremste Ausbreitung unter Nachahmern findet. Damit ist eines der zentralen ethischen Postulate Immanuel Kants angesprochen, das im umfassenden Sinne vom aufgeklärten Individuum verlangt, sich seines eigenen Verstands zu bedienen und sein Handeln so einzurichten, dass es zugleich zu einem allgemeinen Gesetz werden könnte (Höffe 2014). Gefordert wird zu prüfen, welchen Zweck ein geschaffenes Werk erfüllen wird und ob neben der Nützlichkeit unangemessene Spätfolgen erwartet werden können. Das ist die Selbstdisziplin, die von schaffenden Menschen verlangt wird. Sie ist ein Maßstab, an dem sich auch die produzierende und innovierende Wirtschaft messen lassen muss.

In die Beurteilung der individuellen und sozialen Folgen einer Produktinnovation gehört nicht nur das leibliche Befinden derjenigen, die das Produkt verwenden, sondern die Gesamtlage der menschlichen Kultur innerhalb der natürlichen (ökologischen) Gegebenheiten. Das Gebot der prüfenden Selbstdisziplin muss die Natur als Ganzes im Auge haben, kann sich aber und muss sich auf die näheren Umstände beschränken, in denen tatsächlich gehandelt wird. Die Problematik liegt darin, dass die Schonung oder Bewahrung der Natur nicht absolut gelten kann (die Natur schont im Zweifel auch nicht den Menschen), sondern dass dem Lebensrecht des Menschen als Individuum und als Gattung genügend Raum gelassen werden muss, um ein Dasein als Kulturwesen zu ermöglichen.

Das allgemeine Postulat, die Natur zu schonen und sie nicht über Gebühr auszubeuten, ist viel zu abstrakt, um als handlungsnahe Regel gelten zu können. Wir können nicht *die* Natur schonen, sondern uns nur mit Bedacht um jenen Ausschnitt bemühen, der uns im jeweiligen Handeln zugänglich ist. Dieser Ausschnitt muss genau beschrieben werden, um das Handeln danach auszurichten: ein Waldstück, ein Flusstal, ein verwilderter Garten, ein Felsvorsprung, eine Gipfelregion. Erst mit der Spezifizierung wird deutlich, was der Schonung bedarf und was der Nutzung durch den Menschen geöffnet werden kann. Da es sich aber um eine Ausschnittlösung handelt, fehlt in der Praxis fast immer der Maßstab des Ganzen, und deshalb sind solche Projekte oft sehr strittig.

Die vom handelnden Menschen und seinen Institutionen ausgeführte Selbstprüfung, die hier gefordert wird, verlangt ein sehr hohes Maß an Disziplin bereits in der Phase kreativen Schaffens. Disziplin kann nicht heißen, jeden einzelnen kreativen Schritt zu maßregeln, denn das stört oder zerstört das Aufkommen von ganzheitlichen Lösungen, die als wirkende Gebilde in einer vorgestellten Umgebung nur als Ganzheiten geprüft werden können. Andererseits muss eine Beurteilung der materiellen Machbarkeit *vor* der Umsetzung in die Tat erfolgen und es muss die Bewertung der Spätfolgen und Fernwirkungen noch *in* der mentalen Phase des Schaffens geleistet werden, denn jede Realisierung von Produkten in der dinglichen Welt erzeugt unumkehrbare Zustände.

Diese Problematik wird ausführlich zu diskutieren sein, wenn die These von der medialen Natur der Produkte genügend erhärtet ist und deutlich wird, dass ein Produkt nicht erst vorliegt, wenn eine massenhafte Produktion materieller Exemplare in den Regalen der Geschäfte ausliegt, sondern schon in der Erzeugung des Produktes als Imagination im Bewusstsein der Beteiligten. Hier, und nicht erst im Regalstand, muss die Einheit von Freiheit und Verantwortung bereits zur Geltung kommen und wird ein hohes Maß als Selbstdisziplin eingefordert werden müssen.

4.3.2 Exkurs: Anmerkungen zu Unternehmenszielen

4.3.2.1 Kritik des Gewinnmaximierungsprinzips

Selbstdisziplin ist eine ethische Forderung, die sich aus der Logik der Einheit von Freiheit und Verantwortung ergibt. Sie gilt für jeden handelnden Menschen, hat aber in einem Handlungsbereich wie dem der schaffenden Wirtschaft ein besonderes Gewicht, weil die Spätfolgen und Fernwirkungen problematischer Realisierungen erst nach längerer Praxis sichtbar werden und meist auch erst zum Tragen kommen, wenn sie eine große, unübersehbare Zahl an Nachahmern gefunden haben.

Das aus dem Prinzip der Verantwortung abgeleitete Verlangen an die schaffende Wirtschaft – es gilt selbstverständlich auch für die gesamte Nutzersphäre; ob privater oder öffentlicher Haushalt, spielt dabei keine kategorische Rolle –, bei der Nutzung der Freiheiten einer offenen Marktwirtschaft ein hohes Maß an Selbstdisziplin aufzubringen, ist angesichts der weltweit wirksamen Praxis der Ausnutzung jeder sich bietenden Gelegenheit zum Profitmachen, wie es scheint, eine weltfremde Forderung. Die kritisierte Praxis der extremen Nutzung von Gelegenheiten zum Profitmachen ist eine Folge der Verdrängung der Verantwortung aus der Mitte der Freiheit, an der – man muss es so deutlich sagen – die Betriebswirtschaftslehre mit ihrem ethikfernen Selbstverständnis erheblichen Anteil hat.

Als ein sittliches Gebot muss diese (wenn sie es denn ist) weltfremde Forderung die Spannungen zwischen Ethik und Wirklichkeit aushalten können. Die Unternehmensethik, wie wir sie mit Blick auf die schaffende Wirtschaft kurzerhand nennen wollen (Bendixen 2013), einfach fallen zu lassen, wie das Wöhe und Döring (2013, S. 9) fordern, würde dem Egoismus und der Willkür in der Inanspruchnahme von Freiheiten die Tore noch weiter öffnen, denn es entfiele ein mahnendes Gegengewicht. Hemmungslosigkeit ist ein auffälliges Syndrom der aktuellen Wirtschaftspraxis geworden – zum Rufschaden der (vermutlich sehr großen) Mehrheit der Unternehmen. Die Unternehmen, die ein hohes Maß an Selbstdisziplin aufbringen, wenden Schaden von der Zivilgesellschaft ab. Auch das sollte nicht vergessen werden.

In diesen Zusammenhang gehört eine grundsätzliche Frage zur Praxis des unternehmerischen Handelns und seiner Erklärung durch die betriebswirtschaftliche Theorie. Es geht um die Definition des oder der Unternehmensziele und ihrer Geltung für das praktische Entscheidungsverhalten im täglichen Geschäftsleben. Die Betriebswirtschaftslehre hat sich – keineswegs abweichend von der volkswirtschaftlichen Mikroökonomik – auf eine Formulierung festgelegt, die den Einklang zwischen Gewinnstreben und dem äußeren Bedingungsrahmen einer auf Wettbewerb ausgerichteten, also im Kern freien Marktwirtschaft als Axiom herauskehrt. Gewinnerzielung ist demzufolge eine Notwendigkeit für jedes (privat betriebene) Unternehmen, um in einer offenen, auf kreatives Schaffen angelegten Wirtschaftsverfassung existieren zu können.

Dazu gibt es trotz weit reichender Übereinstimmung einen grundsätzlichen Klärungsbedarf. Denn ganz so einfach ist die Lage nicht. Ziele sind frei wählbare Intentionen. Doch Gewinnerzielung ist in einer offenen Marktwirtschaft gar nicht disponibel. Mit dem Einstieg als Unternehmer in die Marktpraxis wird das Gewinnstreben unabwählbar mitübernommen. Entscheiden kann man dann nur noch über die Nachdrücklichkeit oder Laschheit des Gewinnemachens, nicht über das Gewinnstreben an sich, und darum scheint es der betriebswirtschaftlichen Theorie zu gehen. Insoweit ist die Erklärung nicht strittig, dass in Unternehmen Gewinne zu erzielen sind, die den (Eigen-) Kapitalinvestoren zustehen.

In der betriebswirtschaftlichen Literatur wird zum Thema *Unternehmensziele* eine etwas seltsam anmutende Kontroverse ausgetragen zwischen einer rationalistischen und einer verhaltenswissenschaftlichen Position. So heißt es bei Henner Schierenbeck (2000, S. 4 und 5) aus rationalistischer Sicht: „Definiert man die Differenz zwischen Aufwand und Ertrag vereinfacht als Gewinn, so läuft das ökonomische Prinzip [die ökonomische Rationalität, P. B.] demnach auf die Forderung nach Gewinnmaximierung hinaus." Die Frage lautet hier: Wer stellt die Forderung nach Gewinnmaximierung auf? Ist es irgendeine übergeordnete existenzielle Vernunftregel oder folgt die Forderung logisch aus den Bedingungen eines marktwirtschaftlichen Systems? Unklar bleibt der genaue Zielcharakter: Ist es der Gewinn oder ist es das vernünftige, logisch gebotene Streben nach einem Maximum? Der Unterschied ist nicht unwichtig: Gewinnerzielung ist ein Zielgebiet, das Gewinnmaximum ist ein Zielpunkt.

Deutlicher äußern sich Günter Wöhe und Ulrich Döring (Wöhe und Döring 2013, S. 10): „Die *wirtschaftstheoretisch fundierte Betriebswirtschaftslehre* (akzeptiert) den *marktwirtschaftlichen Wettbewerb* als unabänderliche *Gegebenheit*. In ihren Entscheidungsmodellen geht sie üblicherweise vom *Ziel langfristiger Gewinnmaximierung* aus." [kursiv im Original fett, P. B.]. Den verhaltenswissenschaftlich fundierten betriebswirtschaftlichen Autoren wird vorgehalten, dass sie mit ihren Forderungen nach Berücksichtigung sozialer und ökologischer Ziele und dem Vorbehalt der moralischen Rechtfertigung aller unternehmerischen Handlungen (Wöhe und Döring, S. 9) wissenschaftlich nicht lösbare Zielkonflikte hervorrufen. „Die *wirtschaftstheoretisch fundierte BWL* verzichtet auf eine (ethische) Bewertung unternehmerischer Ziele." (Wöhe und Döring, S. 11).

Es ist wichtig sich zu vergegenwärtigen, dass in der Position der Rationalisten wie Schierenbeck, Wöhe und Döring und vieler weiterer Fachautoren ein strikt theoretischer Anspruch formuliert wird. Dieser Anspruch schließt nicht aus, dass es in der Realität in der Tat zahlreiche Zielkonflikte geben kann, die zu lösen aber, nach Auffassung der genannten Autoren, nicht Sache der auf Wertneutralität achtenden Wissenschaft sein kann. Ebenso konsequent muss man sich vergegenwärtigen, dass die detaillierten Darstellungen in einführenden Lehrbüchern wie dem von Wöhe und Döring dann konsequenterweise im Ganzen unter dem Vorbehalt der rein theoretischen Geltung stehen. Einen unreflektierten, logischen Übergang zur unternehmerischen Praxis gibt es daraus nicht. Das Werk von Wöhe und Döring ist, wie alle anderen dieser Provenienz auch, eben ein Lehrbuch, kein Rezeptbuch für praktisches Handeln.

Die verhaltenswissenschaftlich orientierte Betriebswirtschaftslehre bleibt grundsätzlich zwar auch bei dem Hauptziel der Gewinnmaximierung, relativiert aber dessen praktische Geltung durch einen Kranz an Nebenzielen etwa sozialer und ökologischer Art (Schweitzer 2000, Reimer 2005), wobei meist offen gelassen wird, ob diese Ziele intern zur Geltung gebracht werden, z. B. durch fürsorgliche Vergünstigungen für die Mitarbeiter oder durch den Verzicht auf gesundheitsschädliche Stoffe in der Produktion, oder ob sie sich auf die äußere soziale Wirklichkeit oder auf die Problematik von Umweltschäden und Raubwirtschaft an der Natur beziehen. Die Position der verhaltenswissenschaftlich orientierten Betriebswirtschaftslehre ist um einige Nuancen der Realität mehr angenähert. Aber im Grundsätzlichen unterscheiden sich beide bezüglich des Gewinnstrebens praktisch nicht.

Die Erklärung der Gewinnmaximierung zum obersten Unternehmensziel ist für eine pragmatisch angelegte Disziplin wie die Betriebswirtschaftslehre auf eine beklemmende Weise weltfremd, realitätsfern und sachlich nicht zu begründen. Wir können diese methodologische Problematik hier nicht vertiefen, weisen aber dennoch auf einige Punkte hin, die zumindest anleuchten, worin die Fehleinschätzung besteht: Der Gewinn ist eine Residualgröße aus der Differenz zwischen dem finanziellen Ertrag und dem finanziellen Aufwand für eine Sache. Um diese Differenz zu maximieren, müsste man entweder den Ertrag maximieren oder den Aufwand minimieren (oder beides zugleich).

Bei genauerer Betrachtung zeigt sich, dass das unmöglich ist. Der Ertrag errechnet sich aus den (Verkaufs-) Preisen für bestimmte Waren und der verkauften Menge. Folglich müsste entweder die Menge maximiert werden oder der Warenpreis. Aber Preismaximierung? Wie soll das praktisch funktionieren? Der Preis ist Verhandlungssache und kann nicht beliebig variiert werden. Die Verkaufsmenge zu maximieren, ruft indessen Kostensteigerungen hervor, wobei die Stückkosten noch das kleinere Problem darstellen. Deutlich stärker fällt zusätzlicher Aufwand für Marketingmaßnahmen an, die den Marktwiderstand gegen verstärkten Absatz aufbrechen können.

Es gibt aber keine kausale Eindeutigkeit zwischen Marketingaufwand und Marketingerfolg. An eine mathematische Maximierung dieser Zusammenhänge ist

nicht zu denken. Selbst wenn dies modelltechnisch gelänge, würden die Kostensteigerungen der Minimierung des Aufwandes genau entgegenwirken. Gingen wir noch
weiter in die realen Details, würde das Prinzip der Gewinnmaximierung vollends
zerbröseln. Die einzige praktische Lösung dieser Problematik könnte allenfalls
darin bestehen, nach der Methode von Versuch und Irrtum und unter Einbringung
sämtlicher Erfahrungen sich schrittweise immer besserer Gewinnlagen zu nähern,
ohne je den Nachweis führen zu können, dass das Maximum erreicht worden ist.

4.3.2.2 Die Paarung von Gewinnerzielung und Nutzenstiftung

Die Kontroversen zwischen rationalistischen und verhaltenswissenschaftlichen
Auffassungen sind Luftgefechte, die von ungeklärten, ohne nähere Prüfung vom
neoklassischen Modell der Mikroökonomik einfach übernommenen Definitionen
des Unternehmensziels verursacht werden. Nach welchen Regeln und Maßstäben
muss eine Zielbestimmung in einem Unternehmen oder für ein Unternehmen
angelegt sein, um die realen Verhältnisse einigermaßen treffend und zugleich
allgemeingültig zu erfassen und zu erklären? Beide Positionen, die der Rationalisten und die ökonomischen Verhaltenswissenschaftler, machen es sich zu leicht
mit der Zielbestimmung, denn, wie wir gesehen haben, steht das Gewinnziel gar
nicht zur Disposition.

   Gewinnerzielung ist ein Bestreben, das nur in unter privatwirtschaftlicher Regie
geführten Betrieben in einer auf weit gespannten marktwirtschaftlichen Freiräumen
beruhenden Wirtschaftsformation legal und aus Gründen der gesellschaftlichen
Nützlichkeit als eine erwünschte fundamentale Praxis betrieben werden kann.
Die praktische Inanspruchnahme marktwirtschaftlicher Freiräume ist, wovon
hier ausgegangen wird, an die Übernahme von Verantwortung gekoppelt. Diese
nach außen gerichtete Verantwortung engt zwar die Freiräume nicht ein, knüpft
aber das Wirtschaften an die Forderung, dass die Güter und Dienste eines Unternehmens einen gesellschaftlich legitimierten Nutzen stiften. Genau das aber ist
die fundamentale Zieldefinition, wie sie aus den Rahmenbedingungen einer freien
Marktwirtschaft begründet werden kann und muss.

   Diese Darlegung wird vermutlich zu strittigen Debatten führen. Was ist konkret
unter Nutzenstiftung zu verstehen ist? Wer stellt fest, was nützlich und was nutzlos
oder überflüssig ist? Und schließlich: Welche Sanktionen sind denkbar, wenn die
Grenzen der Nützlichkeit unangemessen unter- oder überschritten werden? Eine
weitere grundsätzliche Frage muss beantwortet werden: In welcher Beziehung steht
das Betriebsziel der Nutzenstiftung zur Gewinnerzielung als Unternehmensziel?

   Ausgangspunkt unserer Argumentation ist das Postulat von der auch und
besonders für die Wirtschaft geltenden Einheit von Freiheit und Verantwortung.
Diese Einheit gebietet, dass die Bestimmung von Unternehmenszielen nicht ins

Belieben von Unternehmensleitungen gestellt sein kann. Die Gewinnerzielung ist mithin nicht das Ergebnis eines freien Entscheidungsprozesses, sondern eine mit dem System der Marktwirtschaft unlösbar verknüpfte Logik der Bewertung von konkreten Handlungszielen in einem Betrieb. Ihr liegt die Vorentscheidung von Kapitalgebern zugrunde, die in dem Moment ihrer Geldeinzahlung sich für den Gewinn entschieden haben (und nicht für eine zinsförmige Rendite, die sie als Kreditgeber kassieren würden). Die Entscheidung für Gewinn ist folglich nicht Sache des Unternehmens, sondern Sache der Investoren.

Es gibt folglich eine Art Zweiteilung von der Art, dass – gewissermaßen in der Terminologie der Bilanz – auf der einen Seite (dem Passivum) die Absichten und Gewinnerwartungen von Kapitalgebern stehen und dass auf der anderen Seite (dem Aktivum) sich die auf ganz konkrete Sachziele ausgerichtete physische Ausstattung des Betriebes findet, mit der am Markt verwertbare Leistungen zu erbringen sind. Die Aktivseite der Bilanz ist allerdings in einem entscheidenden Punkt unvollständig. Das Potenzial eines Betriebes, auf einem bestimmten Sachgebiet Nutzenstiftungen zu verwirklichen, wird bestimmt vom Grad der Entsprechung der zu einem Ensemble kombinierten Komponenten an Leistungsfaktoren, bestehend aus Produktionsmitteln und einsetzbarem Personal. Die Leistungsqualität eines Betriebs ist im Optimalfall ein Spiegel der Nutzenerwartungen auf der Käufer- oder Nutzerseite.

Die Investoren, die unter Übernahme der kommerziellen Risiken einen Anteil am Gewinn anstreben, können rechtmäßig und ethisch natürlich Einfluss auf die Aktivitäten eines Betriebes nehmen. Das tun sie im Normalfall, indem einer oder sämtliche Investoren zugleich als Unternehmer oder Mitunternehmer tätig werden. In Aktiengesellschaften ist das allerdings aus rechtlichen und praktischen Gründen nicht möglich. Der Einfluss beschränkt sich dann auf die Befugnisse von Aufsichtsräten.

Ob die Eigenkapitalhalter auf eine extreme Weise auf die Maximierung ihrer Gewinnanteile drängen, hängt von ihren Einflussmöglichkeiten ab. Sie ist am größten in Einzelunternehmen und nur leicht abgeschwächt in Personengesellschaften, falls sich die Beteiligten nicht immer einig sind. Sie ist vergleichsweise gering für kleine Anteilseigner in großen, anonymen Aktiengesellschaften. Der Nachdruck, mit dem auf die Formen und Bedingungen der Gewinnerzielung Einfluss ausgeübt wird, überträgt sich auf die Praxis der Formulierung und Handhabung der sachlichen Betriebsziele. Diese sind das eigentliche Problemfeld im Zusammenhang mit Fragen der Zielbestimmung.

Das allgemeine Betriebsziel, nämlich die gesellschaftliche Nutzenstiftung durch Güter und Dienste, ist als Formalziel ebenfalls nicht frei wählbar. Es ist gebunden an das System *Marktwirtschaft* mit seinen unabdingbaren ethischen Postulaten der Marktfreiheit und der Marktverantwortung. Gegenstand von permanenten

Prozessen der Bestimmung von Sachzielen des Betriebes, denen die Eigenschaft der Nutzenstiftung zugesprochen werden kann, ist der Aufbau eines betrieblichen Leistungspotenzials, das gewissermaßen spiegelbildlich die Nutzenseite durch die Zusammensetzung der Produktionsfaktoren einschließlich der Qualifikation von Mitarbeitern repräsentiert.

Die im Anlagevermögen aufgezeichneten Aktivposten in einer Bilanz sind nicht einfach in Geldgrößen addierbare Gegenstände, sondern stehen für die für eingegrenzte Nutzenstiftungen arrangierte Zusammensetzung an Produktionsmitteln. Was hilft ein mächtiger Bestand an maschinellen Anlagen, wenn sie nicht vollumfänglich für Nutzenstiftungen eingesetzt werden können? Das entscheidende Kriterium ist also nicht die Addition von Einzelobjekten in ihrem monetären Gegenwert, sondern die Leistungseigenschaften des Gesamtensembles einschließlich der so genannten Human Resources. Hier gilt ganz besonders, dass das Ganze mehr ist als die Summe seiner Teile.

Wer die Erwartungen an die Nützlichkeit von Gütern und Diensten (qualitativ sowie kosten- und damit preisgünstig) nicht erfüllen kann, scheitert am Markt. Worum es in der gesamten Unternehmensführung geht, ist die sachliche Eignungskorrespondenz zwischen eigenem Leistungspotenzial und den Nutzenkriterien, die in der Gesellschaft zur Sprache kommen. Genau hier aber beginnen die Schwierigkeiten. Welchen Erkenntnissen und Erkundungen und welchen in der Öffentlichkeit geäußerten Stimmen soll ein Unternehmen das notwendige Vertrauen schenken, um zu einem einigermaßen treffenden Bild von der Nützlichkeit der eigenen Produkte zu gelangen?

Die Bildung von hinlänglich verlässlichen, medial erzeugten und abgesicherten Produkten, die als mentale Basisvorlagen für die Erarbeitung konkreter Betriebsziele in Form von konkreten Erzeugnissen dienen können, ist ein äußerst komplexer, von vielen Zufällen und unkontrollierbaren Einflüssen durchwirkter (geistig-schöpferischer und zugleich bewusst kalkulierender) Prozess. Es würde zu weit führen, in dieser Frage auf weitere Details einzugehen. Festzuhalten bleibt, dass die (Kapital-) Ziele eines Unternehmens nur unterhalb der Ebene der systembedingten Gewinnerwirtschaftung aus der Perspektive der Eigenkapitalhalter gestaltbar sind und dass auch die Sachziele nur unterhalb der zwingenden Notwendigkeit, Nutzenstiftung durch Güter und Dienste zu leisten, bestimmbar, formbar und entscheidbar sind.

Sowohl die Gewinnerzielung als auch die Nutzenstiftung sind systembedingte (marktwirtschaftlich determinierte) Bedingungen unternehmerischer Praxis. Nicht sie sind als solche wählbar, sondern nur ihre konkreten Ausprägungen. Das bedeutet, dass Gewinne nur entstehen, wenn es eine ausreichende Nutzenstiftung durch die Betriebstätigkeit gibt, und dass Nutzenstiftung durch Betriebstätigkeit nicht erreicht werden kann, ohne dass Gewinne daraus hervorgehen. Damit ist aber nicht festgelegt, schon gar nicht in der rationalistischen Manier der Maximierung von Gewinnen und Nutzen, was konkret in einem Unternehmen angestrebt und wie es geistig-schöpferisch und physisch verwirklicht wird. Was wirklich geschieht, ist ein permanenter Prozess (der Navigation durch die Realität), der sicherstellt, dass Nutzen innerhalb der Zivilgesellschaft gestiftet wird und dass die Aussicht auf Gewinne genügend private Kapitalgeber mobilisiert, sich daran zu beteiligen.

Zum Abschluss dieser Überlegungen sei, schon mit Blick auf die Ausführungen im Abschnitt 6.2.5 (Das Grundgesetz vom zivilisatorischen Aufstieg) auf einen theoretischen Schwachpunkt der besonderen Art in der mikroökonomischen und betriebswirtschaftlichen Sicht auf die Rolle der Konsumenten als Trägern der Nützlichkeitstatbestände hingewiesen. Beide theoretische Versionen der Modellierung von Marktprozessen, insbesondere der Preisbildung, gehen davon aus, dass die Konsumenten über ein individuell geklärtes Wissen ihrer eigenen Nutzenvorstellungen verfügen, mit dem sie ihre Marktdispositionen als Nachfrager treffen. Formuliert wird diese Vorstellung in der so genannten Konsumentensouveränität, von der an andere Stelle bereits die Rede war.

Das methodologische Problem dieser Prämisse liegt in der Fixierung auf die Individualebene der Konsumenten. Es mag ja so sein, dass die Konsumenten am besten selbst wissen, was ihnen nützt und was ihnen schaden könnte, obwohl einige Zweifel bestehen, ob Konsumenten heute noch über die notwendige Sachkenntnis bei der unermesslichen Produktfülle verfügen können. Das Hauptproblem aber ergibt sich aus der Feststellung, dass die Konsumentennachfrage – und von ihr soll hier die Rede sein – alles andere als ein chaotischer Haufen untereinander beziehungslos nebeneinander handelnder Subjekte ist, die sich wie von unsichtbarer Hand geleitet zu einer Gesamtnachfrage ordnen wie die Eisenspäne über einem Magneten. Diese Idee erscheint reichlich weltfremd.

Unter den Konsumenten wirken teilweise sehr einflussreiche kulturelle Lebensmuster, die zu einer pulsierenden Variation von Koalitionen und schwarmartigen Zufallsgemeinschaften führen. Und mehr noch als dies: Die Zivilgesellschaft besteht nicht nur aus Individuen, sondern aus einem teilweise über Jahrhunderte aufgebauten Bestand an für den Wohlstand wichtigen Kollektivwerken: Städtebau, Infrastruktur, Bildungseinrichtungen, Kunstinstitutionen, architektonische Meisterwerke, Museen, Krankenhäuser, Sportanlagen und natürlich nicht zu vergessen die vielen Forschungseinrichtungen. Am physischen Aufbau all dieser zivilisatorischen Werke war die Wirtschaft mit ihren Gütern und Diensten zu allen Zeiten hauptamtlich beteiligt und wird es wohl bleiben. Die Wirtschaft hat das schaffen können, weil es genügend spiegelbildliche Korrespondenz zwischen den Kriterien der Nutzenstiftung und den Leistungskapazitäten der Betriebe gab. Dies ist ein

Grundtatbestand der Wirtschaftskultur, an dem keine betriebswirtschaftliche Theorie vorkommt.

Die Nützlichkeit betrieblicher Güter und Dienste kann aus den genannten Gründen niemals nur ein Reflex auf die subjektiven Nützlichkeitskriterien individueller Konsumenten und Konsumentenschichten sein, sondern muss in sich das weite Feld der Mitwirkung am zivilisatorischen Aufbau einer Gesellschaft (oder der Menschheit als Ganzes) aufnehmen und thematisieren. Die Figuration der Nachfrage in den Marktmodellen der Mikroökonomik und der betriebswirtschaftlichen Absatztheorie, wie sie seit Erich Gutenberg die Lehrbücher füllt, ist unzulänglich und irreführend. Die eigentliche Aufbauleistung der Wirtschaft an den zuweilen über Generationen reichenden Beständen der Zivilisation hat keinerlei thematisch offene Türen in der betriebswirtschaftlichen Theorie gefunden (ebenso wenig wie in der Mikroökonomik).

Der Markt als Herstellungsort

Fragt man Studierende der Betriebswirtschaftslehre oder zieht man die gängigen Lehrbücher zur Allgemeinen Betriebswirtschaftslehre zu Rate bei der Frage, wo die Produktion von Produkten stattzufinden pflegt, wird die Antwort unisono lauten: in den Fertigungshallen und Werkstätten der Betriebe. Nicht ganz so sicher sind die Befragten, wenn man ihnen Dienstleistungsbetriebe vor Augen führt, beispielsweise ein Unternehmensberater oder eine Anwaltskanzlei. Wo produziert der Unternehmensberater seine Leistungen?

Die Fertigung von Produkten in einer Werkstatt fassen wir – im Unterschied zu den üblichen Auffassungen – als eine Form der technischen Ausführung eines virtuellen, geistig geformten Produktes. Diese Sicht lässt offen, ob die virtuelle Gestalt physisch ausgeführt oder immateriell erbracht wird. Immaterialität ist ein Merkmal, das meist für die Definition von Dienstleistungen herangezogen wird. Dieses Merkmal ist problematisch: Was soll denn an den Transportleistungen eines Logistikers oder einer Bank immateriell sein?

Es gibt einen Klärungs- und teilweise auch Aufklärungsbedarf im Gewirr ungenauer Vorstellungen und begrifflicher Fassungen von Erscheinungen im Wirtschaftsleben. Dazu gehört, wie schon mehrfach angedeutet, die Klärung dessen, was ein Produkt ist, und ein ausführlicher Rückgriff auf das davor liegende Phänomen „Markt". Die in der Fachliteratur weit verbreitete Definition des Marktes als fiktiver Ort des Zusammentreffens von Angebot und Nachfrage ist ein etwas hilfloser Versuch, den wahren Charakter des Marktes nicht genauer untersuchen zu müssen, denn seine Funktionen und seine Wirkungsmechanismen sind aus dem geschäftlichen Alltag nur allzu gut bekannt – meint man.

5.1 Die kommunikative Natur des Marktes

5.1.1 Der Markt und die Öffentlichkeit

Der Marktplatz der Städte, auf dem sich jahrhundertelang Händler und Käufer einfanden und ihre Geschäfte abwickelten, war stets zugleich ein Ort des Palaverns, des Redestreits, des Gedankenaustauschs und der Auftritte von Gauklern, Bänkelsängern und Musikanten. Eine die Intimität des Privaten kontrastierende anonyme Öffentlichkeit, die ihre eigene, insbesondere auch politische Dynamik entfaltete, hat sich kaum vor dem 18. Jahrhundert (konkret im Zuge der Französischen Revolution von 1789) entwickelt und ihre in Menschenmassen sich zeigende Anonymität in vollem Umfang erst nach der Französischen Revolution etablieren können. Die politische Öffentlichkeit ist historisch eng mit dem Aufkommen der bürgerlichen Gesellschaft und dem allmählichen Vordringen demokratisch-parlamentarischer Verhältnisse verknüpft.

Mit der Anonymität der Öffentlichkeit ist ein grundlegend neues Element in die gesellschaftliche Kommunikation im Markt und in anderen sozialen Feldern hineingetragen worden. Die Anonymität konnte Individuen als Deckung dienen, konnte von den Ausrufern feilgebotener Waren in den Straßen und auf den Plätzen (daher das Wort *Reklame*) als Bühne genutzt werden und hat in Form von Flugblättern und ähnlichen Druckwerken die frühen Anfänge der modernen Medien auf den Weg gebracht. Anonymität streut Mitteilungen an die Namenlosigkeit aus, ohne mit direkten Antworten zu rechnen.

Der Umbau der bürgerlichen Gesellschaft in Privatheit und Öffentlichkeit und damit in die besondere Form von Freiheit, jederzeit in die Öffentlichkeit hinaustreten und sich wieder in die Privatheit zurückziehen zu können, ist eines der alten Kernthemen der Soziologie, mit dem wir uns hier allerdings nicht beschäftigen müssen (Habermas 1990, Schmidt 2007, Gerhardt 2012). Insbesondere spielt der Kontrast zwischen der politischen Öffentlichkeit und der oft von oppositionellem Geist durchzogenen Zivilgesellschaft als eine Öffentlichkeit eigener Art für die Frage nach dem Charakter und der erklärenden Einordnung des Marktes nur eine untergeordnete Rolle.

Der Markt gehört – unstrittig – zur Zivilgesellschaft. Die Kräfte des Marktes werden insbesondere unter Ökonomen gern wie eine unübertreffliche Art Naturgewalt dem Gestaltungsehrgeiz mancher politischer Mächte entgegengesetzt. Der Markt ist historisch in der Tat aus den endlosen Gefechten der sich formierenden Zivilgesellschaft seit Beginn der Neuzeit gegen die obrigkeitlichen Mächte hervorgegangen. Diese Sicht des Marktes bildete den Kern der ersten systematischen Durchleuchtung des Marktgeschehens durch Adam Smith im 18. Jahrhundert und hat sich bis hin zu den Überzeugungen der Neoklassiker und der dominierenden Vertreter der Mikroökonomik erhalten können.

Die Theoretiker allerdings liebten es, die Dynamik und Vitalität von realen Märkten mit ihrem bunten Zauber auf eine Dimension der reinen Rationalität trockenzulegen. Diese „Entsumpfung", wie wir diesen Vorgang wohl beschreiben können, hat in Verbindung mit dem Gleichgewichtsideal eine Auffassung vom Markt propagiert, die es kaum möglich erscheinen lässt, dem anthropologischen Charakter des Marktgeschehens genauer auf den Grund zu gehen.

Grundlage dieser theoretischen Position war die Überzeugung, dass ein freier Markt eine in ihm ruhende Tendenz zur Geltung bringt, einen tragfähigen Ausgleich zwischen den Interessen der Produzenten und der Konsumenten (wie von unsichtbarer Hand gelenkt, wie Adam Smith meinte) herbeizuführen. Man müsse, so die Vertreter dieser Theorie, die Bedingungen für ungehinderte Marktoperationen schaffen. Aber das ist Theorie, die uns nicht weiterbringt. Sie unterstellt dem Markt den Charakter eines Streitfeldes zum Ausgleich von polaren Interessengegensätzen zwischen Anbietern und Nachfragern, übersieht dabei aber die Möglichkeit, das Spielerische im Markthandeln, seine in Kommunikation zum Ausdruck kommende gesellschaftsbildende Substanz und das Potenzial der Gewaltlosigkeit zu erkennen und zu erklären.

Aus diesem Grund schließen wir uns der ökonomischen Sicht des Marktes nicht an und werden aus den gleichen Argumenten auch zur herrschenden Betriebswirtschaftslehre eine deutliche Gegenposition einnehmen müssen. Wenn man, wie das in den neoklassischen Modellen des Marktgleichgewichts angesetzt wird, das Geschehen auf einem Markt – im wahrsten Sinne dieser Metapher – auf den Punkt zu bringen trachtet, nämlich den Gleichgewichtspunkt als Schnitt zwischen Angebot und Nachfrage, und wenn solche extremen Prämissen eingesetzt werden, dass alles in unendlicher Geschwindigkeit und bei vollständiger Information aller Beteiligten geschieht, dann verschwindet genau das aus dem forschenden Blick, was den Charakter des Marktes ausmacht: seine Prozesshaftigkeit mit all den Unwägbarkeiten seiner Verläufe.

Will man *den* Markt oder konkret *die* verschiedenen beobachtbaren Märkte verstehen – und das wird man als praktizierender Unternehmer wohl müssen –, muss seine Prozesshaftigkeit sichtbar gemacht werden, müssen die schwer zu entflechtenden, sich ständig wandelnden Muster in den Prozessgeweben, bestehend aus kommerziellen Aktivitäten, muss die aus Herstellern und Nutzern komponierte zweiseitige Wechselhaftigkeit der Vorgänge ins Visier genommen und muss der Charakter des Marktes als aus Kommunikation hervorgehend bestimmt werden.

5.1.2   Der Markt als kommunikatives Gewebe

Die Öffentlichkeit wird durch Menschen, Institutionen und Installationen repräsentiert. Aber das ist nur die physische Seite, der körperliche Ausdruck eines
abstrakten Gebildes, das keine raumzeitlichen Grenzen kennt, sondern als mentaler
Bewusstseinszustand in Köpfen existiert, die auf komplexe (kommunikative) Weise
gestaltbildend miteinander verkoppelt sind und auf diese Weise eine soziokulturelle,
grenzoffene Einheit (ein Holon) bilden.

   Die Öffentlichkeit ist eine „gefühlte" Ganzheit in einem alles umfassenden
Holon, das die Menschheit als vitales Gesamtgebilde einschließt und das historisch
als (Welt-) Zivilisation aus den natürlichen Gegebenheiten des Globus mit großer
Varianz und ständigen Veränderungen herauswächst. Das, was wir ohne allzu viel
definitorischen Ehrgeiz als Öffentlichkeit zu bezeichnen gewohnt sind, ist analytisch
unnahbar und holistisch kaum fassbar. Sie ist eine Art soziales Medium in einer
Zwischenlage zwischen unergründlicher Unendlichkeit und sinnlich wahrnehmbaren Umgebungskonstellationen.

   Dennoch hinterlassen Erfahrungen, Beobachtungen und Interpretationen, zumal
sie interpersonell durch Verständigungsprozesse erhärtet werden können, deutliche
Spuren und Muster und insbesondere Verdichtungszonen im kommunikativen
Gewebe, die als Anhaltspunkte für verlässliche Handlungsrahmen geeignet sind.
Wer sich, um ein Beispiel zu nennen, in einem wissenschaftlichen Fachgebiet oder
im Sport, in den Künsten oder bestimmten Handwerken durch Erfahrung auskennt,
hat ein Bild der diesen Zonen zugewandten Öffentlichkeit im Kopf. Dieses Bild hat
keine klaren Konturen, es ist also kein Abbild, das man zeichnen könnte, und es ist
eine ständig sich bewegende Wolke anonymer Figuren und Figurationen, die sich
nicht fixieren lassen. Ohne solche, wenn auch nur schwach konturierten, inneren
Bilder ist jedoch ein gezieltes Handeln in der Öffentlichkeit kaum möglich, sondern
verliefe wie ein umherirrendes Tasten im Nebel.

   Eine kommunikative Verdichtungszone, die sich wie ein Pilzmyzel in die feins-
ten Verästelungen der Öffentlichkeit erstreckt und – ohne Übertreibung – als die
existenzielle Mitte der sozialen Lebenswelt betrachtet werden kann, ist der Markt.
Um die Erörterungen an dieser Stelle nicht ausufern zu lassen, beziehen wir uns
auf den verallgemeinernden Begriff *Markt*, ohne auf seine unermesslichen Differenzierungen einzugehen. Entscheidend hierbei ist die Feststellung, dass es sich
um gezielte (intentionale) und nicht um verspielte Formen von Kommunikation
handelt, die den Markt vitalisieren.

   Es liegt an sich nahe und entspräche auch den gängigen Erklärungen der ökonomischen Begriffsfassungen und Theorien zum Markt, das Prozedere der Kauf-
verhandlungen ins Visier zu nehmen und für die Charakteristik dieser Prozesse

benennbare und verallgemeinerbare Einsichten und Erkenntnisse zu bestimmen. Diese Sicht findet sich in der bekannten Definition des Marktes als Ort des Zusammentreffens von Angebot und Nachfrage wieder und wird im neoklassischen Modell des vollkommenen Marktes auf den angestrebten Gleichgewichtspunkt der Einigung beider Seiten reduziert. Das ist Mikroökonomik pur, und dieses Modell stand auch Pate bei betriebswirtschaftlichen Theoretikern wie Erich Gutenberg und seine so genannte Kölner Schule.

Die Prozedur des Hin und Her um den Preis ist in dieser Sicht absolut unwichtig. Es zählt nur das Ergebnis, nämlich der Ruhepunkt, an dem sich beide Seiten einig sind, den Tausch der Ware gegen eine Geldsumme zu vollziehen. Allerdings geht dieses Modell nicht so weit ins Detail, dass damit jede einzelne Markttransaktion erfasst und erklärt wird. Der sich bildende Gleichgewichtspreis ist ein Schnittpunkt des Marktverhaltens sämtlicher Anbieter und sämtlicher Nachfrage, und sie alle müssen sich dem Diktat dieses der Situation angemessenen Optimalpunktes beugen.

Das erkenntnistheoretische und schließlich auch pragmatische Problem der Verabsolutierung des Gleichgewichtsdenkens in der ökonomischen Theorie liegt nicht nur darin, dass die mit viel Unsicherheit und zahllosen Zufälligkeiten bestückten, sich im Geschäftsleben oft tagelang, wenn nicht Monate lang hinziehenden Verhandlungen um ihre kommunikative Substanz gebracht werden. Der Markt der Realität hat eben nicht nur die Aufgabe, Mengenverhältnisse zwischen Anbietern und Nachfragern zu regulieren und zu optimieren. Er ist gleichzeitig und unabtrennbar das notwendige Medium der Austragung von Produktideen und Produktvarianten, und dazu bedarf es der schöpferischen Kommunikation unter allen Teilnehmern (soweit technisch praktikabel).

Es gibt daher noch einen weiteren, viel wichtigeren Punkt in diesem Zusammenhang, auf den wir uns hier beziehen: Der Markt ist ein Ort der Produktion von Produkten. Dabei geht es natürlich nicht um physische Herstellvorgänge, wohl aber um die viel wichtigere Phase der geistig-schöpferischen Erzeugung von etwas, das sowohl bei Nutzern (Konsumenten, Verbrauchern) als auch bei Herstellern als das Produkt die Köpfe besiedelt. Das ist die Kernthese dieser Abhandlung, und darüber wird sogleich noch weiter zu argumentieren sein.

5.1.3   Die Entgrenzung der Öffentlichkeit durch die Medien

Die These von der medialen Natur der Produkte kann sich nur auf gesellschaftliche Entwicklungs- und Entfaltungszustände beziehen, die das archaische Stadium der unvermittelten sozialen Kommunikation auf lokaler Ebene unter Anwesenden überschritten haben und in denen ein großer Teil der Verständigungsprozesse,

wenn nicht sogar die meisten Praktiken des Kommunizierens technische Mittel
(die Medien) zu ihrer Effizienz zu Hilfe nehmen. Die Verstärkerrolle der Medien
hat sich in modernen Gesellschaften, die ohne institutionalisierte Medien wie die
Presse, Telefon, Rundfunk und Fernsehen und schließlich Internet nicht vorstellbar
wären, zu einer die Öffentlichkeit im Allgemeinen und die kommerzielle Welt der
Märkte im Besonderen dominierenden Macht etabliert.

Die Macht der Medien folgt einem uralten Schema. Wer um seines individuellen Erfolges willen in der Öffentlichkeit oder im Markt auf einen Zugang zu den
Medien angewiesen ist, muss sich den Selektionskriterien der institutionalisierten
Medien beugen. Ohne Selektion wären die meisten Medien weder technisch noch
wirtschaftlich handhabbar. Das aber bedeutet, dass der Zugang zu einem Medium
entweder hoch entgolten oder von bestimmten Kriterien vorsortiert werden muss.
Beides kreiert Macht, wobei die über das Geld vermittelte Macht vielleicht sogar
die harmlosere ist, denn die Selektionsmacht hat weit reichende Folgen. Wer auf
diese Weise die Selektion in ein Medium passiert hat, wird in der Öffentlichkeit
wahrgenommen als etwas Gewichtiges, das anderenfalls durchs Sieb gefallen wäre.

Die Machtbildung der Medien ist so eng mit ihrer Funktion der kommunikativen Konstruktion von (Verdichtungszonen der) Öffentlichkeit verbunden, dass sie
unvermeidlich in eine mitgestaltende Position gebracht werden. Die Märkte sind
eine besonders wirksame mediale Verdichtungszone im Gewebe der öffentlichen
Kommunikation. Für ein institutionalisiertes Medium ist Freiheit (Pressefreiheit,
aber nicht nur sie) unabdingbar und kulturell schöpferisch. Doch gilt auch für die
Medieninstitutionen die Einheit von Freiheit und Verantwortung wie überall in
einer offenen, dynamischen Gesellschaft, und das betrifft die meisten Medien in
zwei verschiedenen Rollen: Medien dienen technisch-organisatorisch der Raffinesse
soziokultureller Kommunikation. Aber viele Medien sind auch selber Erzeuger
von kommunikativen Inhalten, beispielsweise Verbreitung von Geschichten oder
Berichten auf der Grundlage eigener Recherchen.

Ein weiterer Gesichtspunkt folgt den technischen Möglichkeiten moderner
Medien: ihre Reichweite und damit ihre immense Streubreite in der Öffentlichkeit. Das Zeitalter der elektronischen Medien hat längst eine globale Dimension
erlangt und ist auf dem Wege, die Produktion von Produkten auf eine zugleich
höchst differenzierte und standardisierte Stufe der Weltumspannung anzuheben.

Die These von der medialen Natur der Produkte trifft zwar nicht erst für das
Zeitalter der elektronischen Medien zu, erreicht hier aber ihren vorläufigen Gipfel.
Aus dieser Erkenntnis ergibt sich logischerweise, dass die heute immer noch verbreiteten Konzepte der betriebswirtschaftlichen Marketinglehre auf den Prüfstand
gehören. Was soll man mit dem Konzept des optimalen Marketingmix anfangen,
wenn die narrative Komponente der medialen Erzeugung von Produkten in den

Vordergrund rückt? Diese narrative Komponente ist mehr als nur das Geschichtenerzählen (Storytelling), das aus der Marketingliteratur bekannt ist (Herbst 2014) und das den Unternehmen empfiehlt, viel über sich selbst zu erzählen. Die erzählerische Weite des Narrativen, das hier gemeint ist, bringt Ereignisräume ins Spiel, die sich um Produkte als geistige Entitäten bilden. Narrativ in diesem Sinne wäre beispielsweise die Geschichte der Entdeckung oder Erfindung des Internet oder die Geschichte der Kaffeehauskultur, die den Kaffee zu einem vertrauten und dennoch geheimnisvollen, fast zeremoniellen Produkt macht. Das wird noch viel deutlicher bei Wein, Oliven oder Tulpen. Was ein Produkt mit Erlebnismöglichkeiten befrachtet, ist das Erinnerungspotenzial in ihm, das mitklingen kann, wenn es um den genussvollen Gebrauch oder Verzehr geht. Wer sich dem Narrativen verschließt, dem entgeht der Reichtum des Erlebens mit einfachen Erzeugnissen und lässt sich vielleicht zu künstlicher Raffinesse verführen.

Die „in alle Winde" sich verbreitenden Medien sind ein vorzügliches Instrument, narrative Würze in das gezielte Marketing für ein bestimmtes (und dann auch Gewinn ermöglichendes) Erzeugnis zu bringen. Die Medien haben in der Öffentlichkeit eine Reichweite und zugleich – wenn sie es wollen – eine gestalterische Tiefe, die kein singuläres Marketingkonzept für ein einzelnes Produkt erreichen könnte. Allein die unübersehbare Menge an Journalen aller Art, die heute die Kioske und Buchläden überfüllen, zeigen an, welche Bedeutung der narrativen Komponente im Marketing zukommt, denn keines dieser Journale könnte sich ohne geschickt integrierte Werbung am Leben erhalten.

5.2 Die Bildgestalt der Produkte

5.2.1 Das mentale Format der Produkte

Die zwei Seiten eines Produktes, die mental erzeugte und öffentlich kommunizierte Gestalt einerseits und die physische Ausführung nach deren Muster andererseits, haben wir mehrfach angesprochen. An dieser Stelle ist diese Wahrnehmung noch einmal zu thematisieren, und zwar unter der ergänzenden These, dass die Kopfgestalt das primäre (nicht aber das obrigkeitlich beherrschende) Prinzip darstellt. Das Produkt ist ursprünglich ein lebendes Etwas in der geistigen Innenwelt des herstellenden Menschen und ist durchdrungen von den bewegten und sich bewegenden Komponenten der individuellen Kulturformung in der Innenwelt. Es bleibt aber nicht im Individuellen stehen, sondern drängt in die Öffentlichkeit, will also kommuniziert werden.

Daraus entsteht, es sei noch einmal wiederholt, im Sozialverbund eine kommunikativ vermittelte, abstrakte „Kopfzone" sich überdeckender oder überlappender individueller Vorstellungen. Die Bildgestalten der Produkte (und anderen Gegenständen von sozialem Belang) bleiben Phänomene individueller Gehirne, aber die Eigenart rückt in den Vordergrund, dass sich aus einer Vielzahl ähnlicher Bildelemente Kongruenzen ergeben, die ein eigenes, vom Individuellen abgelöstes Dasein entwickeln. Sie werden zu Bausteinen der Öffentlichkeit, wenn sie wie die Vokabeln einer Sprache, jederzeit und überall in gleicher oder ähnlicher Weise verstanden werden. Vielen bekannten Markenartikeln der Warenwelt ist dies widerfahren. Das Produkt existiert und kursiert folglich mit seinen mentalen Komponenten in der gesellschaftlichen Lebenswelt als dort wirkende Bildgestalt, die ihre jeweiligen Hersteller ebenso repräsentiert wie sie Bezug nimmt auf die individuelle Lebenspraxis.

Die mentale Bildgestalt eines Produktes ist jedoch nicht einfach eine umlaufende Münze, die sich von physischen Gold- oder Silberstandard losgemacht hat und als billiges Surrogat die Märkte durchstreift. Die Bildgestalten sind – trotz aller Unschärfe und Unbestimmtheit im Detail, insbesondere im Design – Vorlagen für die Hersteller, korrespondierende Gegenstände in großer Zahl herzustellen, wie sie Objekte kreativen Spiels im individuellen kulturellen Ambiente darstellen.

Ein Kaffeeröster röstet nicht Kaffee – er käme kommerziell nicht sehr weit damit –, sondern kreiert unter dem Produkt *Kaffee* seine spezifischen Duftspuren, auch wenn diese über den Stand unkontrollierbarer Verbalbeschreibungen selten hinausgelangen. Dieses kreative Spiel mit den Produkten als mentalen Elementen der Lebensgestaltung kann durchbrochen oder erlahmt sein, wenn Nutzer sich einlullen lassen von den andrängenden und teilweise aggressiv sich aufdrängenden Produktgestalten, die die Hersteller mit narrativen Mitteln über die Medien ausbreiten. Doch bleibt stets etwas haften im Gehirn, das der Einbildung zu einer Schein-Wahrheit verhilft. Das alles ist hier nicht zu kritisieren – das wäre ein eigenes Thema –, sondern ist als Feststellung gemeint, dass Produkte sich in Köpfen formieren und von dort aus auf die (Wahl-) Handlungen von Nutzern und auf die (Fertigungs-) Muster der Hersteller einwirken.

Die im Gedächtnis verankerten Bildgestalten von Produkten sind zwar Elemente im Archiv der Erinnerungen und bevölkern zeitweilig in verwirrender, wenn nicht dominierender Weise die Binnenwelt eines Menschen in einer seine Konsumlust unmäßig befeuernder Weise, die einem Suchtverhalten nahekommt. Aber sie bilden kein von den übrigen Gedächtnisinhalten und Figuren abgetrenntes Eigenleben, sondern ziehen gewissermaßen ihr Ambiente hinter sich her. Wer an wilden Waldmeister denkt, sieht im Bewusstsein zugleich den lichten Bodenteppich im Buchenwald, der dieses Gewächs möglich macht. Die Bildgestalten aller Art gleiten leicht von konkreten Gegenständen der Wahrnehmung hinüber in die Sphäre der (künstlerischen, dichterischen oder eben kommerziellen) Inspiration. Das ist eben die narrative Komponente, die die Produkterzeugung begleitet.

Kommerzielle Inspirationen haben immer wieder Geschichte gemacht, wie das Beispiel der Tulpenzüchtungen in Amsterdam zu Beginn des 17. Jahrhunderts zeigt. Tulpenzwiebeln ungewöhnlicher (zufälliger) Mutationen spielten damals in Amsterdam eine spektakuläre Rolle, bis die Spekulationen in der so genannten Tulpenkrise von 1637 (Dash 2001) endeten. Der Anblick seltener Mutationen der Tulpe, deren Zwiebeln zu Züchtungszwecken schwindelerregende Preise erzielten, hat das Staunen über die Schönheit in die Kalkulation einer Produktgestalt verwandelt. Doch weder eine gezielte Züchtung noch irgendeine raffinierte Kalkulation erzeugten letztlich eine Tulpensorte, sondern die Erregung beim Anblick eines schönen (damals züchterisch unnachahmlichen) Blütenkelches.

Kommerzielle Effekte, auch wenn sie nur am Horizont der Innenwelt eines Kunstliebhabers angesiedelt sein mögen, stellen doch oft der unvoreingenommenen Kunstbetrachtung unbemerkt eine Falle. Aus dem Staunen vor dem großartigen Gemälde wächst bei manchen sie Lust, in seinen Besitz zu gelangen und sich beim Kauf oder der Versteigerung zugleich mit dem Gedanken zu trösten, dass solch ein Stück jederzeit wieder versilbert werden kann und dabei sogar noch einen Gewinn hinterlässt. Schon der Gedanke daran, das Objekt eines Tages wieder zu veräußern, macht das Gemälde zu einem Produkt. Das sind geistige Herstellvorgänge, die nie irgendeine Werkbank und irgendwelches Werkmaterial gesehen haben.

Ohne eine aus dem Gedächtnis hervorgeholte Bildgestalt kann niemand einen wie immer gearteten Zusammenhang zu einem konkreten Gegenstand herstellen und ihn identifizieren. Wer sich mit Waldpilzen nicht auskennt und keine konkreten Vorstellungen davon hat, wie genießbare Pilze aussehen, wird sich nicht trauen zu ernten, was ihm im Wald begegnet, falls er überhaupt auf solche Objekte aufmerksam wird. Vor der Entscheidung zur Tat liegt daher stets eine Bildgestalt (in manchen Zusammenhängen ergänzt durch Gefühls-, Geruchs- oder Tonkomponenten), und erst eine hinreichende Übereinstimmung zwischen der mentalen Bildgestalt und einem konkreten Gegenstand ermuntert zu einem Entschluss und einem bestimmten Handeln. In diesem Sinne sind die Bildgestalten im Kopf das Primäre, aber in einem lernfähigen Gehirn auch meist nur vorläufig, denn die Belehrung ist das Klopfzeichen für die Einsicht, dass alles Wissen und alle Erfahrungen nur Zwischenstadien sind.

Die Bildgestalten, die ein Mensch in seinem Gedächtnis bewahrt und bei bestimmten Anlässen wie etwa zufälligen Begegnungen aktiviert, sind kein lexikalisches Wissen. Sie bauen sich, beginnend im frühen Kindesalter, langsam aus zunächst noch unreflektierten Erlebnissen und zunehmend aus verarbeiteten

Wahrnehmungen (= Erfahrungen) auf und verändern sich im Laufe des Lebens, sofern sie nicht durch Vergessen allmählich wieder verschwinden.

Diese Bildgestalten suchen nach Übereinstimmungen in der dinglichen Welt, aber sie können auch zu Antrieben werden, nach Gegenständen in der dinglichen Welt zu suchen oder entsprechend dem Können und der instrumentellen Ausstattung entsprechende Gegenstände zu konstruieren. Aus diesen Suchprozessen entwickeln sich Produkte als Bildgestalten, die einen Menschen auf die Reise durch die Märkte (Supermärkte, Boutiquen, Messen und Ausstellungen usw.) schickt in der Erwartung, konkreten Gegenständen zu begegnen, die dem Produkt im Kopf entsprechen. Die Aktivierung von Bildgestalten im Gehirn hat eine Orientierungsfunktion in den Lebensprozessen und sie hat eine Inspirationsfunktion für die Kreativität tätiger Menschen.

Sowohl die mentalen Bildgestalten als auch die für menschliche Zwecke herangezogenen oder physisch hergestellten Gegenstände gehören der Kulturwelt des einzelnen Menschen oder des sozialen Verbundes an, in dem er lebt. Erst aus diesem kulturellen Hintergrund wird dem Gegenstand Sinn und Wert verliehen. Wer sich für ein Sitzmöbel interessiert und dieses selbst herzustellen oder zu erwerben trachtet, untersucht nicht nur dessen Funktionstüchtigkeit, etwa bequemes Sitzen und solides Material, sondern bezieht dessen ästhetische Gestalt und ihre Wirkung in der Umgebung, für die es gedacht ist, als wesentliches Merkmal bei der Entscheidung mit ein.

Das mentale Produkt ist stets mehr als nur die Bildfigur des Objektes selbst, sondern wird schon im Gehirn in ein aus den jeweiligen Lebensverhältnissen komponiertes Panorama eingefügt. Man sieht – so wie auf einen gut gemachten Werbeplakat – nicht das Produkt isoliert, sondern nimmt die gesamte kulturelle Konfiguration als etwas Ganzes wahr, nicht viel anders als bei der Betrachtung eines Kunstwerks oder einer die Sinne anregenden Landschaft.

Holistische Wahrnehmung ist zwar nicht so präzise wie analytische Ergründung, aber sie bringt Sinnesreize zustande, die die Kreativität ermuntern, die Intuition beflügeln und die Motivation zum Handeln anregen. Dazu ist der rationale Verstand, der sich auf Analysen stützt, bei weitem nicht in der Lage. Für Marketingexperten heißt das, die narrative Schicht bei der Kommunikation von Produkten nicht zu unterschätzen. Der besondere Duft eines auserwählten Kaffees ist bildlich und tonal nicht zu beschreiben. Aber das genießende Gesicht eines Menschen, womöglich noch eines namhaften, erzählt in wenigen Sekunden eine Geschichte, die genügend Zündstoff für Duftphantasien enthält.

5.2.2 Das Produkt im kulturellen Ambiente

Wie soeben schon angedeutet, spielt das Produkt, wenn es auf die Werkbank der materiellen Massenproduktion gelangt, nur noch eine statistische und kalkulatorische Rolle mit nachdrücklichen Beziehungen zu den Verkaufsanstrengungen. Das kulturelle Ambiente eines Produktes lässt sich statistisch (so gut wie) nicht standardisieren, allenfalls grob kategorisieren in Ausführungen für den Normalbedarf, den gehobenen Bedarf und den Export in andere Kulturkreise.

Hat ein Produkt erst die Reife erlangt, dass es mit Regelmäßigkeit materiell hergestellt und verkauft werden kann, wird seine öffentliche Kommunikation mehr der Erinnerung oder Wiederauffrischung dienen als der auffälligen Platzierung mit übertreibendem verbalem, bildlichem und tonalem Lärm. In beiden Situationen kommt dem Narrativen eine erhebliche Bedeutung zu.

Jedes Produkt hat auf der mentalen wie auf der materiellen Ebene eine ihm vom Benutzer zugewiesene kulturelle Bedeutung, die im Falle des Erwerbs letztlich maßgeblich ist für eine Wertentscheidung hinsichtlich der Geldsumme, die den Kauf akzeptabel macht. Das kulturelle Wertgewebe auf der Seite des Nutzers ist indessen keine subjektiv feste Größe, die jeder Mensch im Laufe seines Lebens auf eine persönliche Weise erlangt und mit der zu leben er lernt. Die individuelle Lebensart (Lebensmuster, Lebensstil, ästhetische Fixierungen, soziale Kontaktmotivation usw.) ist vielmehr selber ein Ergebnis aus einer Vielzahl von kommunikativen Einflüssen aus der Außenwelt und sie ändert sich mit der Zeit, hinterlässt sozusagen Spuren der persönlichen Geschichte.

Die individuelle Lebensart und über ihr die sozialen Kulturmuster sind nicht autonom. Immer schon haben verschiedene Kräfte auf diese normativen Elemente und ihre Muster Einfluss ausgeübt: die Religionen, die aristokratischen Obrigkeiten, die städtischen Magistrate, die Philosophen, die Dichter, die Wissenschaften und die Dorfgemeinschaften. Unstrittig ist auch, dass Handwerker, Gewerbetreibende und Händler durch die funktionalen und ästhetisch-symbolischen Gestalten ihrer Waren in die Formung individueller und sozialer Kultur (in älteren Epochen allerdings kaum über die Lokalitäten überschreitend, heute schon teilweise in globalisiertem Format) hineingewirkt haben.

Der Unterschied heutiger Provenienzen der mentalen Konzipierung und dinglichen Realisierung von Produkten zu den Handwerkern, Gewerbetreibenden und Händlern älterer Epochen liegt nicht so offen vor Augen, wie es zunächst scheinen mag. Die kulturelle Prägekraft von dinglichen Erzeugnissen, die aus handwerklicher Kunst, aus gewerblich organisierten Produktionen, beispielsweise im Verlagswesen, und aus den von fernen Kulturen zeugenden Waren der Händler auf (örtliche) Märkte gelangten, war neben den geistigen und geistlichen Einwirkungen das maßgebliche, Kultur formende Bodenmaterial von erstaunlicher ästhetischer Raffinesse und kompositorischer Fülle.

Die Warensortimente waren in älteren Epochen keineswegs armselig, sondern bestanden häufig in Einzelstücken aus einer handwerklichen Fertigung, die das Prinzip der Standardisierung nicht kannte. Man gewinnt den Eindruck, dass die Warenfülle in Supermärkten der Gegenwart eine Täuschung der Verpackungskunst ist, der der substanzielle Formenreichtum abgeht. Die verbreitete Lust an Antiquitäten aus handwerklicher Fertigung lebt geradezu von der fehlenden Standardisierung von Erzeugnissen und der Individualität eines Einzelstücks.

Der tatsächliche Unterschied zwischen den heutigen Produkten und den Erzeugnissen älterer Epochen liegt jedoch auf einer anderen Ebene. Die Erzeugnisse älterer Epochen waren Vergegenständlichungen von mentalen Produkten, die aus den Geistesquellen herrschender Elite kamen: Aristokraten, Klöster, später großbürgerliche Dynastien, Künstler und andere, die in den einschlägigen Herrschaftskreisen Gehör fanden. Die dinglichen Exemplare, die aus den Werkstätten der Erzeuger kamen, verwirklichten nicht eigenständige Produkte der materiellen Hersteller, sondern zeugten von der Meisterschaft, mit der die von den Herrschaften, den Gilden und Zünften sorgsam bewachten Produkte bestätigt wurden. Es war eine Ausführungsmeisterschaft, nicht eine kreative Meisterschaft.

Die Auflösung dieser elitären Vorrechte (Prärogativen) geschah nicht in revolutionären Umwälzungen, sondern brach mit der Renaissance und der Entdeckung des Individuums mit seinen schöpferischen Kräften ganz langsam aus den altersschwachen Strukturen mittelalterlicher Herrschaften hervor. Dieser Zivilisationsfortschritt betraf die Seite der Hersteller von Produkten in gleicher Weise wie die der Nutzer der Produkte in der individuellen Lebenswelt. Die Hersteller konnten, wenn auch nur in kleinen Schritten, die partielle und schließlich umfassende Gestaltungsmacht ihrer Produkte an sich ziehen, während die Nutzer ihrerseits die Gestaltungsfreiheiten auf ihre häuslichen Lebensumstände übertragen konnten, also ein – lange Zeit noch sehr zaghaftes, heute unumstrittenes – Eigenrecht auf individuelle Gestaltung des kulturellen Ambientes erwirkten.

Dass dennoch keine „Verwilderung" des Geschmacks im Subjektiven stattfand, dass sich vielmehr in den Gestalten des kulturellen Ambientes mehr und mehr Standardisierungen haben einschleichen können, hat andere Gründe als solche, die mit den beengten Verhältnissen herkömmlicher Sozialstrukturen ausgangs des Mittelalters und noch sehr lange Perioden in der Neuzeit heranzuziehen wären. Der Umbruch, der hier stattfand, hat im Zeitalter der elektronischen Medien nicht etwa sein vorläufiges Ende gefunden, sondern zeigt die Aussichten an, die bei fortgesetzter Kultur- und Zivilisationsentwicklung der Menschheit in globalen Dimensionen bevorstehen.

Die Auflösung obrigkeitlicher Bevormundung ist ein Merkmal der Moderne, ein unumkehrbarer Vorgang, der auch Schattenseiten mit sich bringt. Es kann sehr wohl geschehen, dass Individualität eine Täuschung ist, weil die abstrakte Obrigkeit von Moden, kreativ verspielten Trends, angeblichen Sachnotwendigkeiten und technischen Ausweisen des Up-to-date nicht mehr als einengend wahrgenommen werden. Die Weltzivilisation, so sieht es aus, wird nicht vorbildlos sein. Die Vorbilder erzeugenden Kräfte sind nur schlechter zu durchschauen. Die für solche Fragen aufklärerischen Ehrgeizes zuständige Wissenschaft, die Betriebswirtschaftslehre (sie könnte dies jedenfalls nach einem Modernisierungsschub sehr wohl sein) hat sich bislang solchen Themen verweigert. Es ist an der Zeit, daran etwas zu ändern.

Der kritische Ansatz hängt aufs Engste mit der methodologischen Festlegung betriebswirtschaftlichen Denkens auf die dingliche Seite von Produkten und ihre Erzeugung unter völliger Verdrängung der mentalen, heute vornehmlich medialen Natur von Produkten. Erschwerend, aber damit eng verbunden, kommt eine zweite fundamentale Einsicht hinzu, die gleichfalls schwer wiegt: Die betriebswirtschaftlichen Theorien, Modelle und Handlungsempfehlungen für die Unternehmenspraxis beruhen entschieden auf dem Prinzip der Wahrnehmung der Marktfreiheiten, die die Gesellschaften der Moderne ihrer Wirtschaft einräumen. Ausgelassen, in manchen Publikation sogar aktiv weggedrückt, wird dabei das Prinzip der Verantwortung, das mit der Freiheit eine unzertrennliche Einheit bildet. Damit gerät ein normatives Element in die Wissenschaft, das die Mehrheit der Betriebswirte abweist. Doch das Bemühen um wissenschaftliche Objektivität und Wertneutralität, um das es dabei geht, ist letztlich jedoch nicht durchzuhalten.

Wer mit wissenschaftlicher Strenge und Seriosität das Postulat der Gewinnmaximierung als Ausdruck der Logik freiheitlich strukturierter Marktwirtschaften verkündet, darf sich nicht wundern, wenn die davon Angesprochenen dieses Postulat praktizieren und jede Form von Verantwortungsethik auf die imagepflegende Seitenposition der Freiwilligkeit verschieben. Diese Feststellung ebenso wie die zuvor genannte Einseitigkeit der dinglichen Ausrichtung der Betriebswirtschaftslehre wurde in den Mittelpunkt der Argumentation in dieser Abhandlung gerückt. Die Trennung von Freiheit und Verantwortung und die Verlagerung der Verantwortung als eigenständige Anstrengung auf die gesellschaftliche Zone hinter den Grenzlinien der Marktfreiheit ist eine unbegründete und methodologisch höchst problematische Ideologie der Entfesselung bis an die Grenzen des gerade noch Hinnehmbaren.

5.2.3 Die Kommerzialisierung des kulturellen Ambientes

Zu den Grundannahmen mikroökonomischer Modelle zum Studium des Marktgeschehens in Form von Simulationen gehört die Prämisse der so genannten Konsumentensouveränität. Diese Annahme besagt keineswegs, dass die Konsumenten
sich wie selbstbeherrschte, keiner äußeren Macht unterworfene Individuen verhalten
– abgesehen davon, dass es sich nur um eine theoretische Unterstellung handelt -.
Gemeint ist vielmehr, dass die Anbieter unter den Bedingungen eines vollkommenen Marktes keinen Einfluss auf die Entscheidungen der Konsumenten nehmen
(können). Die Prämisse hat eine befreiende Wirkung, indem die Verantwortung
für Fehlnutzungen oder Missbräuche den Konsumenten als anonymes Kollektiv
zugeschoben wird. Diese Unterstellung ist sinnlos und selbst theoretisch unergiebig.

Selbst wenn wir für einen Moment von unserer Position abrückten, dass Produkte
mentaler Natur sind und ihre dinglichen Exemplare, die gegenständlichen Waren
in den Regalen oder Katalogen, die funktionalen und ästhetischen Fassungen der
Bildgestalten in den Köpfen in ihren physischen Eigenschaften übertragen, bleibt die
Frage zu klären, auf welche Weise ein beliebiger Anbieter überhaupt zur Produktion
seines angebotenen Erzeugnisses kommt, wenn nicht in gedanklicher Vorwegnahme
der Erwartungen seiner Nachfrager. Auch die Erfüllung von Erwartungen ist ein
(bekräftigender) Kontakt und Eingriff in die Entscheidungen der Konsumenten.
Das ist ja nichts Ehrenrühriges.

Ein weiteres, hier aber nicht zu klärendes Argument, ergibt sich aus der modell-
theoretischen Annahme der Mikroökonomik, dass alle Anbieter ein und dasselbe
Gut am Markt präsentieren. Wie kann das zustande kommen? Welche Macht hat
alle Produzenten veranlasst, die Erwartungen der Nachfrage hinsichtlich der Eigenschaften des Produktes in absolut identischer Weise vollständig gleich zu erfassen
und in das Produkt zu übertragen? Die Mikroökonomik ist, jedenfalls in dieser
Thematik, ein intellektuelles Spiel ohne theoretische oder gar pragmatische Relevanz.

Der Theoretiker weiß natürlich, dass Hersteller mit zuweilen nur kleinen Eigenschaften im Design ihrem Produkt etwas wahrnehmbar Eigenes geben wollen,
um gegen die Konkurrenz zu bestehen. Das liegt in der Natur der Sache und ist
eine im System *Marktwirtschaft* fest verankerte Komponente, die sich aus der nicht
abwählbaren Paarung der beiden Prinzipien der Gewinnerzielung und der Nutzenstiftung ergibt. Die kaum fassbare Variabilität und Flüchtigkeit individueller
Nutzenempfindungen auf der Konsumentenseite provoziert geradezu die Versuche
von Herstellern, mit den Besonderheiten ihrer Produkte eine Nutzennische zu finden,
die den Konkurrenten entgangen ist. Welche Erkenntnis soll sich daraus ergeben,
dieses Kerngeschehen jeder Marktwirtschaft zu eliminieren, nur um einen für alle
Marktteilnehmer verbindlichen Gleichgewichtspunkt zu definieren?

Die reale Kommerzialisierung betrifft darüber hinaus nicht nur das Produkt selbst als materielles Ding, sondern mit ihm zusammen das nur schwach generalisierbare Ambiente möglicher Nutzungen des Produktes beim Endkonsumenten. Ohne gestaltenden Zugriff auf das Ambiente der Produktnutzung kann kein privatwirtschaftlicher Erzeuger auf Markterfolge hoffen. Dabei ergeben sich zwei, in der Regel sich ergänzende Gestaltungsansätze. Erstens: Die Eigenschaften der materiellen Ausführung eines Produktes lehnen sich eng an das vermutete kulturelle Ambiente auf Seiten der Konsumenten an. Zweitens: Die verfügbaren medialen Instrumente können eingesetzt werden, um auf die Charakteristika des kulturellen Ambientes einzuwirken, und zwar mit Gestaltungsakzenten, die das Einfügen des beworbenen Produktes glätten.

Um das hier kurz zu fassen: Unter Kommerzialisierung wird der Prozess der Übernahme von Gestaltungsmacht durch profitorientiert operierende Kräfte der Anbieterseite verstanden. Gewinnerzielung wird zum Hauptkriterium der eindringenden Gestaltungsmacht und überwältigt andere, aus der Sache selbst hervorgehende (substanzielle) Komponenten der Gestaltentscheidungen. Mit anderen Worten: Es ist niemals ausgeschlossen, dass in der Unternehmenspraxis der Akzent in der Paarung von Gewinnerzielung und Nutzenstiftung von der Balance in die Bevorzugung der Gewinnerzielung gleitet. Die Folgen können verheerend sein. Typisches Beispiel sind in einem von Subventionskürzung betroffenen Theater die Programmentscheidungen für eine Saison, wenn in der Auswahl der Inszenierungen solchen der Vorzug eingeräumt wird, die volle Säle versprechen, wohingegen künstlerisch experimentelle, Neuland betretende Stücke entfallen.

Von Kommerzialisierung wird in der Regel dann gesprochen, wenn gesellschaftliche Bereiche, die traditionell nicht marktorientiert arbeiten, sondern anderen sozialen Wertkategorien folgen wie beispielsweise der Kunst (Theater, Museen, Orchester), der menschlichen Gesundheit (Krankenhäuser), der körperlichen Erbauung (Sport), der Bildung (Schulen, Universitäten) und der Naturästhetik (Landschaftsschutz) von wirtschaftlichen Erwägungen dominiert werden.

Hintergrund des Vordringens kommerzieller Zielüberformung ist meistens die (politische) Annahme, dass die innere Wirtschaftlichkeit solcher Institutionen (ihre interne Rationalität) unter der Regie privaten Kapitals oder unter der Anwendung betriebswirtschaftlicher Prinzipien des professionellen Managements besser durchgesetzt werden kann als durch die Bürokratien mit beamtenhaften Mentalitäten. Das kann durchaus der Fall sein. Doch muss man genau hinsehen, ob die Nutzenstiftung, der auch ein öffentlich subventionierter Betrieb folgen muss, noch eine balancierte Einflussmöglichkeit im Betrieb behält. Es geht um die Korrespondenz zwischen Nutzenstiftung in der Außenwelt, im Theater also die Befriedigung der Erlebnisbedürfnisse des Theaterpublikums, und der Leistungsfähigkeit des Betriebes, dessen Ressourcen zu einem wirkenden Ganzen zu bündeln sind, das Menschen und Ausrüstungen umfasst.

Die Kommerzialisierung des kulturellen Ambientes ist etwas anders akzentuiert. Zwar geht es auch im Prozess der Erzeugung von mentalen Produkten um das Vordringen von Kriterien der Profitabilität. Aber der Eingriff oder Übergriff erfolgt entlang der Linie der komplexen Bildung von Produkten im Rahmen des kulturellen Ambientes von Nutzern (Konsumenten). Darin geht es um wechselseitig wirksame Kommunikation hin zu mentalen Bildgestalten und daraus folgend dinglichen Gegenständen, die die Wünschbarkeit der Nutzer mit den technisch-ökonomischen Bedingungen ihrer Machbarkeit in Einklang bringen. Diese inzwischen eher veraltete Form der offenen Marktkommunikation gerät im Prozess der Kommerzialisierung fortschreitend unter die Regie der Warenhersteller, die die technisch-wirtschaftlichen und zugleich profitablen Möglichkeiten rationalisierter industrieller Fertigung durchzusetzen versuchen.

Der eigentliche Vorgang der Kommerzialisierung geht indessen über die Gestaltungsmacht des Produktes zunächst auf der mentalen, dann auf der dinglichen Ebene weit hinaus und erfasst das gesamte kulturelle Ambiente auf der Nutzerseite. Dieser Prozess hängt damit zusammen, dass die marktförmig geglättete Durchsetzung der Profitabilität eines Produktes nicht schon dadurch gesichert wird, dass den Gestaltvorgaben und -erwartungen der Klientel gefolgt wird, sondern dass diese selbst zum Gegenstand der mentalen Produkterzeugung gemacht werden. Diesem Zugriff von Seiten der Hersteller kommt ein Umstand zugute, der die ursprüngliche Form der Kommunikation, nämlich die Verständigung durch wechselseitige sprachliche Aktivität, aufhebt mit Hilfe von Medien, die nur in einer Richtung wirken (können).

Die heute in der Öffentlichkeit arbeitenden Medien (Printpresse, elektronische Presse, Fernsehen, Internet) sind zwar technisch auch an wechselseitiger Kommunikation nicht gehindert (in der Tendenz zeichnet sich dies in einigen Medien des Internets bereits ab). Aber die Kommerzialisierung hat längst die Medienunternehmen erfasst und weitgehend im Sinne der Marktwirtschaft privatisiert. Sie haben Führungs- und Gestaltungsinstitutionen, z. B. Redaktionen, eingerichtet, die zwar immer noch die Prinzipien der Pressefreiheit und ungehinderten gesellschaftlichen Informationen beachten (müssen), sich aber wirtschaftlich nur behaupten können, wenn sie ihre Instrumente der Erreichung öffentlicher Aufmerksamkeit der werbenden Wirtschaft zur Verfügung stellen.

Produkte sind unter diesen Umständen ihrer Natur nach Erzeugnisse unter weit reichender Anwendung der öffentlich wirkenden Medien mit ihrem technischen Instrumentarium und der überwältigenden Bildmacht, die ihnen immanent ist. Um dies nochmals zu unterstreichen: Produkte sind in arbeitsteilig entfalteten Gesellschaften immer schon maßgeblich mentale Hervorbringungen gewesen, während ihre massenhaften Verdinglichungen in den Warenauslagen der Märkte lediglich exekutieren, was unter den jeweils vorherrschenden kulturellen Normenstrukturen machbar ist. Etwas lapidar können wir sagen: Produkte werden auf geistiger Ebene erzeugt, und wenn diese im weitläufigen Feld öffentlicher Kommunikation sich der effektiven Instrumente der Medien bedienen, dann erhalten sie mediale Konturen und Färbungen. Diese erst ergeben den Hintergrund für industrielle Fertigungsambitionen.

Eine weltweit und allen Menschen geläufige Hautcreme hat eine (hier nicht näher zu beschreibende) Produktgestalt unter Verwendung eines kosmisch klaren Tiefblau und einem hygienisch weißen, schnörkellosen Schriftzug des Namens. Selbst wenn der Name dieses Produktes nur in geschriebener Form indirekt (so wie hier) erwähnt wird, kommt beim Leser fast automatisch ein inneres Bild zustande, das aus eben diesen beiden Farben besteht. Das gleiche Spiel ließe sich mit anderen Farbkombinationen und Schriftzügen ausführen. Zweifellos sind die Bildassoziationen, die durch bloße Sprache in Gang gesetzt werden können, in manchen Fällen deutlich komplexer. Man mache dieses Experiment mit wenigen Begriffen der Beschreibung einer bestimmten Automarke oder zum inneren Aufleuchtenlassen des Klischees eines mediterranen touristischen Zielgebietes.

5.2.4 Die Eigenverantwortung der Nutzer

Die ökonomische Theorie des Marktes macht es sich einfach: Um der notwendigen Symmetrie der Marktzugänge und der Wahlfreiheit für Anbieter und für Nachfrager zu genügen, wird dem Nutzer Souveränität in seinem Entscheidungsverhalten zugewiesen. Der Konsument, so nimmt man an, weiß sehr genau, was er will und welche (meist Geld-) Mittel ihm zur Verfügung stehen, um sein Begehren einzulösen. Das ist im Prinzip ja nicht unrealistisch. Bedenken kommen nur auf, wenn man die Triebkräfte berücksichtigt, die einen Menschen veranlassen, sich auf etwas Bestimmtes vielleicht spontan und unüberlegt oder vom Unbewussten verführt einzulassen. Aber das schwebt den Theoretikern nicht vor. Sie unterstellen dem Konsumenten obendrein, dass er sich rational verhält, wenn er unter mehreren Möglichkeiten sich für jene entscheidet, die seinen Absichten am nächsten kommt.

Der Konsument ist – in der Theorie – ein Homo oeconomicus, nicht anders als der Anbieter (Hersteller, Händler, Makler usw.). „Der Grundsatz, dass jeder Einzelne am besten weiß, was in seinem eigenen Interesse ist, und dass seine Präferenzen zu respektieren sind, wird *Prinzip der Konsumentensouveränität* [im Original fett gedruckt] genannt." (Stiglitz 1999, 181). Das einzige Klare an diesem Prinzip besteht

in der Unterstellung, dass der Konsument seine Entscheidung unbeeinflusst von
äußeren Mächten fällt. Dass er, wie wir wissen, von inneren Mächten, seiner Gier,
seinen Gelüsten, seinen Ängsten und Selbstüberschätzungen überwältig werden
kann, wird mit der Prämisse über den Fokus der ökonomischen Theorie hinaus-
geschoben, als ob das alles nicht existiert.

Mit der Souveränität ist das nämlich so eine Sache: Der bekannte Spruch unter
Händlern und Marketingexperten, der Kunde sei König (Wöhe und Döring, S. 371:
„Auf Käufermärkten ist der Kunde König"), hat an praktischer Bedeutung zwar
nicht eingebüßt, wie die Aktualität der Kundenorientierung unter Marketingexperten zeigt, auch wenn kein Kunde jemals gekrönt wurde. Aber es gibt Zweifel,
ob dem König Kunde mehr als nur mediale Aufmerksamkeit geschenkt wird. Von
Verehrungshaltung gegenüber einem König kann keine Rede sein. Es geht dem
Anbieter darum, mit dem eigenen Warenangebot die Begehrensinteressen der
Käufer möglichst punktgenau zu treffen. Findet ein Kunde, der Zufall mag ihm
dabei geholfen haben, punktgenau einen Gegenstand, wie er ihn sich als Produkt
im Kopf vorgestellt hat, kann er geradezu instinktiv zugreifen. Wozu braucht er
einen rationalen Entscheidungsvorlauf, um sich zum Kauf zu entschließen?

Anders ist die Lage freilich, wenn mehrere Anbieter mit ihren Waren nur
annähernd die Erwartungen und Imaginationen der Kunden treffen. Hier kann
sehr wohl die Notwendigkeit aufkommen, zu einem für den Käufer tragfähigen
Kompromiss zu gelangen, wenn dessen innere Bildgestalten keine Identität in der
Angebotspalette finden. Der Prozess, der nun einsetzt, kann bei hochwertigen
Konsumgütern, beispielsweise Wohnmobiliar, mehrere Tage, wenn nicht Wochen
dauern. In diesem Prozess des ständigen Abgleichens der Physis angebotener
Erzeugnisse mit den imaginierten Gestalten, die bewusst oder unbewusst das
kulturelle Ambiente des Kaufinteressenten einschließen, können sich die mentalen
Produkte, die ihm als Richtschnur vorschweben, verändern, und das geschieht
praktisch in den meisten Fällen.

Der in dem langgestreckten Wahlprozess sich abzeichnende Kompromiss wird,
falls es zu einem Kaufentschluss kommt, zu einer einverständlichen Bildgestalt,
die die ursprüngliche verschiebt oder verdrängt. Kurz gefasst: Das Warenangebot
wirkt auf eine mehr oder weniger sanfte bis hartnäckige Weise auf die mentalen
Produkte und ihr erlebtes und bewusstes kulturelles Ambiente ein. In der Prägekraft
der Erzeugnisse, die auf den Markt kommen, liegt eine die individuelle und über
die bekannten Kommunikationsprozesse auch die soziale Kultur bestimmende
Macht. An die Stelle älterer Mächte, etwa der Kirchen oder der gesellschaftlichen
Eliten, tritt jetzt die Macht der Erzeuger mentaler Produkte auf den Plan. Mit ihnen
gewinnen die Instrumente der Marktkommunikation über die Medien zunehmend
an Bedeutung. Doch der Erzeuger mentaler Produkte ist nicht der Hersteller al-

lein. Es wirken die Konsumenten und die Medien und über letztere auch weitere gesellschaftliche Institutionen mit.

Ist der Konsument, der Nutzer der verführerischen Warenangebote, dem überwältigenden Einfluss der Sortimentsvielfalt hilflos ausgeliefert? Das kann im Einzelfall so sein, wenn das Freiheitsbewusstsein für die Selbstgestaltung des Lebens und des konkreten kulturellen Ambientes unterentwickelt ist und den medialen Verführungen kein Widerstand entgegengesetzt werden kann. Von den Medienexperten, die für die Herstellerseite mit raffinierter Professionalität die mentalen Produkte in die Öffentlichkeit setzen – man denke beispielsweise an das so genannte Neuromarketing, dass sich die Erkenntnisse der Gehirnforschung zunutze macht (Häusel 2012, Scheier 2012, Raab, Gernsheimer und Schindler 2009) –, kann man zweifellos eine erhöhte ethische Kompetenz einfordern. Wie aber ist es mit Freiheit und Verantwortung auf der Nutzerseite?

Dem Freiheitsgebrauch auf der Herstellerseite ist eine untrennbare Verantwortung unabdingbar auferlegt. Die Zielrichtung solcher ethischer Postulate kann aber nicht sein, die kommunikative Theatralik der um Aufmerksamkeit in der Öffentlichkeit buhlenden mentalen Produkte abzuschaffen, um vollständige Transparenz des Geschäftsgebarens zu erzielen, wie es das Modell des vollkommenen Marktes verlangt. Wer Transparenz im Schachspiel verlangt, zerstört das Spiel; wer die Theatralik der Marktauftritte mentaler Produkte bekämpft, richtet den Markt als öffentliches Medium zugrunde.

Es kommt noch ein weiterer Punkt hinzu. Angenommen es wäre technisch möglich, der mächtigen Vielfalt angebotener Produkte und ihrer Varianten eine für jeden Konsumenten erreichbare Durchschaubarkeit aufzuerlegen, wäre allein die Sachfülle, die ein Konsument zu bewältigen hätte, eine Überforderung. Es müsste ein das Leben des Menschen auf den Kopf stellender Aufwand an Lebenszeit für konsumtive Entscheidungsprozesse geleistet werden, der das eigentliche Leben und damit die Lebenslust stranguliert. Der Weg der erweiterten Konsumentenaufklärung, der immer wieder gefordert und beschritten wird, führt in die Irre, wenn er auf vollständige Warenkenntnis abzielt.

Die Lösung, so anstrengend sie sein wird, kann nur partiell in der Eigenverantwortung der Konsumenten oder Nutzer gesucht werden. Diese ist allerdings auch konsequent einzufordern. Auch für die Nutzerseite gilt der Grundsatz der Untrennbarkeit von Freiheit und Verantwortung, und das bedeutet: Wer die Warenvielfalt und in Verbindung damit die freie Wahl bei Kaufentscheidungen in Anspruch nehmen will, muss gegen sich die Verantwortung gelten lassen, aus eigener kultureller Stärke heraus zu agieren. Das will sagen: Es kommt auf ein der Person des Nutzers passendes und von ihm selbst gestaltetes kulturelles Ambiente an, beispielsweise bei der Innenausstattung mit Mobiliar oder bei den familiären

Freizeitvorhaben, das bewusst oder intuitiv das selektive Entscheidungsverhalten am Markt lenkt.

Anders ausgedrückt: Die Klärung der mentalen Produkte, die in ein eigengestaltetes Leben mit seinen gefestigten Kulturmustern eingebaut werden können, ist Sache des Konsumenten, der bewusst seinen Status als Verbraucher überschreitet und seine Lebensstärke im Ganzen seiner existenziellen Bedingungen sucht und definiert. Die Verantwortung des Kulturwesens *Mensch* für sich selbst ist, wenn so etwas Ähnliches wie die Konsumentensouveränität gelten soll, eine notwendige Forderung, ohne die auf der Gegenseite die Forderung nach Mitverantwortung in der Herstellung ins Leere läuft.

Eine der vielen Asymmetrien der zivilisatorischen Entwicklung (hauptsächlich der westlich orientierten Gesellschaften) liegt in den immensen, dem kapitalistischen Prinzip der Gewinnerzielung geschuldeten Antrieben zu immer raffinierteren und differenzierteren mentalen Produkten, die eine gesteuerte, massenhafte physische Produktion nach sich ziehen. Der ursprüngliche Grundsatz der Einheit von Herstellen und Nutzen, der im Interesse der zivilisatorischen Entfaltung mit den Prinzipien der ersten Arbeitsteilung historisch vor undenklichen Zeiten begann und sich immer weiter aufgefaltet hat, hätte den zivilisatorischen Aufbau auf der Seite der Nutzer und ihrer Lebenswelt parallel in Gang bringen müssen.

Um es kurz zu fassen: Die Aufklärung als moderne Bildungsanstrengung darf nicht stecken bleiben in der beruflichen Qualifikation, die heute weltweit unter dem Druck vor allem der Wirtschaft die Schulen und sonstigen Bildungseinrichtungen dominiert. Sie muss die subjektive Stärke der Persönlichkeiten ins Visier nehmen, um in der Sphäre der Wohlstandsnutzungen die ethisch gut begründbare Symmetrie der Teilhabe am komplexen Öffentlichkeits- und Marktgeschehen zu erhalten. Davon sind wir heute bildungspolitisch sehr weit entfernt, besonders auch an den Universitäten.

Mentale Produktion als betriebswirtschaftliches Thema

6

Mentale Produktion heißt nicht nur, dass sich in den Köpfen von in der Wirtschaft tätigen Menschen etwas Produktives abspielt, sondern auch, dass die dort erzeugten Gestalten ein darstellbares Eigenleben in der Öffentlichkeit spielen (müssen). Die aus produktivem Denken hervorgehenden Gestalten kursieren als wahrnehmbare mediale Objekte im gesamten Raum der konkreten Lebenswelten: an Hauswänden, in Bahnhofshallen, an Plakatwänden, in Fernsehspots, in der Tagespresse und in allen Journalen. Sie sind zusammenhanglos präsente Bildtupfer im öffentlichen Raum, die aus sich heraus keinerlei narrative Wirkung erzielen (wollen und können)-

Die Erkenntnis der Tatsache, dass die mentale Erzeugung von Produkten nicht unter der alleinigen Regie von Herstellern in ihren Konstruktions- und Entwicklungsabteilungen geschieht, sondern im freien Feld der öffentlichen Kommunikation, hat – wie leicht einsehbar – erhebliche Konsequenzen für das akademische Fach *Betriebswirtschaftslehre*. Dort wird Produktion immer noch als die Praxis der technischen Fertigung von Erzeugnissen begriffen und ausführlich in Lehrbüchern dargestellt. Da geht es um Produktionsfunktionen, um Fertigungssteuerung, Kostenminimierung und Qualitätssicherung, aber nicht um den mit vielen Risiken behafteten Vorlauf der mentalen Produktion von Erzeugnissen, die in der Marktkommunikation überzeugen und die Wettbewerber übertrumpfen können.

Die narrative Besetzung von öffentlichen Kommunikationsräumen, etwa die mediale Ausstattung von Großbahnhöfen oder die redaktionelle Einflussnahme auf Fernsehprogramme, ist kein technisch rationalisierbarer Mechanismus, sondern die Kunst der einfühlsamen (empathischen) Regie komplexer Gewebe vielfältig sich durchkreuzender Kommunikationen. Ein werbliches Großplakat wirkt unterschiedlich, je nachdem in welchem Umfeld es platziert wird. Selbst diese Frage kann in der Praxis entscheidenden Einfluss auf das Schicksal eines Produktes nehmen.

Die auf ökonomische Rationalität ausgerichteten Themen, Thesen und Theorien der Betriebswirtschaftslehre tun sich ausgesprochen schwer, wenn es um die Gestaltung geistiger Leistungen auf imaginärer, Bildgestalten erzeugender Stufe der

Abstraktion und der sozialen Kommunikation in der Öffentlichkeit geht. Dieses Problem hat allerdings, auch das muss hier hervorgehoben werden, die nicht mehr zu fassende Flut an praktischen Ratgebern und Fallbeschreibungen aus dem weiten Feld des Marketings nicht lösen können.

In dieser Fachliteratur geht es nicht um theoretische Fundierung, akademisches Erkenntnisstreben und wissenschaftliches Ethos, sondern um Rezepturen. In diesem Kapitel aber geht es ausschließlich um die akademische Betriebswirtschaftslehre und ihre weitere Entwicklung. Diese Entwicklung benötigt, unter vielen anderen Komponenten, eine inhaltliche Öffnung zur Geisteswelt der medialen Erzeugung von Produkten und eine deutliche Hinwendung zur Wahrnehmung der Realitäten in der Wirtschaft, die in vielen Hinsichten anders gelagert ist und verläuft, als sie die herkömmliche Theorie vorführt.

6.1   Das wissenschaftliche Selbstverständnis der Betriebswirtschaftslehre

Eine genaue Beschreibung des wissenschaftlichen Selbstverständnisses der Betriebs-wirtschaftslehre stößt auf das Problem der Uneinheitlichkeit der Auffassungen, die sich zwischen deutlicher Pragmatik und ausgewiesenem theoretischen Anspruch bewegen. Hilfsweise können wir die gängigen und allseits anerkannten Lehrbücher der Allgemeinen Betriebswirtschaftslehre heranziehen. Doch auch sie bieten keine Eindeutigkeit.

Die wissenschaftliche Methodologie der Betriebswirtschaftslehre wird bei Wöhe und Döring auf zwei konträre Positionen komprimiert: die wirtschaftstheoretische Position mit erklärter Anlehnung an die mikroökonomische Theorie der Volks-wirtschaftslehre und dem Homo oeconomicus als Leitfigur steht der verhaltenswis-senschaftlichen Methodik gegenüber, die den Betrieb als ein sozio-ökonomisches System sieht, in dem unterschiedliche Interessen nach einem Ausgleich suchen (Wöhe und Döring 2013, 7). Die scharfe Gegenüberstellung von Eigennutz und Gemeinnutz, die sich mit den beschriebenen Grundpositionen verbinden, ist aller-dings eine künstliche. Erklärt man nämlich, wie es Adam Smith tat, den Eigennutz umfassend als das Bestreben nach wirtschaftlichem Erfolg, aber auch nach sozialer Integration und Geborgenheit, so löst sich der Gegensatz von selbst auf.

Wenig ergiebig ist auch der Hinweis, dass die theoretische Betriebswirtschaftslehre als eigenständige Wissenschaft zu gelten hat, die sich allenfalls an das analytische Vorbild der Mikroökonomie anlehnt, im Übrigen aber unabhängig davon ihren theoriekonstruierenden Erkenntnisinteressen nachgeht. Demgegenüber muss man dann natürlich die verhaltenswissenschaftlich orientierte Betriebswirtschaftslehre als unselbständig qualifizieren, da sie „an die ethisch-soziale Verantwortung der Unternehmensführung appelliert und unter die Fittiche einer allumfassenden Verhaltens- bzw. Sozialwissenschaft schlüpfen will." (Wöhe und Döring, S. 3).

Eine weitere, im nächsten Abschnitt ausführlich kommentierte Bestimmung des planvollen Wirtschaftens findet bei Wöhe und Döring ihren Niederschlag in der Behauptung, dass man unter Wirtschaften den sorgsamen Umgang mit knappen Ressourcen versteht. Die Begründung dafür folgt bei Wöhe und Döring aus der ihrer Ansicht nach unumstößlichen Tatsache, dass die Knappheit der Ressourcen naturgegeben ist (Wöhe und Döring, S. 4). Wir werden diese Behauptung widerlegen und auf das zutreffende Maß stutzen müssen.

Ergiebiger sind bei Wöhe und Döring die Erläuterungen zum Gegenstand der Betriebswirtschaftslehre. Diese Disziplin ist anwendungsbezogen und erarbeitet Handlungsempfehlungen für die Praxis, die im Regelfall unter marktwirtschaftlichen Bedingungen operiert. „Im Zentrum traditioneller Betriebswirtschaftslehre steht die Untersuchung unternehmerischen Handelns, also der Entscheidungsprozess in einem privaten Betrieb im marktwirtschaftlichen Wettbewerb" (Wöhe und Döring, S. 27). Als vorläufige Schlussfolgerung können wir festhalten, dass die Betriebswirtschaftslehre neuerer Prägung sich mit den Binnenverhältnissen in einem Betrieb, im Wesentlichen den Entscheidungsprozessen auf der Führungs-ebene befasst. Dabei spielt der Marktwettbewerb die Rolle einer Kulisse, aus der der Druck des Wettbewerbs kommt, der die Entscheidungsprozesse durchdringt.

Diese kurzgefasste Schilderung des Selbstverständnisses der Betriebswirt-schaftslehre findet sich mit nur leichten Abwandlungen und Akzentuierungen in allen gängigen Lehrbüchern der Allgemeinen Betriebswirtschaftslehre (Lechner, Egger und Schauer, S. 31 ff.; Thommen und Achleitner, S. 31 ff.; Schierenbeck, S. 1 ff.). Hinweise darauf, dass alles Wirtschaften eine Kopfgeburt, also geistige Arbeit ist, und dass die Produktivität des Denkens zumindest eine gleichwertige Rolle spielen muss im Verhältnis zur physischen Produktivität, finden sich ebenso wenig wie unsere Sicht der mentalen Produktion von Produkten im kommunikativen Außenfeld der (Markt-) Öffentlichkeit.

Diese Diskrepanz gibt einen Erklärungsansatz dafür ab, dass einige betriebswirt-schaftliche Grundgesetze von wissenschaftlicher Bedeutung und pragmatischem Rang in der Fachliteratur keine Erwähnung finden. Die einzige Ausnahme ist das Grundgesetz von der Knappheit der Mittel, verbunden mit dem Gebot des sparsa-men Umgangs. Doch ausgerechnet dieses Grundgesetz steht auf wackeligen Beinen, weil es in aller Regel nicht in einen nachvollziehbaren Bedingungsrahmen gestellt wird, sondern isoliert postuliert wird, als ob es einer unnahbaren, höherwertigen Vernunft entspringt.

Mit Blick auf das hier diskutierte Thema der mentalen Natur der Produkte berührt die Instabilität der gängigen betriebswirtschaftlichen Methodologie in ganz besonderem Maße die Marketinglehre, die, wie wir sehen werden, keine Theorie, sondern eine Technik ist. Es ist aber nicht unsere Absicht, die bewährten Konzeptionen und Instrumente des praktischen Marketings über den Zaun zu werfen, sondern Wege zu diskutieren, wie die Wissensbestände in einen umfassenden methodologischen Rahmen eingebracht werden könnten, der dann allerdings die ausgetretenen Pfade der traditionellen Betriebswirtschaftslehre verlässt.

Der Denkansatz für dieses Vorhaben nimmt einige betriebswirtschaftliche Grundgesetze ins Visier, die für die weiterführende Erörterung eine im Boden verankerte Festigkeit der Argumentation bieten. Dass es sich dabei weder um Naturgesetze noch um Rechtsgesetze oder Verfassungen handelt, lässt sich ohne nähere Begründung kaum verständlich machen. Deshalb ist ein kurzer Ausflug in die Frage notwendig, was man unter betriebswirtschaftlichen Grundgesetzen verstehen kann.

6.2   Betriebswirtschaftliche Grundgesetze

6.2.1   Was sind Grundgesetze?

Grundgesetze bilden das normative Gerüst, innerhalb dessen sich der Mensch zur Förderung seiner existenziellen Belange bewegen und einrichten kann und teilweise muss. Die Verletzung oder Überschreitung einer grundgesetzlichen Norm hat Sanktionen zur Folge, die im Falle von Naturgesetzen aus der ganzen Härte der Übermacht der Natur eintreten. Kulturgesetze können, da sie Menschenwerk sind, nicht mit der gleichen Härte Sanktionen verhängen, aber die Macht der Gesellschaft, die für die Befolgung dieser Gesetze eintritt, kann über soziale Beschränkungen, z. B. die Beschränkung oder Verweigerung von Freiheiten durch Rechtsnormen oder der Entzug von fiskalischen Steuervorteilen, die Befolgung der für unabdingbar erklärten Kulturgesetze erzwingen.

Naturgesetze, etwa die Entladung elektrischer Spannungen in der Atmosphäre durch Blitzschlag oder das thermodynamische Gesetz des Zerfalls von Strukturen in das Chaos der Gleichverteilung (Entropie), gelten und wirken unabhängig davon, ob der Mensch sie kennt und sie für seine technischen Zwecke nutzt. Naturgesetze sind unumgänglich. Das Wissen um sie ist die Voraussetzung für jede Art von technischem Fortschritt. Dieses Wissen schützt nicht vor Fehlkonstruktionen, wenn der Mensch in seiner Kühnheit bis an die vermeintlichen Grenzen der Belastbarkeit natürlicher Gegebenheiten und Eingriffsmöglichkeiten geht. Das Wissen um technisch relevante Naturgesetze legt Kausalitäten frei, die in technische Installationen eingebaut werden können, sofern die für eine angestrebte Wirkung erforderlichen Kräfte ihrer Verursachung vollständig bekannt sind und beherrscht werden.

Diese Erfordernisse, insbesondere die langzeitlichen Fernwirkungen technischer Installationen, sind häufig nicht vollständig einlösbar. Die technischen Installationen bedürfen dann ausführlicher Experimente und Studien an wirklichkeitsnahen Modellen. Bei fast jeder nützlichen Lösung eines technischen Problems bleibt Wachsamkeit für Fehlentwicklungen in der Phase der Nutzung ein Gebot der Vernunft, das bereits übergeht in den Typus eines Kulturgesetzes.

Die Begründung und Verbindlichkeit von Kulturgesetzen kennt unterschiedliche Formen und Prozeduren, die wir hier nicht im Einzelnen und in voller Breite diskutieren können und müssen, sofern es sich nicht im grundgesetzliche Prinzipien handelt, die unmittelbar in das Wirtschaftsleben hineingreifen. Es bleibt dennoch ein weit ausladendes Gebiet gesetzlicher Pflichten und Gebote, die ihre Legitimation bestimmten Verfahrensweisen verdanken wie beispielsweise die Beratung und Verabschiedung durch ein Parlament. Mit diesen Gesetzen, die das Alltagsleben regeln, befassen wir uns nicht. Wir suchen vielmehr nach fundamentalen Vernunftregeln, in diesem eng gefassten Sinne also Grundgesetzen, die die Praxis des Wirtschaftens berühren und zu den wissenschaftlichen Basisthemen der Betriebswirtschaftslehre gehören (sollten).

Grundgesetze von Belang für betriebswirtschaftliche Forschung und Praxis können und müssen aus der Vernunft menschlichen Handelns begründet und erklärt werden. Vernunft ist eine dem Menschen durch die natürliche Evolution zugewachsene Fähigkeit des Nachdenkens über sich selbst und die Fähigkeit der Urteilsbildung hinsichtlich der Folgen einer Tätigkeit, sei diese eine auf Dauer angelegte individuelle Praxis oder sei sie eine über den sozialen Kulturraum ausgebreitete langatmige, historische Nachahmungsbewegung, die sich in Strukturen und Institutionen wiederfindet.

Ein spezieller Aspekt ergibt sich daraus, dass die langzeitlichen Folgen individuellen Handelns oft erst wahrgenommen werden, wenn ihre sozial akkumulierte Form durch Nachahmung einen Effekt auf das Ganze des Sozialkörpers ausübt. Nach dem (auf Aristoteles zurückgehenden) philosophischen Prinzip (oder Grundgesetz), wonach das Ganze mehr ist als die Summe seiner Teile, kann der Effekt einer individuellen Praxis zu einem holistischen Problem werden, wenn die Rate der Nachahmung ein gewisses Maß überschreitet. Entledigt sich ein einzelnes Individuum seines Plastikmülls irgendwo in der Landschaft, bleibt die Tat fast unbemerkt. Wird der Plastikmüll dagegen rücksichtlos von der Masse der Individuen auf unkontrollierte Weise abgelagert oder weggekippt, bilden sich schwimmende Plastikinseln auf den Ozeanen, die die Fauna (Fische und Seevögel) und mit ihnen den menschlichen Fischfang vergiften und die großen Meeresflächen ihrer Ästhetik berauben.

Vernunft ist eine seit Jahrtausenden philosophisch umkämpfte Kompetenz des Menschen, die schon in ihrem Vorfeld umstritten ist, nämlich in der Frage, ob es eine Pflicht zu vernünftiger Lebensführung gibt und was konkret damit gemeint ist (Kant 2009; Bourdieu, 1998; Honneth 2007; Derrida 2005; Lemke 2011). Der anhängige Streit um die Einsichtsfähigkeit des Menschen hat in jüngster Zeit neue Nahrung bekommen durch Positionen der Gehirnforschung, die die neuronalen Prozesse im Gehirn als naturgesetzlich determiniert sehen und damit die menschliche Entscheidungsfreiheit als Illusion erklären. Sie werden untermauert durch Positionen der naturwissenschaftlich-naturalistischen Philosophie (Kanitscheider 2007, Lehnert 2012).

Wir können im Zusammenhang mit unseren betriebswirtschaftlichen Fragestellungen nicht viel anders verfahren als mit einer Gordischer-Knoten-Lösung, die ohne Zögern und detaillierte Überprüfung von der Vernunftbegabung des Menschen ausgeht und die Ethik ihres Gebrauchs im praktischen Lebensvollzugs, besonders aber im wissenschaftlichen Reflektieren über Grundzusammenhänge der Wirtschaft, einfordern muss. Das ist die Ausgangslage für die folgenden Abschnitte.

6.2.2 Das Grundgesetz von der medialen Natur der Produkte

Das Grundgesetz von der medialen Natur der Produkte, die auf den Märkten als Bildgestalten zirkulieren und die als Vergegenständlichungen in den Regalen der Supermärkte oder auf Messen und Ausstellungen auftauchen, haben wir mehrfach und ausführlich von den wichtigsten Perspektiven aus dargestellt und erörtert. Das Kulturwesen *Mensch* hat mit der Evolution die organische Ausstattung erhalten, in die Dingwelt seines Lebensumfeldes einzugreifen, geleitet von den Bildvorstellungen, die er sich in seinem Kopf zurechtgelegt hat. Die Fähigkeit gestaltend zu denken, bevor zur dinglichen Tat geschritten wird, kann nicht eliminiert werden aus lebensdienlichen wissenschaftlichen Konzeptionen, die das individuelle und soziale Leben betreffen.

Es ist das Merkmal des Kulturwesens *Mensch*, dass er bildhafte, ahnungsreiche Vorstellungen im Gehirn repräsentiert, die im weiten Vorhof seiner konkreten Taten in der Dingwelt ein geistig konstruiertes Eigenleben führen. Von dieser „Kulturtechnik" ist die Welt der Waren nicht nur nicht ausgenommen, sondern stellt wegen ihres Bezugs zum Lebensalltag die Masse der imaginierten Produkte.

Was immer ein Mensch an materiellen Werken schafft, es hat immer seinen Ausgangspunkt im figurativen Denken. Das gilt ohne Ausnahme auch für die Erzeugung von Gegenständen, die dem Kriterium der Nützlichkeit unterliegen, unabhängig davon, ob sie dem eigenen Bedarf dienen oder den Charakter von Waren annehmen, die über den Markt gegen andere Objekte, gewöhnlich Geld, eingetauscht werden. Deshalb steht über allem Geschehen in der Wirtschaft der Grundsatz, dass das gestaltende Denken alle herstellende Produktion beherrscht.

Dieser Grundsatz ist für betriebswirtschaftliche Standpunkte zur Begründung von Theorien und zum Fundament des Fachs als Wissenschaft von entscheidender Bedeutung. Was wir gewöhnlich in der Wirklichkeit als Wirtschaft wahrnehmen, ist nur die Vergegenständlichung dessen, was eigentlich das Wirtschaften ausmacht, nämlich die geistigen Anstrengungen zur Vorbereitung und Abklärungen aller Handlungen, die auf die Erzeugung von marktfähigen Produkten gerichtet sind. Marktfähig ist ein Produkt dann, wenn es kommuniziert werden kann. Im Grenzfall der dinglichen Präsentation eines nützlichen Gegenstandes zum Tausch und dem stummen Zugriff eines Interessenten, der wortlos einen Geldbetrag oder eine andere Gegenleistung deponiert, besteht die Markthandlung in einer nonverbalen Kommunikation. Sie ist charakteristisch für Supermärkte.

Ein Markttausch kommt in allen Fällen nur zustande, wenn die Beteiligten ein konturiertes Bewusstsein des Tauschgegenstandes und seiner Eigenschaften in sich tragen und wenn sie eine entsprechende sprachliche Gestaltung – gewöhnlich in der Bildsprache und der Verbalsprache, aber häufig auch in der Tonsprache – zustande bringen, die die Kommunikation mit Inhalt füllt. Das Produkt wird immer zuerst in seiner mentalen Gestalt gebildet, die den Herstellern die nötige Vorlage bietet, wie er physisch an die Formung des Gegenstandes herangehen muss, und die den Erwerber oder Nutzer bewegt, das Angebot als genügend kongruent mit seinen Vorstellungen zu erklären und zu prüfen.

Die Erzeugung von mentalen Produkten geschieht nicht erst im Augenblick der Marktverhandlungen. Die mentalen Produkte müssen sich in einem ständig bewegten, diffus sich durchkreuzenden, oft lärmenden und aufdringlichen Gemisch an kommunikativen Handlungen in der Öffentlichkeit durchsetzen, um in einem langen, in vielen Fällen aufwendigen kommunikativen Prozess zu einer fixierten Gestalt zu werden.

In diesem Sinne sprechen wir von der medialen Natur der Produkte. Der breite kommunikative Strom, der die Öffentlichkeit beherrscht, kulminiert in beabsichtigten Produkten, die als mental und sinnlich erfassbares Etwas nicht nur die ergreifbare Ware als Gegenstand umfassen, sondern das gesamte kulturelle Ambiente einschließen, das dem Gegenstand quasi als Bühne dient. Das mediale Produkt ist ein bildhafter Gegenstand mit einem weit reichenden kulturellen Bedeutungshof.

Es ist die Eigenart geistiger Objekte, dass sie sich den physikalischen Dimensionen von Ort und Zeit entziehen und stets einen weiten assoziativen Kreis an Konstellationen um sich herum aufbauen (und oft schnell wieder abbauen).

Das kulturelle Ambiente des Herstellers, der bereits auf dem Weg der Konkretisierung eines Produktes zu einem physischen Ding ist, nimmt auf eigene Art Einfluss auf die mentale Produktion. Es sind die auf sein Denken und Figurieren einwirkenden Umstände seines vitalen Daseins, die hier eine Rolle spielen: seine schöpferische Leistungsfähigkeit, seine für ihn unverzichtbaren Traditionen, seine gesellschaftliche Bedeutung an seinem kommunalen Standort und vieles mehr. Sie alle werden, oft unerkannt und unbewusst, zu einem Teil des mentalen Produktes und kommen offen oder verdeckt in dessen Vergegenständlichungen zum Ausdruck.

Ein Käufer erwirbt – und dies oft ganz bewusst – mit einem Gegenstand zugleich dessen Provenienz. Man kauft das Produkt X, weil es vom Hersteller A aus der für seine meisterlichen Qualitäten bekannten Stadt B stammt und für den Erwerber ein Vorzeigeobjekt werden kann. In entsprechender Weise wird das Produkt sichtbar zum Bestandteil des kulturellen Ambientes der Nutzers oder Erwerbers. Das kulturelle Ambiente eines Produktes kann sich mitteilen, sich verständlich machen und mit den Komponenten des Erwerbers vermischen.

Die Erfassung und Erklärung der Erzeugung von Produkten als mentale Objekte ist ein betriebswirtschaftliches Thema, dem sich das Fach bisher wissenschaftlich nicht gestellt hat. Das hängt damit zusammen, dass geistige Prozesse, die das wirtschaftende Handeln in Bewegung und unter Kontrolle halten, nicht in den methodologischen Fokus des Fachs geraten. Die Betriebswirtschaftslehre liegt damit ganz im Rahmen der wissenschaftlichen Traditionen, die einen klaren Schnitt machen zwischen Geisteswissenschaften und Naturwissenschaften. Manche kreieren neben beiden als Drittes die Sozialwissenschaften, zu denen sich dann die Betriebswirtschaftslehre rechnet. Diesen Schritt gehen wir hier nicht mit, weil unser weit gefasster Kulturbegriff die Geistestätigkeit des Menschen auch in seinen sozialen (gesellschaftlichen) Dimensionen von Anfang an einschließt.

Die Zugehörigkeit der Betriebswirtschaftslehre zu einer dieser beiden Pole *Geisteswissenschaft* bzw. *Naturwissenschaft* ist umstritten, aber die Zuordnung zu den Sozialwissenschaften, die etwas Eigenes sein sollen, ist keine Lösung. Die Hinwendung des forschenden Betriebswirts zu den dinglichen Operationen eines Betriebes, seinen technischen Fertigungen, seiner Logistik, seiner Organisation und seinen Entscheidungsstrukturen lässt die mentalen Bedingungen pragmatischer Operationen beiseite. Diese alles Mentale den Psychologen und Soziologen überlassende Grundhaltung hat ihre akademischen Wurzeln bei Erich Gutenberg und seinem maßgeblichen Grundwerk von 1951 „Grundlagen der Betriebswirtschaftslehre, Band 1: Die Produktion". Damit lag eine wissenschaftliche Beschäftigung mit der „Kopfebene" des wirtschaftenden Menschen und den „Kopfzonen" in ganzen Unternehmen außerhalb des Blickfeldes. Da ist eben der dispositive Faktor am Werken, wie Gutenberg meinte, und das war's dann auch.

Das Thema *Die mediale Natur der Produkte* ist geeignet, den wissenschaftlichen Einstieg der Betriebswirtschaftslehre in ein pragmatisch wichtiges Neuland vorzubereiten. Dazu ist, wie wir an anderer Stelle ausführlich begründet haben, die künstliche Trennung zwischen Geist und Materie, zwischen Denken und körperlichen Empfindungen, zwischen Kopfarbeit und Handarbeit aufzuheben und das Verbindende zu einer wechselwirkenden unteilbaren Einheit zu untermauern. Mit unserem Argument, dass dem Denkvermögen des Menschen die Kraft der Kreativität aus der natürlichen Evolution gegeben wurde, verlassen wir zugleich eine sehr lange Tradition philosophischer und religiöser Grundorientierungen, die den Menschen als Krönung der Schöpfung und als Meister der Naturbeherrschung in göttlichem Auftrag deutet.

Diese Haltung hat den Blick dafür verstellt, dass das menschliche Denken selber ein Teil der Natur ist und dass der eigentlich unfassbare innere Reichtum an Bildgestalten (und anderen Sinnesprägungen) im Gedächtnis die wahre Quelle der Kultur und der Zivilisation bildet. Der Irrtum schleicht sich schon dadurch ein, dass die Herausgehobenheit des Menschen aus der Vitalmasse der Lebewesen als ein Aufstieg des ganzen Menschen über das Niveau der Biomasse verstanden wird und er nun von seinem hohen Standort herab mit Güte, Lust und Gier sich wieder hinunterbegibt in die natürlichen Untergründe, um sich ihrer zu bedienen und sie, wenn nötig, zu knechten. Vergessen wird dabei, dass der Mensch mit all seinen animalischen Seiten und Ausstattungen den biologischen Untergrund niemals verlässt, sondern allenfalls mit dem Kopf ein wenig herausragt, um sich erstaunt umzusehen, was in der Welt geschieht.

Dank seiner Fähigkeit, aus wenigen Fragmenten seiner sinnlichen Wahrnehmungen in der dinglichen Welt innere Bildgestalten zu konstruieren – mögen sie monströs, erbaulich oder nützlich sein –, die ihm zeigen, dass er die Welt, in der er lebt, zumindest in Teilen anders herrichten kann, als er sie vorfindet, kann er initiativ werden. Die Antriebe, in der Dingwelt aktiv zu werden, kommen weder aus Einflößungen von Geistern noch fallen sie wie Manna vom Himmel oder treffen ihn als Pfeile aus den Köchern der Götter. Sie steigen vielmehr auf, wenn äußere sinnliche Wahrnehmungen und innere Imaginationen des Gedächtnisses eine entzündliche Spannung erzeugen.

Was wir damit zum Ausdruck bringen wollen, ist die Erkenntnis der Tatsache, dass der menschliche Geist kein Eigenleben führt unabhängig von seinem animalischen Sein. Geist und Körper bilden eine vitale Einheit. Ohne Geist wäre der Mensch ein Tier; ohne Körper wäre er ein Gespenst. Daraus leiten wir ab, dass die Fokussierung des neugierigen Blicks als Forscher und Wissenschaftler auf die eine oder auf die andere Seite, jeweils isoliert gedacht, keine wirklich das Leben begünstigenden Einsichten bringen kann. *Mens sana in corpore sano* (ein gesunder Geist sei in einem gesunden Körper) war schon vor 2000 Jahren eine Mahnung des römischen Dichters Juvenal, das leibliche Befinden nicht zu vernachlässigen.

Mit der Körperlichkeit des Menschen als existenziellem Teil seines Daseins gerät sofort auch das Verhältnis des Menschen zu seiner materiellen Umgebung als der Quelle der individuellen Befindlichkeit sowohl in der geistigen als auch in der körperlichen Verfassung in den Blick. Die Einheit von Geist und Materie steckt eine Gedankenwelt ab, die durch einen unüberbrückbaren Graben von der Zwei-Welten-Theorie getrennt war, wie sie von vielen Philosophen und Theologen teilweise bis heute vertreten wird. Die Einheit von Geist und Materie bildet im Weiteren die Grundlage der Auffassung, dass die mediale Natur der Produkte in einem untrennbaren, wenn auch oft problematischen Bezug zu den Gegenständen der physischen Ausführung steht.

Diese Einheit ist ein betriebswirtschaftliches Grundgesetz im Sinne einer nicht abwendbaren Tatsache, solange sich alles Wirtschaften unter dem Dach der menschlichen Zivilisation und ihren kulturellen Ausdrucksformen vollzieht. Der Mensch als Kulturwesen kann sich weder seiner Kultur bildenden Geistigkeit begeben (und wie ein Tier leben) noch kann er ohne die Vitalität seiner Körperlichkeit und damit der natürlichen Dingwelt in seiner Lebensumgebung existieren. Diese Sicht ist fundamental und zugleich unabweisbar, wenn die Betriebswirtschaftslehre sich in die akademische Welt der Wissenschaften einreihen will. Um das näher zu prüfen, können noch einige weitere betriebswirtschaftliche Grundgesetze zur Diskussion gestellt werden, die in die gleiche Richtung weisen.

6.2.3 Das Grundgesetz von der Knappheit der Mittel

Die Erfahrung, dass die Mittel der Beschaffung, Verarbeitung und Nutzung von Gaben der Natur nicht grenzenlos zur Verfügung stehen, hat sich als Grundlage menschlichen Lernvermögens und vernünftiger Erwägungen im Handeln gefestigt und schließlich an der Spitze des wissenschaftlichen Paradigmas positionieren können in der wirtschaftswissenschaftlichen Einkleidung als Pragmatik der Sparsamkeit im Umgang mit knappen Mitteln. „Unter Wirtschaften versteht man den sorgsamen Umgang mit knappen Mitteln", heißt es bei Wöhe und Döring (S. 4). Kaum anders lautet die Erklärung bei Thommen und Achleitner (S. 33): „Zusammenfassend kann man unter dem Begriff *Wirtschaft* alle Institutionen und Prozesse verstehen, die direkt oder indirekt der Befriedigung menschlicher Bedürfnisse nach knappen Gütern dienen." Mit diesen apodiktischen Formeln fangen die Probleme an. Zunächst stellen sich einige nicht ganz unwichtige Formulierungs- oder Definitionsfragen. Zwischen *versteht man* und *kann man verstehen* kommt eine sehr unterschiedliche Denkfixierung zum Tragen: Im ersten Fall wird kein Zweifel daran gelassen, dass jeder, der dieses Grundgesetz missachtet, ein Dummkopf ist. Im zweiten Fall wird wenigstens offen gelassen, ob man den Begriff *Wirtschaft* vielleicht auch anders fassen kann denn als Konglomerat von Institutionen und Prozessen. Unklar bleibt, was tatsächlich knapp ist: Mittel, Güter oder Ressourcen. Solche Interpretationsspielräume sind charakteristisch für apodiktische Aussagen. Wir können sie so stehen lassen und uns den substanziellen Problemen dieses die Volkswirtschaftslehre ebenso wie die Betriebswirtschaftslehre tangierenden Grundgesetzes zuwenden.

Auffällig und nicht näher zu begründen ist die Feststellung, dass Knappheit eine Situation bezeichnet, in der etwas Begehrtes nur in begrenztem Umfang zu Verfügung steht. Damit werden gleich zwei wesentliche Merkmale aufgeführt: Knappheit kann nur für materielle Objekte zum Tragen kommen und sie ist keine objektive Eigenschaft dieser Gegenstände, sondern entsteht, wenn sie begehrt werden. Knappheit ist ein Verhältnis. Wofür sich kein Mensch interessiert, das kann nicht knapp sein, z. B. Wüstenstaub. Wir können weiter ableiten, dass Knappheit keine unüberwindliche Lage darstellt, sondern durch menschliche Tätigkeit beseitigt oder gemildert werden kann. Das scheint der Anknüpfungspunkt zu sein für die Erklärung, dass man unter Wirtschaften den sorgsamen Umgang mit knappen Mitteln versteht.

Eine der seltsamsten (weit verbreiteten) Sprachwendungen tritt aus diesem Satz hervor: „Motor der Wirtschaft ist der Mensch mit seinen (unerfüllten) Wünschen. Diesen prinzipiell unbegrenzten Bedürfnissen stehen (weil wir bekanntlich nicht in einem Paradies leben) grundsätzlich aber nur begrenzte Möglichkeiten gegenüber, diese Bedürfnisse zu befriedigen. Es ist also der *Tatbestand der Güterknappheit* [im Original fett], der den Kern des Wirtschaftens ausmacht." (Schierenbeck, S. 1).

Die Güterknappheit, so muss man diesen Satz verstehen, betrifft den grenzenlos bedürftigen Konsumenten, während der Produzent alles tut, die Knappheit zu mildern oder zu beseitigen. Von sparsamem Umgang mit knappen Gütern kann in dieser Logik nur auf der Seite der Konsumenten die Rede sein. Die Praxis des Marketings zeigt in der Tat, dass die Produzenten alles tun, den sparsamen Umgang mit knappen Gütern bei den Konsumenten zu unterlaufen, indem sie permanent zum Konsum aufrufen. Das ist ein seltsames Verständnis der Wirtschaft, dass sie – angeblich – Knappheitssituationen angeht, um sie zu mildern, dass aber deren Beseitigung die Unternehmen in arge Bedrängnis führen muss, leben sie doch davon, dass Knappheit immer besteht, und wo das nicht der Fall ist, muss eben nachgeholfen werden.

Wirtschaften als sorgfältiger Umgang mit knappen Mitteln scheint, das muss man wohl so deuten, etwas anderes zu sein als sparsamer Umgang mit knappen Gütern im Haushalt. Es liegt die Vermutung nahe, dass die Mittel zur Produktion von Gütern gemeint sind, also dingliche Vorräte, physisch arbeitende Menschen und Maschinen und was sonst noch an materiellen Rahmenbedingungen für die Produktion erforderlich ist. Die Formulierung, Wirtschaften sei der sorgfältige Umgang mit knappen Mitteln, muss sehr genau gelesen werden, denn die Sorgfaltspflicht bezieht sich auf diejenigen Mittel, die dinglich zur Verfügung stehen.

Das Postulat der Sorgfalt ließe sich natürlich auf alles ausdehnen, was der Mensch anpackt. Doch dann wäre Sorgfalt nicht mehr als eine allgemeine, vage Ermahnung, nichts Unüberlegtes zu tun. Sie hätte nichts Spezifisches an Relevanz für das Wirtschaften und könnte als Bewertungsformel für das, was im Wirtschaften geschieht, nichts Präzises leisten. Genauer ist da schon der Begriff der Sparsamkeit, der in vielen Definitionen und Erklärungen zu den Grundprinzipien des Wirtschaftens auftaucht.

Über die Sparsamkeit als Tugend der Verfügung über knappe Mittel gelangen wir zu einem weiteren problematischen Tatbestand. Sparsamkeit oder ihre Umkehrung: die Vermeidung von Verschwendung setzt voraus, dass tatsächlich etwas getan werden soll. Setzte man Sparsamkeit absolut, wäre das Nichtstun, also der Geiz in seiner Höchstform, der Gipfel der Sparsamkeit. Das kann beim tätigen Menschen nicht gemeint sein. Der Entschluss, etwas Bestimmtes zu tun, muss also schon gefallen sein, bevor beim Einsatz von Mitteln an die Tugend der Sparsamkeit gedacht werden kann. Das Grundgesetz vom sparsamen Umgang mit knappen Mittel macht, so unsere Schlussfolgerung, nur Sinn in Verbindung mit dem tatsächlichen Einsatz von im Augenblick der Tat verfügbaren Mitteln und auch das nur, wenn zuvor genau festgelegt ist, was denn am Ende der Prozedur dinglich entstanden sein soll.

Gäbe es beim Wirtschaften keine weiteren Grundgesetze als nur das vom sparsamen Mitteleinsatz, hätten wir es nicht nur mit einer trostlosen Wissenschaft vom Wirtschaften zu tun, sondern würden der Willkür der Bestimmung von herstellenden Handlungen (den Zwecken) keine Grenzen vorgegeben. Der ungebremsten Erfinderlust würde freier Lauf gelassen. Im Rahmen der Freiheiten, die das marktwirtschaftliche System der Wirtschaft zugesteht, wäre selbst die unsinnigste Produkterfindung gerechtfertigt, solange sie Profit verspricht und die zu ihrer Herstellung nötigen Mittel in sparsamer Weise eingesetzt werden. Es steht jedem Leser frei, sich eine Handvoll produktiven Unfugs aus eigener Erfahrung vorzustellen. Es wimmelt davon auf den (Konsum-) Märkten.

Die Festlegung der betriebswirtschaftlichen Theorie vom vernünftigen Wirtschaften auf das Grundgesetz vom sparsamen Umgang mit knappen Mitteln hat nicht nur das Postulat der Einheit von Freiheit und Verantwortung gegen sich, sondern verfehlt noch einen weiteren, überaus problematischen Aspekt der Erfassung, Deutung und Beurteilung von Vorgängen in der Wirtschaft: die begriffliche Unklarheit über Mittel, Ressourcen und Güter.

Die Ursache für diese Verfehlung liegt zu einem großen Teil in der Ungenauigkeit des Begriffs *Mittel*. Ist von einem Mittel die Rede, so muss zugleich ein Zweck mitgedacht werden, denn ein Mittel für sich allein gibt keinen Sinn. Dieser Zweck kann zwar als gegeben angenommen werden, doch bleibt das Mittel gebundener Teil eines Innenverhältnisses. Die meisten Lehrbuchformulierungen beziehen sich aber nicht auf die instrumentelle Rationalität des Mitteleinsatzes, sondern auf die Gegenstände der Herstellung, für die der Markt über die Preise ein Knappheitssignal gesendet hat. Hersteller (oder Händler) verfügen in dem Sinne über knappe Mittel, dass sie sie beschaffen, bearbeiten und lagern. Das ist Knappheit, die am Werkstück hängt. Daneben gibt es Knappheit der Produktionsmittel. Klassisch: Knappheit an Kapital, Knappheit an Maschinenkapazitäten, Knappheit an qualifiziertem Personal.

Knappheitssignale vom Markt drängen auf den Hersteller von Waren auch von der Beschaffungsseite her ein. Aus diesen Signalen folgt das unmittelbare Postulat, mit den für Fertigungszwecke eingekauften Mitteln sparsam umzugehen. Die Knappheitssignale aus dem Verkaufsmarkt dagegen bedrängen den zum Gewinnerzielen aufgerüsteten Hersteller zu Anstrengungen, so viel wie möglich zu erzeugen und profitabel zu verkaufen. Von Sparsamkeit kann hier keine Rede sein, allenfalls in dem indirekten Sinne, dass ein hoher Warenpreis die Nutzer ihrerseits zur Sparsamkeit anhält. Das ist alles Theorie, und es bestehen Zweifel, ob diese Logik der Wirklichkeit gerecht wird.

In einer Marktwirtschaft, die mit den Mitteln der medialen Kommunikation arbeitet, ist kein Warenhersteller darauf festgenagelt, sich dem Auf und Ab der Preise zu unterwerfen und sich damit ein Maß an Unruhe in die technisch vielleicht hochgerüsteten Fertigungsanlagen in seinen Fabriken einzuhandeln, das die interne Wirtschaftlichkeit beeinträchtigt. Da Knappheit eine Beziehung darstellt zwischen der Verfügbarkeit nützlicher Dinge und der Intensität des Begehrens, wäre es eigentlich unlogisch, die Verfügungsmenge durch materielle Produktion zu erhöhen. Viel ergiebiger wird die Lage für den Produzenten, wenn er die Begehrlichkeit anfeuert, um das Verkaufsvolumen zu steigern. Und genau das geschieht mit den medialen Mitteln des Marketings.

Da das Grundgesetz der Knappheit und die Tugend des sparsamen Umgangs mit dem, was verfügbar ist, zu einem für die Betriebswirtschaftslehre axiomatischen Prinzip aufgestiegen ist – ein Prinzip, das im Übrigen ja nur für die materielle

Produktion gilt – bleibt eine breite, zivilisatorisch höchst bedenkliche Lücke der Rechtfertigung vernünftiger Wirtschaftsweisen. Die Zwecke des Wirtschaftens, die profitablen Produkte, werden durch dieses Grundgesetz nicht erfasst, sondern sind der Willkür ausgeliefert, falls nicht andere selektiv wirkende Gegenkräfte wirksam werden.

Im Ganzen gesehen aber rechtfertigt die Tugend des sparsamen Umgangs mit knappen Mitteln (weltweit in einem kaum greifenden legalen Rahmen) die ungehemmte Ausbeutung der natürlichen Ressourcen, indem sie sie gar nicht regelt. Sparsamkeit verliert, wenn sie exzessiv gehandhabt wird, ihre Tugendhaftigkeit, da sie die Zwecke selbst nicht mit Kriterien der Vernunft reguliert. Dies ist schon längst keine Gefahr mehr, sondern eine überall wahrnehmbare, folgenschwere Tatsache. Die wissenschaftliche Veredelung des Sparsamkeitsprinzips ist eine zivilisatorische Falle größten Ausmaßes, wenn sie allein und durch keine weiteren Werte oder Prinzipien relativiert wird.

Wird auf der einen Seite eine hemmungslose Expansion der physischen Produktion in der vermeintlichen Begünstigung des Wohlstands, aber zu Lasten der limitierten Ressourcen der Natur das Wort geredet – dies eben auch durch die betriebswirtschaftliche Formel, Wirtschaften sei der sorgfältige Umgang mit knappen Mitteln –, so kommt eine weitere Gefährdung der menschlichen Zivilisation hinzu, die schwer zu durchschauen, aber leicht zu erleben ist: Die (Aufwand reduzierende) Sparsamkeit des Mitteleinsatzes in Fertigungsprozessen kann in existenziell gefährliche Zustände führen, wenn im Interesse der Rationalisierung alle scheinbar unnötigen Mitteleinsätze wegradiert werden (Bendixen 2014).

Dann fallen nur allzu leicht Sicherheitsvorkehrungen weg, die im Falle von Fehlentwicklungen oder unvorhersehbaren Zufallskonstellationen eine Form der Abfederung von Störungen und Schäden leisten sollen. Die rücksichtslose Rationalisierung zu Lasten von Menschen innerhalb und außerhalb von Fabriken und von ökologischen Biosystemen ist heute kein Einzelfall mehr und hat, kaum noch zu beherrschen, in manchen Großvolkswirtschaften wie China bedrohliche Ausmaße angenommen. Dazu eine Meldung in DIE WELT-Online am 19. April 2014 unter dem Titel „Jeder fünfte Acker in China ist verseucht":

„... Deshalb plant Peking einen zweiten folgenschweren Eingriff in den Naturhaushalt. Ab 2019 soll die Hauptstadt jährlich mit einer Million Tonnen entsalztem Meerwasser versorgt werden, das über 270 Kilometer lange Pipelines vom ostchinesischen Bohai-Meer herangepumpt wird.
Und als sei das alles noch nicht genug, kommt zu den Problemen mit Luft und Wasser noch ein drittes hinzu: hoch belastete, stellenweise buchstäblich vergiftete Ackerböden, Weiden, Steppen und Wälder. Das zeigen die folgenschweren Ergebnisse einer

Studie über acht Jahre, die die Ministerien für Umwelt, Boden und Ressourcen jetzt bekannt gegeben haben.
Die Minister wollten herausfinden, was nach drei Jahrzehnten hemmungsloser Industrialisierung, die China zur zweitgrößten Volkswirtschaft der Welt gemacht hat, alles in den Böden steckt und das Grundwasser belastet."

(Welt-Online 19.4.2014)

Wir halten fest: Das Grundgesetz des sparsamen Umgangs mit knappen Mitteln ist alles andere als eine eindeutige, richtungweisende Norm der Bewertung von Wirtschaftsvorgängen. Es bezieht sich ausschließlich auf die dingliche Seite der Produkte und ihre physische Herstellung, und innerhalb der dinglichen Sphäre menschlicher Tätigkeiten beschränkt es sich auf ein Postulat der Verfügung über Mittel, blendet dabei jedoch den gesamten Aspekt der Zweckbestimmungen aus.

Das Grundgesetz des sorgfältigen Umgangs mit knappen Mitteln ist in sich unter präzise definierten Bedingungen zwar stimmig und vernünftig. Aber es bleibt in vielen Aspekten ungenau und im Einzelfall interpretationsbedürftig. Doch darin teilt es die Problematik vieler ethischer Postulate, die ihrem Wesen nach eben keine Rezeptur für Einzelfälle sein können und wollen, sondern auf die Notwendigkeit der klugen und umfassenden Deutung in der menschlichen Praxis im Einzelfall verweisen.

Dieses Grundgesetz eignet sich durchaus als ein Baustein zur wissenschaftlichen Fundierung der Betriebswirtschaftslehre. Doch ein Baustein macht noch keinen Bau. Es fehlt dem Fach die notwendige methodologische Stabilität, wenn es bei diesem einen Postulat bliebe. Sache der Wissenschaft ist es, herauszufinden und zu begründen, in welchem pragmatischen Bedingungsrahmen solche Grundgesetze gelten können. In Verbindung mit der Einsicht, dass alles Wirtschaften aus qualifizierter Kopfarbeit hervorgeht, und mit der Erkenntnis, dass die am Markt zirkulierenden Produkte medialer Natur sind, während ihre physischen Exemplare „lediglich" die Regale füllen, hat das Grundgesetz vom sparsamen Umgang mit knappen Mittel seinen Platz ausschließlich in der physischen Sphäre, nicht dagegen dort, wo die ökonomische, kulturelle, mediale Substanz der Produkte gebildet wird: in der öffentlichen Zone marktorientierter Kommunikation.

6.2.4 Das Grundgesetz von der Erschöpfbarkeit der Ressourcen

Zunächst ist eine begriffliche Klarstellung notwendig: Die Begriffe *Mittel* und *Ressourcen* werden in der betriebswirtschaftlichen (nicht dagegen in der volkswirtschaftlichen) Fachliteratur mit einer gewissen Beliebigkeit benutzt. Ganz unbekümmert wird dann auch von der *natürlichen Knappheit der Ressourcen* gesprochen (Wöhe und Döring, S. 4), ohne näher darauf einzugehen, dass Knappheit keine Eigenschaft von Dingen ist, auch nicht der Gaben der Natur, sondern durch das menschliche Begehren entsteht.

Um den Unterschied deutlich zu machen zwischen den begrenzten Möglichkeiten der Stoffentnahme aus der Natur und den daraus hergestellten Kulturgütern (in den Zwischenformen von Werkzeugen, Maschinen, technischen Energien usw. und in den Endformen von Konsumgütern), wird im Folgenden von Ressourcen nur dann gesprochen, wenn es um direkte Vorräte und Entnahmen aus der Natur geht, etwa Mineralien, fossile Brennstoffe, organische Stoffe der irdischen Biomasse usw. Der allgemeine Begriff *Mittel* erstreckt sich auf für menschliche Zwecke zugerichtete Gegenstände (beispielsweise Lebensmittel, Werkzeuge, Bauwerke, Produktionsmaterial usw.).

Die Knappheit von Mitteln kann daher rühren, dass an einem bestimmten Ort und zu einer bestimmten Zeit nur begrenzte Mengen zur Verfügung stehen, dass im Prinzip aber diese Knappheit durch verstärkte Erzeugungsanstrengungen gemildert oder beseitigt werden kann. Da der Mensch nicht Erzeuger der Gaben der Natur ist, kann von verstärkten Anstrengungen zur vermehrten Produktion keine Rede sein, da die Hervorbringungen der Natur eigenen Gesetzen und Zeitdimensionen unterliegt, die der Mensch nicht beherrscht. Deshalb ist es besser, mit Blick auf natürliche Ressourcen nicht von Knappheit zu sprechen, sondern von Limitationen (Begrenzungen), denen gegenüber andere Regeln der Handhabung notwendig sind als gegenüber den Kulturgütern.

Diese Begrifflichkeit scheint relativ klar zu sein. Doch handelt es sich nicht um kategoriale Unterschiede zwischen Natur und Kultur, sondern um eine terminologische Hilfskonstruktion nach dem Kriterium der Ersetzbarkeit von Stoffen, die zivilisatorischen Zwecken des Menschen zugeführt werden. Für die Stoffe der Natur ist dieses Kriterium weitgehend geklärt, auch wenn der Mensch mit Hilfe seiner Technik die Zugriffe auf die Gaben der Natur partiell steuern kann, z. B. durch den Bau von Stauwerken zur Erzeugung elektrischer Energie aus Wasserkraft. Er kann die Nutzung einer Ressource, in diesem Beispiel also ein fließendes Gewässer, in eine für ihn verwendungsfähige Form bringen, aber er ist auf Gebirge und hinreichende Regen- oder Schneemassen angewiesen, deren Abflüsse sich auf direktem Wege ungenutzt in die Täler ergießen würden mitsamt ihrem Potenzial an abschöpfbarer Energie, wenn dieser Prozess nicht aufgefangen und zeitlich verteilt werden kann.

Um bei dem Beispiel des Aufstauens von Gebirgsgewässern zu bleiben – ähnliche Überlegungen könnten analog zur Energiegewinnen sein: Gewinnung von Trinkwasserreserven, Verzögerung von Abflüssen zur Vermeidung von Überschwemmungen in Talregionen, Verfügbarkeit von Wasser für landwirtschaftliche Bewässerungen –, können wir zwei Ebenen oder Stufen des Umgangs mit Ressourcen unterscheiden. Die technische Zurückhaltung von abfließendem Wasser im Rahmen der topographischen Gegebenheiten der Natur und die sparsame Verwendung von aufgestautem Wasser unter dem Gesichtspunkt der Knappheitsregulierung.

In der zweiten Stufe gilt das Grundgesetz vom sparsamen Umgang mit einem knappen Mittel, hier beispielsweise von Wasser für landwirtschaftliche Bewässerungssysteme, wie sie an vielen Orten der Erde mit kärglichen Regenfällen seit alters her in genau bestimmten Nutzungsquanten auch heute noch praktiziert werden. In der ersten Stufe geht es nicht um sparsame Mittelverwendung, sondern um die schonende, die Bedingungen der Natur beachtende Behandlung einer natürlichen Quelle, um sie am Versiegen zu hindern. Wir nennen dies das Grundgesetz der Schonung von (natürlichen) Ressourcen.

Für das Grundgesetz der Schonung von Ressourcen gelten andere Tugenden als die der Sparsamkeit. Hier kann aus Gründen der zurückhaltenden Ausbeutung einer natürlichen Quelle, etwa einer Trinkwasserquelle im Gebirge, eine partielle Nichtnutzung erwogen werden. Nichtnutzung eines an sich verfügbaren Mittels wäre unter dem Gesetz des sparsamen Mitteleinsatzes eine nicht hinnehmbare Verschwendung von Nutzungsmöglichkeiten, denn das Grundgesetz vom sparsamen Umgang mit Mitteln kennt zwei im Umkehrungsverhältnis stehende Versionen: a) ein bestimmter Zweck ist mit minimalem Mitteleinsatz zu erreichen und b) ein verfügbares Mittel ist für den ergiebigsten Zweck zu verwenden. In beiden Fällen gilt, dass überhaupt gehandelt wird. Nichtnutzung ist darin nicht vorgesehen.

Die Vernunft der Nichtnutzung kann auch andere Wertkategorien zur Geltung bringen, beispielsweise die Bewahrung der Artenvielfalt der Natur einer Region als Schonungsraum für die Erhaltung von biologischem Gleichgewicht und von Bedingungen der natürlichen Evolution. Eines der am häufigsten genannten Kriterien in diesem Zusammenhang ist die Nachhaltigkeit von Eingriffen in Naturhaushalte. Die Problematik dieses Begriffs ist in der Fachliteratur ein heftig umstrittenes Thema, denn der Begriff gibt nicht viel mehr her als eine Mahnung, die Nutzung von Ressourcen nicht so zu übertreiben, dass ihre Regenerationsfähigkeit zerstört wird (Welzer und Wiegandt 2012, Grober 2012, Grunwald und Kopfmüller 2012, Kamiske und Pufé 2012).

Die verschiedenen Auslegungen des Begriffs Nachhaltigkeit und die Strenge der Geltung dieses Prinzips ist deshalb ein schwieriges Thema, weil es nicht um Sparsamkeit um jeden Preis gehen kann (das Grundgesetz von sparsamen Umgang mit verfügbaren Mitteln gilt in diesem Zusammenhang überhaupt nicht), sondern um eine ethisch vertretbare Streckung der Nutzung bis in unbestimmte Zeiträume der Zukunft hinein. Die Bewertung dieser Streckung wird maßgeblich vom Zeitbedarf für die Regeneration einer Ressource bestimmt, etwa eines zum Holzeinschlag vorgesehenen Waldes. Ist der Zeitbedarf für biologische Regenerationen in den meisten Fällen noch nach menschlichen Maßstäben abschätzbar, so lässt sich eine angemessen präzise, also für die Praxis handhabbare Regel für unersetzliche Stoffe der Natur, etwa fossile Stoffe oder Mineralien, kaum angeben. Das Alter der Erde ist ein ausreichendes Indiz für die Endlichkeit bestimmter Stoffe.

Wie auch immer diese Problematik angepackt werden kann, das Grundgesetz der Schonung natürlicher Ressourcen hat für die Unternehmenspraxis nur schwer integrierbares Geltungspotenzial. Von einer auf Rationalität und Wirtschaftlichkeit ausgerichteten Betriebswirtschaftslehre unterstützt, kommt das Kriterium der Nachhaltigkeit und das dahinter stehende Gesetz der Schonung natürlicher Ressourcen einer Störung gleich, die die Verwertungschancen eines Unternehmens im Wettbewerb verringert. Dies gilt allerdings nur – und darauf kommt es hier an – für die dingliche Seite der herstellenden Tätigkeiten von Unternehmen. An diesem Fall zeigt sich abermals der fundamentale Mangel an wissenschaftlich umfassender Beschreibung, Diskussion und Erklärung unternehmerischer Arbeit in der Wirtschaftspraxis in der Betriebswirtschaftslehre.

Es ist Sache der Wissenschaft, den weit gefassten Bedingungsrahmen für vernünftige unternehmerische Tätigkeiten aufzuspannen und zu untersuchen. Dazu gehört im Kern die Herstellung von Produkten zur Marktverwertung auf der mentalen Seite, also in der Kopfregion des Herstellers, und die öffentliche Kommunikation von Produkten, um sie den Erwartungen und dem Begehren der Nutzerseite als Angebot zu präsentieren.

Dies ist ein zentraler Punkt: Ein das Grundgesetz der schonenden Behandlung natürlicher Ressourcen beachtendes Produkt – es mag ein wenig teurer sein als billigere Alternativen – kann, wenn es überzeugend präsentiert wird, sehr wohl eine beachtliche Akzeptanz durch die Nachfrage erreichen. Die Akzeptanz ist weder eine Frage der Kosten noch eine Sache raffinierter Werbung, sondern eine der substanziellen Überlagerung (Kongruenz) von Bedingungen der Ressourcenschonung und einsichtigen Dispositionen auf der Konsumentenseite. Deren Einsichtsfähigkeit sollte nicht unterschätzt werden.

Wer die Entwicklungen der Wirtschaftspraxis bei der Erzeugung von medial kommunizierten und in deren Gefolge dann auch physisch ausgeführten Produkten in den letzten Jahrzehnten wachsam beobachtet hat, wird sich der Erkenntnis nicht verschließen können, dass in der Frage des schonenden Umgangs mit natürlichen Ressourcen (bis hin zum Landschaftsschutz, zur Erhaltung der Artenvielfalt, der Moral des pfleglichen Umgangs mit Nutztieren usw.) eine deutliche Aufwärtsbewegung in Gang gekommen ist, die in manchen Zonen bereits über annehmbare Grenzen hinausgekommen zu sein scheint.

Bemerkenswert daran ist, dass sich die Kräfte der Wirtschaftspraxis ohne Unterstützung durch eine moderne Betriebswirtschaftslehre haben durchsetzen können, und zwar in einer Form der mentalen Produktion von Produkten durch mediale Kommunikation, die das veraltete System der totalen Gegenläufigkeit der Interessen von Angebot und Nachfrage unter den Bedingungen des Wettbewerbs allmählich auflösen (Stehr 2007). Die Konstruktion eines Interessengegensatzes zwischen Angebot und Nachfrage verhindert die Einsicht und damit die Praxis, der notwendigen Balance zwischen Gewinnerzielung und Nutzenstiftung zur Geltung zu verhelfen.

6.2.5 Das Grundgesetz vom zivilisatorischen Aufstieg

Der gesellschaftliche Grundauftrag der Wirtschaft besteht – darüber besteht allseitige Einigkeit – in der Erzeugung nützlicher Dinge, die das Leben der Menschen im weitesten Sinne physisch, geistig und emotional fördern und ihr Zusammenleben in humane Bahnen lenken können. Mit humanen Bahnen wird der Begriff der Zivilisation angesprochen, einer der schillerndsten Begriffe der philosophischen, soziologischen und kulturwissenschaftlichen Fachliteratur. Zivilisation ist der Weg, der Wildheit animalischen Trieblebens zu entkommen und einem Rückfall in diesen durch gefestigte soziale Grundwerte und Strukturen entgegenzuwirken.

Dieser Weg hat zwei Gleise: Erstens die Formung der persönlichen Eigenschaften hin zu einem für das friedliche Zusammenleben der Menschen in einem für die jeweilig Gemeinschaft stimmigen Grundcharakter des Individuums und zweitens die Aneignung von individuellem Wissen, um den Kräften der Natur das Notwendige abzuringen, ihre destruktive Energie abzuwehren und soziale Existenzsicherheit hervorzubringen. Zivilisation zeigt sich somit in den beiden Richtungen der Sozialverhältnisse und der Naturverhältnisse. Zugleich wird mit dem Wort *Weg* signalisiert, dass mit Zivilisation kein genau umrissener Zustand gemeint ist, sondern ein Prozess, wie er beispielsweise in der renommierten Schrift von Norbert Elias schon im Titel zum Ausdruck kommt („Über den Prozess der Zivilisation", Elias 2010 a und 2010 b).

Der Weg zu zivilisierten Zuständen der Gesellschaft hat den Grundzug eines Aufstiegs in dem Sinne, dass aus den kulturellen Anstrengungen der Menschen in einem langen Prozess von Versuchen und Irrtümern jeweils deutliche Fortschritte in den Sozialverhältnissen und in den Naturverhältnissen erreicht werden. Der Weg ist historisch wechselhaft und krumm. Umwege und Rückschläge sind nicht ausgeschlossen. Der Weg in einen Aufstieg kann nur als ein sehr langwieriger Vorgang von historischen Dimensionen verstanden werden.

Friedlichkeit auf sozialer Ebene und Einfügung in die Gesetze der Natur auf der anderen Seite gehören dabei zu den Grundwerten im Prozess der Zivilisation. Hier gilt wie für alle historischen Bewegungen die Erfahrung und Erkenntnis, dass niemand im Augenblick des Geschehens mit Gewissheit erklären kann, ob ein Schritt in die Zukunft den Fortschritt der Zivilisation beflügeln wird oder wegen Unergiebigkeit und mangelnder Strahlkraft mit der Zeit der Vergessenheit anheimfallen wird.

Mit dieser allgemeinen Umschreibung der Lage, in der der tätige Mensch sein Leben einrichtet und, so gut er kann, zu seinem und des zivilisatorischen Vorteils nützliche, lebensdienliche, kulturell wertvolle Werke zustande bringt, können wir ein drittes Grundgesetz mit Relevanz für die Betriebswirtschaftslehre zur Diskussion stellen. Es nimmt sich der herstellenden Wirtschaft als der Quelle der Erzeugung von Mitteln für den zivilisatorischen Aufstieg an. Der Gedanke, dass die Wirtschaft nicht schlichtweg und beliebig nur den Bedürfnissen der Menschen dient, sondern zugleich am Aufstieg der Zivilisation teilnimmt, kann nach allem, was wir hier argumentativ vorgetragen haben, nicht überraschen.

Es ist ein aus dem unbedacht übertriebenen Individualismus vieler ökonomischer Autoren zu erklärender Fehler, immer nur von den unendlichen Bedürfnissen der Menschen und den begrenzten Möglichkeiten ihrer Befriedigung zu reden, als ob es nichts anderes gibt als die unübersehbar große Zahl von Mäulern, die zu stopfen sind. Diese Sicht ist ein Überbleibsel aus dem Prinzipienvorrat der Mikroökonomik, deren wichtigster Grundsatz der so genannte methodologische Individualismus ist: Alle Erscheinungen in der Wirtschaft müssen sich letztlich bis auf die Ebene des Individuums und dessen Dispositionen zurückführen lassen und aus dem Rationalismus des Disponierens zu erklären sein. Die verschiedenen Formen der Vergesellschaftung von Menschen, vom Dorf über die Stadt, von der Stadt bis zur Nation und von dieser schließlich zur Weltgesellschaft, haben in der Sicht der traditionellen Ökonomen keinen Eigenwert, ja bilden nicht einmal ein gewichtiges Existenzmoment.

Die dienende Rolle der Wirtschaft in der Versorgung mit notwendigen und erbaulichen Dingen des Lebens ist unstrittig. Ihre Einbindung in den zivilisatorischen Fortschritt hat mit Widerständen vor allem deshalb zu rechnen, weil die durch keine Rechenkunst zu beantwortende Frage, ob ein Produkt, das auf den Markt gebracht wird, dem zivilisatorischen Fortschritt dient oder aus ökologischen, kulturellen, sozialen oder politischen Gründen als verwerflich einzustufen ist, in einen normativen Diskurszusammenhang gebracht wird, für den eine auf Objektivität und Wertneutralität ausgerichtete Wissenschaft nicht herangezogen werden kann oder soll.

Die Alternative zu diesem Einwand gegen eine normativ begründete Argumentation wäre ideologische Enthaltsamkeit gegenüber Erscheinungen des Wirtschaftslebens, die in manchen Extremen zu einem erkennbar zerstörerischen Ende der Zivilisation führt. Auch die Nichteinmischung kann zu einem wissenschaftsmoralischen Problem werden. Im Falle des zivilisatorischen Fortschritts lässt sich immerhin ins Feld führen, dass die historischen Fakten der Kulturgeschichte der Menschheit eine deutliche Sprache sprechen, worauf es in der Wirtschaft (und allen anderen Bereichen der Gesellschaft) letztlich ankommt: die Erhaltung der Zukunftsfähigkeit des Menschen als Gattung und – dieser Punkt ist unabdingbar – als Kulturwesen unter den biosphärischen Bedingungen der Erde. Das hat nichts mit der Vorstellung von Ewigkeit als fiktivem Maßstab für die Nutzung der natürlichen Ressourcen zu tun.

Das Grundgesetz vom zivilisatorischen Aufstieg schafft eine Bewertungssituation, die sich weder einem Naturgesetz noch einer obrigkeitlichen Beurteilung unterwirft. Ob ein Produkt dem zivilisatorischen Fortschritt dient, sei es, dass es vorteilhafte Verhältnisse durch Versorgungsleistungen stabilisiert, oder sei es, dass mit dem Produkt eine Innovation eingeführt wird, die die Lebensverhältnisse der Menschen nachhaltig beeinflusst, können, wenn sonst keine legalen Normen tangiert werden, nur die Hersteller des Produktes selbst herausfinden. Der Herstellungsort aber, das haben wir ausgeführt, ist die mediale Sphäre der Öffentlichkeit, in der der Verständigungsprozess zwischen Herstellern und Nutzern stattfindet, wobei jeder als Individuum beides ist: Hersteller und Nutzer.

Man mag (gewiss zu Recht) die Asymmetrie dieser über die modernen Medien ausgetragenen Kommunikation kritisieren. Die Asymmetrie kann zur Folge haben, dass das Gewinnmotiv der dinglichen Hersteller über die Ethik ihrer Bindungen an den zivilisatorischen Fortschritt obsiegt und den bewertenden Klärungsprozess in den Hintergrund drängt. Um solche Problemlagen argumentativ ausfechten zu können, muss aber erst einmal überhaupt der Grundsatz gelten, dass es Sache der Hersteller und Nutzer, die beide unter dem Prinzip der Einheit von Freiheit und Verantwortung stehen, sein muss, eine Klärung der Verträglichkeit eines Produktes schon in der Phase des mentalen Erzeugung mit den Erfordernissen des zivilisatorischen Fortschritts herbeizuführen.

Wie das in der gesellschaftlichen Praxis aussehen kann, ob die Einigung zwischen Herstellern und Nutzern ausreicht, ob die institutionalisierten Medien zur Verantwortungsbildung herangezogen werden müssen, ob eine generelle Publikationspflicht zur Geltung gebracht werden soll und kann und welche Rolle den demokratischen Institutionen der politischen Sphäre dabei zukommt, das alles bedarf der sorgfältigen Diskussion und möglicherweise rechtlichen Fixierung.

Im Zusammenhang mit dem Thema dieser Abhandlungen stellt sich besonders die Frage nach der Zuständigkeit der Betriebswirtschaftslehre als akademische Disziplin der sachgerechten wissenschaftlichen Bearbeitung von unternehmerischen Tätigkeiten in der Wirtschaft. Die mächtige Lücke an methodologischer Fundierung dieses Fachs hinterlässt nicht einen irgendwie gearteten Mangel an Zuständigkeitsbewusstsein, sondern ein gefährliches Vakuum der intelligenten Erfassung und Deutung des vielleicht wichtigsten Sektors einer Gesellschaft, das von anderen Wissenschaften nicht ohne Weiteres ausgefüllt werden kann.

Und doch stellt sich allen Ernstes die Frage, ob für ein so renommiertes Fachgebiet wie Marketing womöglich eine Wissenschaft in Betracht gezogen werden kann oder muss, die der geistig-schöpferischen, kulturell geprägten und kommunikativ geleiteten Praxis des tätigen Menschen näher steht: die Medienwissenschaft. Kann sie zum Nachfolger der Betriebswirtschaftslehre in Sachen Marketing werden?

6.3   Marketingtheorie und Marketingtechnik

Das Grundgesetz der medialen Natur der Produkte beruht auf deren mentalen Ursprüngen in den Köpfen von Herstellern und Nutzern oder Erwerbern. Die Ergebnisse der vorangegangenen Untersuchungen zu dieser Thematik rücken ganz von selbst die Frage in den Vordergrund, wie dieses Grundgesetz zusammen mit einigen weiteren in der Betriebswirtschaftslehre positioniert werden kann. Die Beantwortung dieser Frage geschieht in zwei Schritten.

Im ersten Schritt geht es generell um die Zuständigkeit der Betriebswirtschaftslehre, ihr derzeitiges Selbstverständnis als akademische Disziplin und ihre Empfänglichkeit für erweiternde methodologische Ansätze. Im zweiten Schritt muss die Frage geklärt werden, ob und in welcher Form die betriebswirtschaftlichen Ansätze zum Thema *Marketing* mit der hier vertretenen Auffassung kompatibel sind, ob so etwas wie eine Marketingtheorie im üblichen wissenschaftlichen Stil und Methodenformat denkbar ist, die mehr hergeben muss als die das Feld gegenwärtig beherrschenden Marketingtechniken, und ob Übergriffe in oder Anleihen bei Disziplinen wie der Denkpsychologie, der Medienwissenschaft, der Kommunikationssoziologie und der Neurologie geeignet sind, das althergebrachte, rationalistische Selbstverständnis der Betriebswirtschaftslehre aufzubrechen.

6.3.1 Die Zuständigkeit der Betriebswirtschaftslehre

Die wissenschaftliche Zuständigkeit der Betriebswirtschaftslehre steht einerseits außer Frage, denn dieses Fachgebiet befasst sich mit den aus fortgesetzter Arbeitsteilung hervorgegangenen und inzwischen hochkomplex organisierten Betrieben auf der Herstellerseite. Grundsätzlich könnte auch die Nutzerseite Gegenstand wissenschaftlicher Untersuchungen mit betriebswirtschaftlichen Methoden sein, doch weisen die Elemente dieser Seite nur sehr selten einen hohen betrieblichen Differenzierungsgrad auf. Die Fokussierung des Fachs auf Herstellerbetriebe (unausgesprochen auf solche mit ausgewiesener innerer Arbeitsteilung und Komplexität) lässt sich begründen und hat wissenschaftsgeschichtlich auch so stattgefunden.

Ein Zuständigkeitsproblem besteht dennoch, denn im Selbstverständnis der Betriebswirtschaftslehre hat sich historisch früh eine scharf selektierende Wahrnehmungsbrille durchgesetzt, die als Forschungsobjekt und damit als Lehrinhalt ausschließlich ökonomische Komponenten und Dimensionen im engen Verständnis zulässt. Gegenstand der Betriebswirtschaftslehre ist nicht die Unternehmung, wie sie real besteht und agiert, sondern der daraus abgeleitete ökonomisch-rationale Extrakt, der eine Reihe konstitutiver Komponenten abstreift: ingenieurwissenschaftliche, rechtswissenschaftliche, soziologische, psychologische, kulturwissenschaftliche und weitere.

Eine grundsätzlich andere methodologische Grundlegung der Betriebswirtschaftslehre, die die Mehrdimensionalität des Gegenstandes *Unternehmung* nicht zerlegt, sondern ganz im Gegenteil gerade dies zu einem transdisziplinären Thema macht, konnte sich unter den historischen Bedingungen der Etablierung des Fachs im Kanon der Wissenschaften nicht durchsetzen. Der Druck auf das methodologische Fundament der Betriebswirtschaftslehre als universitätswürdige Disziplin hat offensichtlich bewirkt, dass gewisse Vorbedingungen der akademischen Seriosität zu erfüllen waren, durch die das Fach den Nimbus einer gehobenen Berufsausbildung zugunsten eines wissenschaftlichen Bildungsauftrags ablegte.

Dies war durch einen Weg in die Abstraktion möglich, wie ihn die Volkswirtschaftslehre lange zuvor mit ihren Modellen insbesondere der Mikroökonomik vorgemacht hatte. Die Mikroökonomik, die aus der Grenznutzenschule gegen Ende des 19. Jahrhunderts hervorging, fußt auf dem Prinzip des methodologischen Individualismus, welcher davon ausgeht, dass jede Erscheinung in der Wirtschaft ihren Ursprung in individuellen Dispositionen der Marktteilnehmer hat und dort ihre Erklärungen finden muss. Ein Unternehmen, wie groß und mächtig es auch sein mag, ist im Marktwettbewerb ein individuelles Subjekt. Genau hier lag der Anknüpfungspunkt für die maßgeblichen Theoretiker der Betriebswirtschaftslehre neuerer Zeit, allen voran Erich Gutenberg (1897 – 1984).

Denkansätze wie der hier vertretene, der das Wirtschaften nicht auf den sorgsamen Umgang mit knappen Mitteln reduziert, sondern die mentale Komponente
hervorhebt, können in der herkömmlichen Betriebswirtschaftslehre nicht positioniert werden. Die methodologischen Schwierigkeiten liegen auf zwei Ebenen
zugleich. Einerseits sind die mentalen Komponenten des Wirtschaftens und damit
die Bindung an anthropologische Gesichtspunkte und Einsichten über den tätigen,
insbesondere den wirtschaftenden Menschen dem ökonomischen Rationalismus
absolut fremd. Zum anderen hätte die Komplettierung der sachlichen Dimensionen der Unternehmensexistenz mit ihrem geistigen Potenzial als dem Urfaktor
des Wirtschaftens eine völlig andere Methodologie erfordert, nämlich das (Quer-)
Denken in Zusammenhängen und die Wahrnehmung von situativen Ganzheiten.
Beides ist in der traditionellen Betriebswirtschaftslehre nicht angelegt.

Das Denken in Zusammenhängen und die deutende Wahrnehmung von situativen
Ganzheiten gehören zum Alltag praktizierender Unternehmer und Manager. Die
Aneignung von Fähigkeiten dieser Art, zumindest in prägender Ergänzung zum
instrumentellen Wissen analytischer Provenienz, käme als didaktische Perspektive
der Unternehmenspraxis indessen deutlich näher. Das betriebswirtschaftliche
Rüstzeug von akademischen Absolventen ist für einen gleitenden Übergang in die
Berufspraxis unzureichend, zum Teil sogar überladen und pragmatisch unergiebig.
Eine grundlegende Umorientierung des Fachs in eine Wissenschaft, die die engen
Pfade reiner Rationalität verlässt, könnte die Tore öffnen, um Denkansätze, wie
sie hier vorgetragen wurden, einzulassen.

6.3.2 Die Selbständigkeit der Marketingwissenschaft

Der Kontrast zwischen der herkömmlichen betriebswirtschaftlichen Marketinglehre,
wie man sie in den gängigen Lehrbüchern und Monographien findet, und den von
den Medien- und Kommunikationswissenschaften beeinflussten Marketingtheori-
en lässt den Schluss zu, dass die Leitwissenschaft für die mediale Produktion von
Produkten nicht die Betriebswirtschaftslehre sein kann, sondern im umfassenden
Sinne die Soziologie und die Medienwissenschaft. Diese Auffassung wird gestützt
durch die Selbstverständlichkeit, mit der auch auf Seiten der Betriebswirtschaftslehre
die für Unternehmen relevanten Rechtsgebiete, namentlich das bürgerliche und
das Handelsrecht, auf höheren Bildungsstufen auch Gebiete wie Wettbewerbsrecht,
Urheberrecht und Umweltrecht, als eigenständige Fachgebiete von akademischen
Juristen und nicht von Betriebswirten wahrgenommen werden.

Die Abtrennung der Marketinglehre bedeutet keineswegs, dieses für die Existenz
eines Unternehmens grundlegende Sachgebiet ganz auszugliedern. Denkbar wäre

eine Form der kursorischen Behandlung ähnlich wie die Rechtsgebiete, die die funktionalen Zusammenhänge im Unternehmen ausleuchtet, ohne in Details zu gehen, diese dann eben den Spezialisten zu überlassen. Um hier zu einer akzeptablen Lösung zu gelangen, sind einige Präzisierungen und Differenzierungen nötig, die die tiefgreifenden Unterschiede zwischen – um das hier plakativ zu formulieren – einer dinglich orientierten und einer mental orientierten Marketinglehre herausarbeitet und diskutierbar macht.

Übereinstimmend wird Marketing in der betriebswirtschaftlichen Literatur als die Phase der Verwertung erstellter Leistungen bezeichnet (Thommen und Achleitner, S. 117 ff; Wöhe und Döring S. 369 f; Lechner, Egger und Schauer, S. 467). Diese scheinbar logische Reihenfolge drängt sich auf, wenn man das Betriebsgeschehen auf seine dingliche Seite reduziert. Der Gegensatz zu der hier vertretenen Auffassung ist deutlich: Wir sagen, dass jedes Produkt zuerst ein mentales Ergebnis ist und von hier aus seinen Weg in die Öffentlichkeit des Marktes geht, um im Falle einer für ausreichend eingestuften Akzeptanz in die materielle Produktion zu gehen.

In der jüngeren Entwicklung der Marketinglehre hat insofern ein Umdenken stattgefunden, als sich unternehmenspolitisch der Primat des Marktes als Bestimmungsmedium des gesamten Betriebsgeschehens durchsetzen konnte. „Ausgangspunkt sind die Bedürfnisse des Marktes, auf die sich sowohl die Produktion (Leistungserstellung) als auch der Absatz (Leistungsverwertung) auszurichten haben. Damit ist das Marketing nicht mehr nur eine einzelne unternehmerische Funktion, sondern eine Denkhaltung, die alle anderen Funktionen einbezieht." (Thommen und Achleitner, S.118). Folgt man dieser Sicht, so öffnet sich hier eine Pforte zu einer Ausweitung der methodologischen Grundlagen des Marketingdenkens in die hier vorgeschlagene Richtung.

Die mentale Erzeugung von Produkten, die sich über komplizierte Marktkommunikation ständig wiederkehrend ihre Bestätigung einholen müssen, ist in aller Regel keine singuläre Aktion, die ein genau umrissenes Produkt zu einer Schablone für die materielle Leistungserstellung macht, sondern ein Prozess in zuweilen historischen Dimensionen. Ein Produkt wie beispielsweise gefriergetrockneter, wasserlöslicher Kaffee, der zudem noch einen in der Öffentlichkeit fixierten, urheberrechtlich geschützten Namen trägt, kann generationenlang existieren und erlebt von Zeit zu Zeit Neuauflagen. Die mentale Erzeugung eines Produktes bleibt als wacher, die äußeren Umstände seiner Existenz am Markt im Visier behaltender und sich gegebenenfalls erneuernder Vorgang eine unablässige Denkschicht in der gesamten Kopfzone eines Unternehmens.

Eine diese und etliche weitere Komponenten umfassende Marketingtheorie, in der die mediale Natur der Produkte im Zentrum steht, ist bislang nicht in Sicht. Zu ihr gehört insbesondere der prozessuale Charakter der mentalen Produkterzeugung, und das wiederum bedeutet, dem oft langen Lebenszyklus eines im öffentlichen Bewusstsein etablierten Produktes eine historische, narrative Dimension zuzuschreiben. Die historische Dimension, also das Bewusstsein vom Werden und Vergehen von Dingen der Natur ebenso wie der Kultur, hat in der Unternehmenspraxis natürlich nicht nur Relevanz für die mentale Existenz, Pflege und Weiterentwicklung von Produkten, sondern gilt für das Ganze der Führung eines Unternehmens. Das ist zwar hier nicht das Thema, zeigt aber, dass für eine tragfähige Erneuerung der Betriebswirtschaftslehre bisherigen Stils weitaus mehr an methodologischem Wandel notwendig ist als eine ausgefeilte Hinwendung zum Marketing als einer Denkhaltung.

Vorerst werden sich, bei vorsichtiger Einschätzung der akademischen Gegebenheiten in der Gemeinde der Fachwissenschaftler der Betriebswirtschaftslehre, Denkhaltungen querlegen, die das Marketing als ein Bündel von wirkungsvollen Instrumenten ansehen, die optimal zum Einsatz gebracht werden müssen. „Das Marketing hat die Aufgabe, Absatzwiderstände zu brechen." (Wöhe und Döring, S. 371). Schon die Wortwahl ist verräterisch, denn sie lässt die Vorstellung aufkommen, dass sich die Konsumenten und Konkurrenten jeweils verbarrikadieren, um die Absichten des Anbieters zu behindern. Die Kampfhaltung der Optimierung des so genannten Marketing-Mix, bestehend aus den Instrumenten Preispolitik, Produktpolitik, Distributionspolitik und Werbung (Promotion), lässt erkennen, dass hier nicht an Kommunikation in der Marktsphäre gedacht wird, sondern an Gegnerschaften.

Die im streitlustigen Wettkampfdenken zum Ausdruck kommende Denkhaltung in Sachen Marketing wird, auch das sei hier unterstrichen, nicht von allen Autoren in solcher Strenge wie bei Wöhe und Döring geteilt. Als Beispiel sei hier eine bei Alfred Kuß zitierte Kennzeichnung genannt: „Da Austauschprozesse in Märkten größtenteils frei sind von … außerökonomischen Einflüssen, besteht ihre einzige Motivation darin, dass beide Beteiligten nach dem Austausch wohlhabender sind als vorher. Mit anderen Worten: Austausch wird durch Wert motiviert." (Kuß 2013, S. 7). Ergänzend dazu die Definition für Marketing von der AMA (American Marketing Association): „Marketing bezeichnet die Aktivitäten, Institutionen und Prozesse zur Schaffung, Kommunikation, Bereitstellung und zum Austausch von Angeboten, die einen Wert für Kunden, Auftraggeber, Partner und die Gesellschaft insgesamt haben." (Kuß, S. 7).

Ob sich auf längere Sicht eine eigenständige Marketingwissenschaft wird etablieren können und vielleicht müssen, die sich eher an die Medienwissenschaften, die Kommunikationswissenschaften oder die Soziologie anlehnen als an die herkömmliche Betriebswirtschaftslehre, ist gegenwärtig nicht auszumachen. Aufgeschlossene Positionen unter Marketingexperten könnten sich unter Hinweis auf ihre praktische Relevanz mehr und mehr durchsetzen und dadurch die überholten rein instrumentalistischen Positionen, die noch immer einen Großteil der Lehrbücher zur Allgemeinen Betriebswirtschaftslehre und so manche Monographie zur Absatzlehre füllen, obsolet werden lassen.

Die Marketinginstrumente, die sich zu einem großen Teil in der Praxis als brauchbar erwiesen haben, verschwinden natürlich nicht, sondern werden dem großen Werkzeugkasten für die praktische Handhabung zugewiesen. Sie sind ein wichtiger Lernstoff, den jeder beherrschen sollte, der sich in der Unternehmenspraxis auf dem Gebiet des Marketings bewähren will. Darüber kann es keinen Zweifel geben. Die Frage ist eben nur, ob diese pragmatische Unterweisung der aufwendigen Vorkehrungen und (Bologna-vernarrten) Reglementierungen eines mehrjährigen Universitätsstudiums bedarf.

Die Perspektive verändert sich aber, wenn die systematische Erfassung, erklärende Durchdringung und theoriefähige Erkenntnisanstrengung nicht nur dem Teilgebiet des Marketings zu wissenschaftlichem Anspruch verhilft, sondern das ganze Fach erweitert von der dinglichen Orientierung hin zur Kulturdimension des Wirtschaftens. Erst diese öffnet der Betriebswirtschaftslehre ein wichtiges Tor zur längst fälligen Diskussion über die künftigen Grundlagen der menschlichen Zivilisation.

Perspektiven 7

Die Aussichten, einen methodologischen Schwenk hinzulegen von der veralteten dinglich-rationalistischen Denkweise, die die Betriebswirtschaftslehre nach wie vor durchgehend beherrscht, zu einer in Dimensionen der Kultur und Zivilisation denkenden, die prekären Verhältnisse zur irdischen Biosphäre aufgreifenden Wissenschaft, sind nur scheinbar schwach. Unter dem Druck der sich anbahnenden zivilisatorischen Existenzkrisen werden sich, davon kann man ausgehen, immer stärker Kräfte formieren, die das alte Treiben der ausufernden Denaturierung der Erde und Dekultivierung der über Jahrhunderte aufgebauten Zivilisation allmählich beendet – hoffentlich zeitig genug.

Der Schwenk wird sich vermutlich nicht abrupt vollziehen, sondern in vielen kleinen Schritten lokaler oder regionaler Experimente, die zu einem Strom an Nachahmern anwachsen können. Die Anstöße werden aus der Praxis kommen, nicht aus den Studierstuben. Letztere aber können dazu beitragen, dass etwas in dieser Richtung geschieht. Sie können wissenschaftlich frei und zugleich verantwortungsbewusst forschen und lehren, und sie können mit ihren Befunden die Praxis ermutigen und die Bildung von Koalitionen unterstützen. Das sind keine neuen Anregungen, das sind längst auf dem Weg befindliche Entwicklungen. Sie können aber verstärkt werden, und Verstärkung könnte angesichts der Krisenhorizonte mit einem geistigen Energieschub in Gang gebracht werden.

Literatur

Andree, Martin (2010): Medien machen Marken – Eine Medientheorie des Marketing und des Konsums. Frankfurt/M/New York (Campus), ISBN-13: 978-3593392677.

Arendt, Hannah (2007): Vita activa oder Vom tätigen Leben. 6. Auflage, München (Piper), ISBN-13: 978-3492236232.

Bea, Franz Xaver und Göbel, Elisabeth (2010): Organisation: Theorie und Gestaltung. 4. Auflage, Stuttgart (UTB), ISBN-13: 978-3825220778.

Beck, Ulrich (1986): Risikogesellschaft. Auf dem Weg in eine andere Moderne. Frankfurt/M. (Suhrkamp), ISBN-13: 978-3518113653.

Beck, Ulrich (2008): Weltrisikogesellschaft: Auf der Suche nach der verlorenen Sicherheit. 2. Auflage. Frankfurt/M. (2008), ISBN-13: 978-3518460382.

Behrens, Christian-Uwe und Kirspel, Matthias (2003): Grundlagen der Volkswirtschaftslehre – Einführung, 3. Auflage, München/Wien (Oldenbourg), ISBN 3-486-27499-6.

Bendixen, Peter (2008): Fastfood-Ökonomie: Die unaufhaltsame Kommerzialisierung der Zeit. Berlin (ProBusiness), ISBN-13: 978-3868050561.

Bendixen, Peter (2008): Ökonomie der Glücksspiele. In: Gebhardt, Ihno/Grüsser-Sinopoli, Miriam (Hrsg.): Glücksspiele in Deutschland – Ökonomie, Recht, Sucht. Berlin (de Gruyter), ISBN-13: 978-3899493177, Seite 30 – 55.

Bendixen, Peter (2009): Managing Art – An Introduction into Principles and Conceptions. Wien (LIT-Verlag), ISBN-13: 978-3643500632.

Bendixen, Peter (2011): Einführung in das Kultur- und Kunstmanagement. 4. Auflage, Wiesbaden (VS-Verlag), ISBN-13: 978-3531178660

Bendixen, Peter (2013): Ethik und Wirtschaft – Über die moralische Natur des Menschen. Wiesbaden (Springer-VS), ISBN-13: 978-3658024666.

Bendixen, Peter (2014): Die Discountfalle – Kritik des betriebswirtschaftlichen Wissenschaftsethos'. Berlin (ProBusiness), ISBN 978-3-86386-663-1.

Bendixen, Peter und Weikl, Bernd (2011); Einführung in die Kultur- und Kunstökonomie. 3. Auflage, Wiesbaden (VS-Verlag), ISBN-13: 978-3531182797.

Bergmeister, Konrad (2013): Holistisches Chancen-Risiken-Management bei Megaprojekten. Unveröffentlichte Diss. Bratislava/Wien.

Berthold, Norbert (1995) (Hrsg.): Allgemeine Wirtschaftstheorie – Neuere Entwicklungen, München (Vahlen), ISBN 3-8006-1979-2.

Birker, Klaus (2004): Betriebliche Kommunikation: Lehr- und Arbeitsbuch für die Fort- und Weiterbildung. 3. Auflage, Berlin (Cornelsen), ISBN-10: 3589237007.

Bourdieu, Pierre (1998): Praktische Vernunft: Zur Theorie des Handelns. 8. Auflage, Frankfurt/M. (Suhrkamp), ISBN-13: 978-3518119853.

Brodbeck, Karl-Heinz (2009): Die Herrschaft des Geldes – Geschichte und Systematik. Darmstadt (Wiss. Buchgesellschaft), ISBN 978-3-534-22080-9.

Damasio, Antonio R. (2004): Descartes' Irrtum: Fühlen, Denken und das menschliche Gehirn. Berlin (List), ISBN-13: 978-3548604435.

Dash, Mike (2001): Tulpenwahn: Die verrückteste Spekulation der Geschichte. Berlin (List), ISBN-13: 978-3548600635.

Derrida, Jacques (2005): Schurken: Zwei Essays über die Vernunft. Frankfurt/M. (Suhrkamp), ISBN-13: 978-3518293782.

Dillerup, Ralf und Stoi, Roman (2008): Unternehmensführung. 2. Auflage, München (Vahlen), ISBN 978-3-8006-3466-8.

Durkheim, Emile (1992): Über soziale Arbeitsteilung – Studie über die Organisation höherer Gesellschaften. 6. Auflage, Frankfurt/M. (Suhrkamp), ISBN-13: 978-3518286050.

Dürr, Hans-Peter (2011): Warum es ums Ganze geht: Neues Denken für eine Welt im Umbruch. Frankfurt/M. (Fischer), ISBN-13: 978-3596192762

Dürr, Hans-Peter (2012): Es gibt keine Materie! Revolutionäre Gedanken über Physik und Mystik. 2. Auflage, Amerang (Crotona-Verlag), ISBN 978-3-86191-028-2.

Dux, Gunter (2005): Historisch-genetische Theorie der Kultur – Studienausgabe: Instabile Welten – Zur prozessualen Logik im kulturellen Wandel. 2. Auflage, Weilerswist (Velbrück Verlag), ISBN-13: 978-3934730960.

Elias, Norbert (2010a): Über den Prozess der Zivilisation. Soziogenetische und psychogenetische Untersuchungen, Bd. 1: Wandlungen des Verhaltens in den weltlichen Oberschichten des Abendlandes. 30. Auflage, Frankfurt/M. (Suhrkamp), ISBN-13: 978-3518277584.

Elias, Norbert (2010b): Über den Prozess der Zivilisation: Soziogenetische und psychogenetische Untersuchungen, Zweiter Band: Wandlungen der Gesellschaft: Entwurf zu einer Theorie der Zivilisation. 32. Auflage, Frankfurt/M. (Suhrkamp), ISBN-13: 978-3518277591.

Endres, Alfred (2013): Umweltökonomie. 4. Auflage, Stuttgart (Kohlhammer), ISBN-13: 978-3170223455.

Fischer, Karin, Reiner, Christian und Staritz, Cornelia (Hrsg.) (2010): Globale Güterketten: Weltweite Arbeitsteilung und ungleiche Entwicklung. Wien (Promedia), ISBN-13: 978-3853713105.

Franckh, Pierre (2008): Das Gesetz der Resonanz. Burgrain (Koha), ISBN-13: 978-3867280662.

Freud, Sigmund (2009): Das Unbehagen in der Kultur: Und andere kulturtheoretische Schriften. 3. Aufl. Frankfurt/M. (Fischer), ISBN-13: 978-3596902071.

Gerhardt, Volker (2012): Öffentlichkeit: Die politische Form des Bewusstseins. München (Beck), ISBN-13: 978-3406633034.

Gigerenzer, Gerd (2008): Bauchentscheidungen: Die Intelligenz des Unbewussten und die Macht der Intuition. München (Goldmann), ISBN-13: 978-3442155033.

Grober, Ulrich (2013): Die Entdeckung der Nachhaltigkeit: Kulturgeschichte eines Begriffs. München (Kunstmann), ISBN-13: 978-3888978241.

Grunwald, Armin und Kopfmüller, Jürgen (2012): Nachhaltigkeit. 2. Auflage, Frankfurt/M. (Campus), ISBN-13: 978-3593393971.

Haas, Hans-Dieter und Schlesinger, Dieter Matthew (2007): Umweltökonomie und Ressourcenmanagement. Darmstadt (Wiss. Buchgesellschaft), ISBN-13: 978-3534200290.

Habermas, Jürgen (1990): Strukturwandel der Öffentlichkeit: Untersuchungen zu einer Kategorie der bürgerlichen Gesellschaft. Frankfurt/M (Suhrkamp), ISBN-13: 978-3518284919.

Hattox Ralph S. (1985): Coffee and Coffeehouses: The Origins of a Social Beverage in the Medieval Near East. University of Washington Press. ASIN: B007S7J0IQ.

Häusel, Hans-Georg (2012): Neuromarketing: Erkenntnisse der Hirnforschung für Markenführung, Werbung und Verkauf. 2. Auflage, Freiburg (Haufe-Lexware), ISBN-13: 978-3648029411.

Heise, Ulla (2002): Kaffee und Kaffeehaus: Eine Geschichte des Kaffees. 2. Aufl. Berlin, ISBN-13: 978-3458344957.

Held, Martin, Kubon-Gilke, Gisela und Sturn, Richard (Hrg.) (2013): Jahrbuch Normative und institutionelle Grundfragen der Ökonomik / Die Grenzen der Konsumentensouveränität. Marburg (Metropolis), ISBN-13: 978-3731610007.

Herbst, Dieter (2014): Storytelling. 3. Auflage, Konstanz (UVK Verlag), ISBN-13: 978-3867644396-

Heuer, Peter, Neuser, Wolfgang und Stekeler-Weithofer, Pirmin (Hrsg.) (2013): Der Naturbegriff der klassischen Deutschen Philosophie. Würzburg (Königshausen & Neumann), ISBN 978-3-8260-5233-0.

Höffe, Otfried (2014): Immanuel Kant. 8. Auflage, München (Beck), ISBN-13: 978-3406663819.

Hohm, Hans-Jürgen (2005): Soziale Systeme, Kommunikation, Mensch: Eine Einführung in soziologische Systemtheorie. Weinheim (Beltz Juventa), ISBN-13: 978-3779907572.

Honneth, Axel (2007): Pathologien der Vernunft: Geschichte und Gegenwart der Kritischen Theorie. 3. Auflage Frankfurt/M. (Suhrkamp), ISBN-13: 978-3518294352.

Huizinga, Johan (2004): Homo Ludens: Vom Ursprung der Kultur im Spiel. 23. Auflage, Reinbek b. Hamburg (Rowohlt), ISBN-13: 978-3499554353.

Jonas, Hans (2003): Das Prinzip Verantwortung: Versuch einer Ethik für die technologische Zivilisation. 4. Auflage, Frankfurt/M. (Suhrkamp), ISBN-13: 978-3518399927.

Kahrmann, Klaus-Ove und Bendixen, Peter (2010): Umkehrungen: Über den Zusammenhang von Wahrnehmen und Wirtschaften. Wiesbaden (VS Verlag), ISBN-13: 978-3531170459.

Kamiske, Gerd F. und Pufé, Iris (Hrsg.) (2012): Nachhaltigkeitsmanagement. München (Hanser), ISBN-13: 978-3446430204.

Kanitscheider, Bernulf (2007): Die Materie und ihre Schatten: Naturalistische Wissenschaftsphilosophie. Aschaffenburg (Alibri Verlag), ISBN-13: 978-3865690159.

Kant, Immanuel (2009): Kritik der reinen Vernunft: Vollständige Ausgabe nach der zweiten Auflage 1787. Köln (Anaconda), ISBN-13: 978-3866474086.

Keysers, Christian (2013): Unser empathisches Gehirn: Warum wir verstehen, was andere fühlen. Gütersloh (Bertelsmann), ISBN-13: 978-3570009543.

Koslowski, Peter und Priddat, Birger P. (Hsg.) (2006): Ethik des Konsums. Paderborn (Wilhelm Fink), ISBN-13: 978-3770542031.

Krabbe, Elisa (Hrsg.) (1998): Leitfaden zum Grundstudium der Betriebswirtschaftslehre. 6. Auflage, Gernsbach (DBV), ISBN 3-88640-074-3.

Kuß, Alfred (2013): Marketingtheorie – Eine Einführung. 3. Auflage, Wiesbaden (Springer-Gabler), ISBN-13: 978-3-658-02133-7.

Lechner, Karl, Egger, Anton und Schauer, Reinbert (2013): Einführung in die Allgemeine Betriebswirtschaftslehre. 26. Auflage, Wien (Linde), ISBN 978-3-7073-2384-9.

Lehnert, Uwe (2012): Warum ich kein Christ sein will – Mein Weg vom christlichen Glauben zu einer naturalistisch-humanistischen Weltanschauung. 5. Auflage, Berlin (Teia), ISBN-13: 978-3939520702.

Lemke, Thomas (2011): Eine Kritik der politischen Vernunft: Foucaults Analyse der modernen Gouvernementalität. 5. Auflage, Hamburg (Argument), ISBN-13: 978-3886192519.

Luhmann, Niklas (1987): Soziale Systeme: Grundriß einer allgemeinen Theorie. 15. Auflage, Frankfurt/M (Suhrkamp), ISBN-13: 978-3518282663.

Macharzina, Klaus und Wolf, Joachim (2008): Unternehmensführung – Das internationale Managementwissen, Konzepte – Methoden – Praxis. 6. Auflage, Wiesbaden (Gabler), ISBN 978-3-8349-1119-3.

Mankiw, N. Gregory (2004): Grundzüge der Volkswirtschaftslehre. 3. Auflage, Stuttgart (Schäffer-Poeschel), ISBN 3-7910-2163-X.

Müller-Funk, Wolfgang (2010): Kulturtheorie. 2. Auflage, Tübingen (A. Francke), ISBN 978-3-7720-8387-7.

Pennekamp, Johannes (2014): Wirtschaftsstudenten wollen Theorienvielfalt statt Einseitigkeit der Lehre. FAZ-Online v. 6.5.2014, http://www.faz.net/aktuell/beruf-chance/campus/wirtschaftsstudenten-wollen-theorienvielfalt-statt-einseitigkeit-der-lehre-12924579.html.

Polanyi, Karl (1973): The Great Transformation: Politische und ökonomische Ursprünge von Gesellschaften und Wirtschaftssystemen. 10. Auflage, Frankfurt/M. (Suhrkamp), ISBN-13: 978-3518278604.

Pöppel, Ernst und Wagner, Beatrice (2012): Von Natur aus kreativ – Die Potenziale des Gehirns entfalten. München (Hanser), ISBN 978-3-446-43212-3.

Raab, Gerhard, Gernsheimer, Oliver und Schindler, Maik (2009): Neuromarketing: Grundlagen – Erkenntnisse – Anwendungen. 2. Auflage, Wiesbaden (Gabler), ISBN-13: 978-3834918314.

Reimer, Jürgen M. (2005); Verhaltenswissenschaftliche Managementlehre. Stuttgart (UTB), ISBN-13: 978-3825226664.

Rifkin, Jeremy (2011): Die empathische Zivilisation: Wege zu einem globalen Bewusstsein. Frankfurt/M. (Fischer), ISBN-13: 978-3596191697.

Rizzolatti, Giacomo und Sinigaglia, Corrado (2008); Empathie und Spiegelneurone: Die biologische Basis des Mitgefühls. Frankfurt/M. (Suhrkamp) ISBN-13: 978-3518260111.

Roncaglia, Alessandro (2009): The Wealth of Ideas – A History of Economic Though. 3. Auflage, Cambridge (University Press), ISBN 978-0-521-691187-1.

Ropers, Roland R. und Arzt, Thomas (Hrsg.) (2012): Was unsere Welt im Innersten zusammenhält – Hans-Peter Dürr im Gespräch mit bedeutenden Vordenkern, Philosophen und Wissenschaftlern. Berlin und München (Scorpio), ISBN 978-3-942166-73-7.

Safranski, Rüdiger (2001): Ein Meister aus Deutschland: Heidegger und seine Zeit. 8. Auflage, Frankfurt/M. (Fischer), ISBN-13: 978-3596151578.

Safranski, Rüdiger (2009): Romantik – Eine deutsche Affäre. 5. Auflage, Frankfurt/M. (Fischer), ISBN-13: 978-3596182305.

Schäfer, Annette (2008): Die Kraft der schöpferischen Zerstörung: Joseph A. Schumpeter. Die Biografie. Frankfurt/M. (Campus), ISBN-13: 978-3593384900.

Scheier, Christian und Held, Dirk (2012): Wie Werbung wirkt: Erkenntnisse des Neuromarketing. 2. Auflage, Freiburg (Haufe-Lexware), ISBN-13: 978-3648029510.

Scheler, Max (1994): Schriften zur Anthropologie. Ditzingen (Reclam) 1994, ISBN-13: 978-3150093375.

Schierenbeck, Henner (2000): Grundzüge der Betriebswirtschaftslehre, 15. Auflage, München/Wien (Oldenbourg), ISBN 3-486-25297-6.

Schmidt, Jürgen (2007): Zivilgesellschaft: Bürgerschaftliches Engagement von der Antike bis zur Gegenwart. Reinbek b. Hamburg (Rowohlt), ISBN-13: 978-3499556876.

Schweitzer, Marcel (2000): Gegenstand und Methoden der Betriebswirtschaftslehre. In: F.X. Bea, E. Dichtl und M. Schweitzer: Allgemeine Betriebswirtschaftslehre. Band 1: Grundfragen. 8. Auflage, Stuttgart (Lucius & Lucius), ISBN 3-8252-1081-2.

Siebe, Thomas (2012): Mikroökonomie: Arbeitsteilung, Markt, Wettbewerb. Stuttgart (UTB), ISBN-13: 978-3825237899.

Smith, Adam (1978): Der Wohlstand der Nationen – Eine Untersuchung seiner Natur und seiner Ursachen. München (DTV), ISBN 3-406-05393-9.

Söllner, Fritz (2001): Geschichte des ökonomischen Denkens. 2. Auflage, Berlin/Heidelberg/New York (Springer), ISBN 3-540-41342-1.

Stehr, Nico (2007): Die Moralisierung der Märkte: Eine Gesellschaftstheorie. Frankfurt/M. (Suhrkamp), ISBN-13: 978-3518294314.

Stiglitz, Joseph (1999): Volkswirtschaftslehre. 2. Auflage, München/Wien (Oldenbourg), ISBN 3-486-23379-3.

Taleb, Nassim Nicholas (2013): Narren des Zufalls: Die unterschätzte Rolle des Zufalls in unserem Leben. München (btb), ISBN-13: 978-3442746347.

Thommen, Jean-Paul und Achleitner, Ann-Kristin (2003): Allgemeine Betriebswirtschaftslehre: Umfassende Einführung aus managementorientierter Sicht. 4. Auflage, Wiesbaden (Gabler), ISBN 3-409-43016-4.

Weizsäcker, Viktor von (1985): Der Gestaltkreis. Theorie und Einheit von Wahrnehmen und Bewegen. Frankfurt/M. (Suhrkamp), ISBN-13: 978-3518076187

Welt-Online (2014): http://www.welt.de/wirtschaft/article127112823/jeder fünfte Acker in China ist verseucht. 19. 04. 2014.

Welzer, Harald und Wiegandt, Klaus (2012): Perspektiven einer nachhaltigen Entwicklung: Wie sieht die Welt im Jahr 2050 aus? 2. Auflage, Frankfurt/M (Fischer), ISBN-13: 978-3596187942.

Willms, Johannes (1985): Nationalismus ohne Nation: Deutsche Geschichte 1789 – 1914. Frankfurt/M. (Fischer), ISBN-13: 978-3596243501.

Wöhe, Günter und Döring, Ulrich (2013): Einführung in die Allgemeine Betriebswirtschaftslehre. 25. Auflage, München (Vahlen), ISBN 978-3-8006-4687-6.

Wuketits, Franz M. (2012): Zivilisation in der Sackgasse: Plädoyer für eine artgerechte Menschenhaltung. Murnau (Mankau), ISBN-13: 978-3863740542.

Zarlenga, Stephen (2008): Der Mythos vom Geld – Die Geschichte der Macht. 2. Auflage, Zürich (Oesch Verlag), ISBN 978-3-035ß-9001-7.

Zeilinger, Anton, Leder, Rudolf, Lichtenberger, Elisabeth, Mittelstrass, Jürgen, Taschner, Rudolf und Winiwarter, Verena (2007): Der Zufall als Notwendigkeit. Wien (Picus), ISBN-13: 978-3854525325.

The manufacturer's authorised representative in the EU is Springer
Nature Customer Service Centre GmbH, Europaplatz 3, 69115 Heidelberg,
Germany. If you have any concerns regarding our products, please
contact ProductSafety@springernature.com

Printed and bound by CPI Group (UK) Ltd, Croydon, CR0 4YY
27/04/2026
02097662-0005